EXAMEN

DE PLUSIEURS ARTICLES

DU BORDEREAU

Des Prix du Marché paffé le 4 Juin 1787 pour les Ouvrages du Fort de Querqueville,

AVEC LE DEVIS

D'UNE NOUVELLE ADJUDICATION

A PASSER POUR LESDITS OUVRAGES.

EXAMEN

DE PLUSIEURS ARTICLES

DU BORDEREAU

DÉTAILLÉ,

ADRESSÉ par M. DE CAUX à M. le Maréchal DE SÉGUR, le 17 Février 1787, pour fixer les prix à accorder par le ROI, pour les Ouvrages du Fort de Querqueville, avec le calcul des sommes auxquelles s'éléveroient les réductions, dont chacun des prix examinés se trouve susceptible, si ces prix étoient appliqués à la totalité des Ouvrages qui restent à faire ; celui de la dépense desdits Articles examinés, enfin la dépense totale des Ouvrages restans à faire, suivant les prix du Bordereau.

Par la Commission nommée par le ROI, pour l'Examen du Marché de Querqueville.

Imprimé par ordre du Ministre de la Guerre, pour servir à l'instruction des enchérisseurs à la nouvelle adjudication.

A PARIS,

Chez QUILLAU, Imprimeur DE S. A. S. Mgr. le Prince DE CONTY, rue du Fouarre, N°. 3.

M. DCC. LXXXIX.

Cet Ouvrage n'a pas eu d'abord pour deſtination d'être communiqué aux concurrens pour la nouvelle adjudication ; il a fait partie du travail que la Commiſſion avoit à faire pour s'aſſurer ſi cette adjudication étoit indiſpenſable, & ſe former une idée de l'avantage dont elle pourroit être pour les intérêts de Sa Majeſté, en conſtatant les différences qui ſe trouvent entre les prix réels & les évaluations portées au bordereau détaillé ſur lequel eſt fondé l'ancien marché. Des réſultats de cette nature devant être rigoureuſement démontrés & à l'abri de toute conteſtation, on a dû ſe borner à choiſir parmi les Articles de ce bordereau ceux dont quelques élémens ont été évidemment forcés, & à diſcuter ſéparément les élémens dont il s'agit, en laiſſant ſubſiſter tous ceux dont l'Examen ne pouvoit être appuyé par les pièces authentiques qui ſe ſont trouvées à la diſpoſition du Comité, quoique ſuſceptibles de diminutions réelles. Les marchés paſſés par les Entrepreneurs pour ſe procurer différentes eſpèces de matériaux, ou faire exécuter différens tranſports & main-d'œuvres, leſquels marchés la Commiſſion a eu ſous les yeux en original, ont été la principale baſe de cet Examen : on a auſſi fait uſage de quelques expériences connues ſur les atteliers de Cherbourg, & dont les réſultats ſont confirmés par les Auteurs les plus eſtimés en matière de conſtruction. Enfin, lorſque pluſieurs autorités ſe ſont trouvées différer entr'elles ſur la valeur de quelques Articles de dépenſes, on a toujours pris le réſultat le plus fort pour lui comparer l'élément correſpondant du bordereau détaillé de Querqueville : enſorte que le préſent travail a été extrêmement ſubordonné à l'objet de ne préſenter que des réductions inconteſtables ſur les prix portés dans ce bordereau, & de négliger toutes diminutions ſuſceptibles de quelque objection.

Mais le Miniſtre ayant jugé que la publication d'un tel Ouvrage ſeroit utile pour éclairer les enchériſſeurs qui doivent faire des

rabais à la nouvelle adjudication, & le temps n'ayant pas permis
de donner à celui-ci la forme la plus convenable à cette nouvelle
deſtination, les concurrens doivent être prévenus que la plûpart
des prix qui y ſont préſentés, comme réduits à leur juſte valeur,
ſont encore ſuſceptibles de diminution, que les gens exercés dans
l'Art des conſtructions appercevront d'ailleurs facilement.

ERRATA

Pour l'Examen de pluſieurs Articles du Bordereau de Querqueville,

Suivant lequel il eſt eſſentiel de corriger chaque exemplaire avant la lecture.

A V E R T I S S E M E N T, ligne 26, extrêmement, *liſez* entièrement.

Page vj, ligne 5, diminution, *liſez* diminutions.

12, ligne 1, un, *liſez* au.

idem. ligne 5, 1 l. 14 ſ. o d., *liſez* o l. 14 ſ. o d.

idem. ligne 7, 1 l. 15 ſ. 9 d., *liſez* o l. 15 ſ. 9 d.

16, ligne 9, talérales, *liſez* latérales.

17, ligne 9, d'ouvre, *liſez* d'œuvre.

idem. ligne 19, d'ouvre, *liſez* d'œuvre.

22, ligne 34, 1 l. 4 ſ., *liſez* 1 ſ. 4 d.

30, ligne 31, foiſonnement conſidérable, *liſez* foiſonnement beaucoup plus conſidérable.

31, ligne 21, TOTAL 2 ^{lb} 16 ^{o} o ^{ß}, *liſez* 2 ^{lb} o ^{o} o ^{ß}.

idem. ligne 22, chaud, *liſez* chaux.

32, ligne 6, les borderaux, *liſez* le bordereau.

idem. ligne 8, le cendrée, *liſez* la cendrée.

idem. ligne 23, 16 l. 11 ſ., *liſez* 16 ſ. 11 d.

38, ligne 10, matierès, *liſez* mortiers.

40, ligne 37, & 3 pieds, *liſez* & 111 pieds.

42, ligne 24, même, *liſez* menu.

46, ligne 6, $\frac{16}{100}$, *liſez* $\frac{16}{102}$.

idem. ligne 20, 6 pieds, *liſez* 16 pieds.

46, ligne derniere, conditions réunis, *liſez* conſidérations réunies.

61, ligne 17, 120 cubes, *liſez* 120 pieds cubes.

idem. ligne avant derniere, $\frac{15}{6}$, *liſez* $\frac{15}{162}$.

84, ligne 7, 127050 l. 17 ſ. 9 d., *liſez* 127049 l. 16 ſ. 10 d.

idem. ligne 11, cinq cent dix-ſept livres deux deniers, *liſez* cinq cent quinze livres dix-neuf ſols trois deniers.

idem. ligne 12, 4,484,517 l. o ſ. 2 d., *liſez* 4,484,515 l. 19 ſ. 3 d.

85, ligne 1, 4,484,517 l. o ſ. 2 d., *liſez* 4,484,515 l. 19 ſ. 3 d.

idem. ligne 4, 3,401,676 l. 6 ſ. 6 d., *liſez* 3,401,675 l. 5 ſ. 7 d.

EXAMEN de plusieurs Articles du Bordereau de Querqueville.

ARTICLE PREMIER.

Suivant le Bordereau.

„ LA toise cube de déblai de terre de toute nature, „ portée à 50 toises de distance . . . . 5^l 17^c

DÉTAIL.

„ Deux journées d'Ouvriers pour la fouille „ d'une toise cube, & son chargement sur „ les brouettes, à 24 sols l'une . . . . . . 2^l 8^c

„ Deux journées d'Ouvriers pour le transport de la toise cube auxdites 50 toises „ de distance, à 24 sols l'une . . . . . 2. 8.

„ Un tiers de journée de Régaleur à 24 sols. 0. 8.

5. 4.

„ Le 8.ᵉ en sus pour le bénéfice de l'Entrepreneur, frais d'établissemens, paiement „ de Commis, entretien d'outils, & les quatre deniers pour livre de retenue, ci . . 0. 13.

SOMME PAREILLE. . . . . 5. 17.

OBSERVATIONS.

Il y aura deux espèces de déblais de terre; les uns seront portés immédiatement à leur destination; les autres seront mis en dépôt & repris ensuite pour former la partie supérieure des remblais; ce qui exige une seconde fouille, à payer comme la première, suivant le bordereau. On va examiner successivement ces deux genres de déblais.

TERRE NON ENCORE REMUÉE.

Fouille suivant le Bordereau.

„ Deux journées d'Ouvriers pour la fouille d'une toise „ cube & son chargement sur les brouettes à 24 sols l'une 2^l 8^c

A

OBSERVATIONS.

La nature des terres de Querqueville est telle qu'il faut depuis deux jusqu'à quatre fouilleurs pour entretenir un brouetteur transportant la totalité du déblai à un relai de distance *. Ce brouetteur, travaillant à la tâche, rouleroit par jour deux toises quatre pieds * ; mais comme l'on prend ici le prix ordinaire de la journée pour base, on ne considère que le travail à la journée ordinaire, qui se réduit à deux toises ⅗ *, quantité qui mesure par conséquent la fouille faite par les deux ou quatre fouilleurs en un jour. On pourroit prendre la moyenne de ces deux nombres ou trois fouilleurs ; mais on prendra le plus grand qui se rapporte avec les résultats des excavations faites dernièrement, & qui donne quatre journées d'hommes pour la fouille de deux toises ⅖, ou $\frac{10}{12}$ de journée pour la toise, ce qui à 24 sols par jour fait 2 liv.

Ce prix est précisément celui qui a été payé par les Entrepreneurs ; on l'a conservé par le règlement du 18 Octobre 1778, pour les atteliers travaillans par économie au compte du Roi *, & il a été suivi tout l'hiver.

On y fera néanmoins encore une augmentation que l'on a accordée aux ouvriers pendant la mauvaise saison & depuis le règlement ci-dessus cité : elle consiste à leur payer une toise de largeur de plus, pour la sujétion de la première tranchée à creuser en commençant un déblai.

Les fossés ayant seize toises de largeur réduite, cette augmentation sera le seizième du prix ci-dessus. . . . . o^l 2^f 6^d

Prix primitif. 2. 0. 0

TOTAL pour la fouille. . . . . . 2. 2. 6.

Valeur de cet élément dans le bordereau. . . . . . 2. 8. 0.

Réduction sur cet élément. . . . . o. 5. 6.

TRANSPORT SUIVANT LE BORDEREAU.

„ Deux journées d'ouvriers pour le transport de la toise cube „ auxdites 50 toises de distance à 24 sols l'une . . 2^l 8^f „

OBSERVATIONS.

La totalité des terres à transporter, tant celles non encore remuées, que celles reprises, monte à 15747 toises cubes * & la totalité de leur

* Nouveau Devis pour Querqueville, §. 122.

* Nouveau Devis pour Querqueville, §. 142.

* Nouveau Devis pour Querqueville, §. 143.

* Règles générales prescrites aux ouvriers employés aux excavations du Fort de Querqueville, du 18 Octobre 1788.

* Etat cotté D, art. 1 & 2.

tranſport exigera 55115 relais *, la portée moyenne eſt donc de 3 relais & demi. Le nombre total des relais a été calculé en détail, d'après les diſpoſitions du nouveau Devis *, en ajoutant dix fois la hauteur verticale, où les déblais doivent s'élever, à la diſtance horiſontale qu'ils ont à parcourir, pour déterminer le nombre de relais de 15 toiſes, payables à l'Entrepreneur, tenir compte, tant des roulages en rampes que des détours, & obliger l'Entrepreneur à fournir les ponts de rampe, que le Roi eſt obligé de payer par l'ancien Devis. Puis donc que les déblais de terre ont à s'élever environ de 6 pieds, il faut retrancher 60 pieds ou 10 toiſes de la portée moyenne de trois relais & demi, ou 52 toiſes & demi trouvées ci-deſſus, pour avoir la moyenne diſtance réelle. Cette moyenne de 42 toiſes & demi montre que la diſtance à laquelle le bordereau ſuppoſe toutes les terres tranſportées eſt plus forte que la diſtance moyenne ; cependant à cauſe des contours on peut laiſſer ſubſiſter cette diſtance, mais il auroit été juſte de payer tous les tranſports au même prix, tandis que ceux au-deſſous de 50 toiſes étant payés au prix du bordereau, ceux au-deſſus ſe paient plus cher en raiſon de l'excès de cette diſtance au-delà de 50 toiſes, comme on le verra plus bas, ce qui augmente la dépenſe au-delà de ce qu'on va trouver, d'une quantité difficile à calculer.

L'on va maintenant évaluer le prix réel du tranſport de chaque toiſe cube de terre à la portée moyenne de trois relais & demi. Il faut en effet, d'après ce qui précède, une journée pour tranſporter 2 toiſes $\frac{2}{7}$ à un relai de diſtance, ou $\frac{1}{7}$ de journée pour y tranſporter une toiſe *, ce qui fait par relais 10 ſols *. Le tranſport à trois relais & demi exigera donc une journée $\frac{1}{2}$, ce qui, à 24 ſols par jour, donne . . . . 1. 15.

Prix de cet élément dans le bordereaux . . . . 2. 8.

———————————

Réduction ſur cet élément . . . . » 13.

———————————

On laiſſe ſubſiſter ſans réduction l'article d'un tiers de journée de Régaleur par toiſe de déblai, quoiqu'il ſuppoſe le régalage équivalant preſqu'au quart du travail de toute la fouille, & que ſur les prix portés ci-deſſus, les ouvriers régalent eux-mêmes ; il n'y a lieu à une main-d'œuvre particulière à cet égard que pour les terres qui ſe portent derrière les maçonneries, & pour celles qui doivent former les parapets & banquettes, tandis que les terres dont il s'agit ici, étant celles par leſquelles les remblais ſe commencent, ne ſont preſque jamais dans ce cas. On obſerve de plus que l'on ne paſſe

* Etat cotté D, art. 5.

* Nouveau Devis, §. 281.

* Nouveau Devis pour Querqueville, §. 143.

* Règles générales preſcrites aux ouvriers employés aux excavations de Querqueville, du 18 Octobre 1788. Le prix du relai y eſt à 10 ſ.

jamais qu'un quart de jour au plus pour les terres qui doivent être effectivement régalées & battues, & que quelques auteurs n'en comptent qu'un fixième *. On conferve néanmoins cet élément par la difficulté d'en calculer exactement la réduction.

C'eft avec raifon que le bordereau ne porte point de confommation d'outils dans ce prix, parce qu'au moyen des prix ci-deffus les ouvriers s'en fourniffent, & que quand l'entrepreneur leur en prête, ils font ténus de les remettre au même état qu'ils les ont reçus *. L'achat primitif de ces outils entre dans le huitième de bénéfice.

R É C A P I T U L A T I O N.

Réduction fur la fouille. . . . . »¹ 5ᶠ 6ᵈ
Réduction fur le tranfport. . . . . » 13. »

TOTAL. . . . . » 18. 6.
Le huitième. . . . . » 2. 3.

I.ᵉ REDUCTION — Réduction fur le prix du déblai de la toife cube de terre non encore remuée & portée au remblai ou aux dépôts. . . . I. » 9.

* Etat cotté D. Article I.ᵉʳ — Il y aura de cette efpèce de déblai 9897 toifes cubes *, lefquelles à 1 liv. 9 den. font. 10268ˡ 2ᶠ 9ᵈ

Réduction fur la dépenfe du déblai des terres non encore remuées, portées au remblai ou aux dépôts. 10268ˡ 2ᶠ 9

T E R R E S R E P R I S E S.

OBEERVATIONS SUR LA FOUILLE.

Les terres dont il s'agit ayant déjà été remuées & tranfportées, il faut au plus deux fouilleurs pour entretenir un brouetteur. La fouille d'une toife équivaut donc à deux relais, calculés précédemment à 10 fols l'un, ci . . . . I. » »
Valeur de la fouille dans le bordereau. . . . . 2. 8. »

Réduction fur la fouille des terres reprifes. . . . . . I. 8. »

OBSERVATIONS SUR LE TRANSPORT.

La réduction fur cet article eft la même que ci-deffus, puifque la portée moyenne que l'on a prife pour le tranfport de chaque toife a été calculé fur les deux efpèces de terres enfemble.

Réduction

Réduction sur le transport comme pour les terres
non remuées 0ˡ 13ꜝ 0ᵈ

On laisse subsister le régalage de ces terres reprises, avec plus de
raison que pour les autres.

RÉCAPITULATION.

Réduction sur la fouille 1ˡ 8ꜝ 0ᵈ
Réduction sur le transport 0 13 0

TOTAL 2ˡ 1ꜝ 0ᵈ
Le huitième 0 5 1ᵈ

Réduction sur le prix du déblai de la toise cube de
terre reprise & portée au remblai 2ˡ 6ꜝ 1ᵈ

Il y aura de terres reprises 5850 toises cubes * qui,
à 2 6 1ᵈ, font 13479ˡ 7ꜝ 6ᵈ
Réduction sur la dépense du déblai des terres reprises & transportées au remblai 13479ˡ 7ꜝ 6ᵈ

ARTICLE SECOND.

Suivant le Bordereau.

„ LA toise cube de déblai de pierre feuilletée trans-
„ portée à 50 toise de distance . . . . 10ˡ » »

DÉTAIL.

„ Cinq journées de manœuvres pour
„ fouille & chargement à la brouette à 24
„ sols l'une . . . . 6ˡ »ꜝ »ᵈ
„ Deux journées pour le transport à 24
„ sols l'une . . . . 2 8. »
„ Une demie journée de régaleur . . » 12. »

9ˡ » »
„ Le huitième en sus comme ci-dessus . 1. 2. 6.
SOMME PAREILLE 10ˡ 2ꜝ 6ᵈ

B

FOUILLE SUIVANT LE BORDEREAU.

„ Cinq journées de manœuvre pour fouille & chargement à
„ la brouette à 24 fols l'une . . . . 6ˡ oˢ oᵈ

OBSERVATIONS.

Les diverfes natures du roc feuilleté de Querqueville exigent depuis 5 jufqu'à 9 fouilleurs pour entretenir un brouetter tranfportant la totalité des déblais à un relai de diftance *, & un brouetteur tranfporte par jour à cette diftance deux toifes cubes dudit déblais en travaillant à la tâche *, & une toife $\frac{1}{7}$ feulement * en travaillant à la journée ; la moyenne des deux nombres de fouilleurs eft 7, qui fouilleront & chargeront en un jour la fufdite quantité ; par conféquent la toife exige 4 journées $\frac{1}{12}$ qui, à 24 fols la journée font . . . . 4ˡ 18ᶜ oᵈ.

Les prix effectivement payés jufqu'ici pour cette efpèce de déblai ont variés depuis 3 liv. jufqu'à 6 liv. ; deforte que le prix du Bordereau qui devroit être un prix moyen eft évidemment trop fort. On obfervera de plus que dans les parties les plus difficiles où les Entrepreneurs n'ont jamais payé plus de 6 liv., c'eft-à-dire, dans le foffé fervant de chenal au grand Port, ils payoient en même tems le relai à 6 f. feulement aux mêmes Ouvriers qui étoient chargés de la fouille & du tranfport : or la vraie valeur du relai pour le déblai de roc eft de $\frac{7}{12}$ du prix de la journée, ou 14 fols *, & le tranfport dont il s'agit fe faifoit à trois relais de diftance ; il y a donc pour rétablir la vraie valeur du relai trois fois la différence de 14 fols à 6 fols, ou 24 fols à reprendre fur le prix payé pour la fouille, ce qui réduit la toife à . . . . 4ˡ 16ᶜ.

On peut donc prendre le prix de 4 liv. 18 fols trouvé ci-deffus pour le prix moyen, avec la certitude qu'il eft trop confidérable puifqu'il excède le réfultat des payemens les plus chers qui aient été faits.

Prix de la fouille . . . . 4 18ᶜ oᵈ
Valeur de cet élément dans le Bordereau . . . . . . 6 » »

Réduction fur la fouille du roc feuilleté . . . . 1ˡ 2 »

TRANSPORT

Suivant le Bordereau.

„ Deux journées pour le tranfport, à 24 fols l'une 2ˡ 8ᶜ oᵈ.

OBSERVATIONS.

On ne fera aucune réduction fur cet élément, parce qu'en calculant la portée moyenne des déblais de roc de toute efpèce au moyen de l'Article 6 de l'état cotté D. , & des Articles 3 & 4, on trouve trois relais $\frac{8}{19}$; qui multipliés par $\frac{1}{4}$ de journées, vraie valeur du relai, donnent deux journées comme l'a fuppofé le Bordereau (a).

Cet Article n'occafionnera donc d'autre excédent de dépenfe que celui caufé par les tranfports au-delà de 50 toifes, qui feront payés à raifon du furplus de diftance, tandis que les tranfports, à moins de 50 toifes, feront payés au prix ci-deffus ; mais la réduction à faire pour cet objet n'eft pas fufceptible d'un calcul affez rigoureux pour qu'on l'emploie ici, quoique certaine.

RÉGALAGE

Suivant le Bordereau.

„ Une demie journée de Régaleur à 24ʳ, ci . . . 0ˡ 12ʳ 0ᵈ.

OBSERVATIONS.

Quoique le prix du régalage ait été ici porté plus haut que dans l'Article précédent, il eft cependant tout entier à fupprimer : moyennant les prix employés ci-deffus les Ouvriers font eux-mêmes tout le régalage néceffaire pour l'arrangement des remblais ; & comme les écalins qui proviennent de ce déblai feront renfermés dans l'intérieur des maffifs & non contre la maçonnerie, ou dans les parapets, ou banquettes, ils n'exigent aucun alignement ni main-d'œuvre particulière. On obfervera toutefois que pour l'enveloppe à la Mer feulement, le remblai a été fait entièrement en fable & pierrailles, même contre les maçonneries, & qu'on y a évité à deffein l'emploi de la terre ; mais cet ouvrage n'étant pas provenu des déblais payés par le Roi, n'a nul rapport à l'objet préfent ; il fe rapporte à l'Art. 4

(a) Voici ce calcul. Le tranfport de la totalité des déblais aux remblais exigeroit 152,271 relais ; mais les moellons étant employés dans les maçonneries, & leur tranfport faifant partie du prix de cette nature d'ouvrage, il ne doit point être compté avec celui des déblais. On ne fait cependant la réduction du tranfport du moellon que pour les tranfports de déblais au-delà de deux relais de diftance, & l'on compte ceux à des diftances moindres par les motifs énoncés au paragraphe 136 du nouveau dévis pour Querqueville. La déduction dont il s'agit équivaut à 22,444 relais, & le tranfport total des déblais fe trouve par conféquent exprimé par 129,828 relais portés à l'Article 6 de l'état D. C'eft ce nombre, qui divifé par 37,968 toifes, volume total des déblais de roc de toute efpèce, donne trois relais $\frac{8}{19}$ pour portée moyenne.

du Bordereau, & pour tout le refte des ouvrages qui ne font point à la Mer, & que l'on remblayera au moyen des déblais provenans des excations, l'on ne mettra contre les maçonneries que de la terre, dont le régalage a été compté ci-deffus fans aucune réduction.

Réduction du prix entier du régalage, ci . . . . 0ˡ 12ᶠ 0.

Aux prix ci-deffus employés les Ouvriers fe fourniffent de tous outils comme pour les terres *.

* Règles générales prefcrites aux Ouvriers employés aux excavations.

R É C A P I T U L A T I O N.

Réduction fur la fouille 1ˡ 2ᶠ 0ᵈ

Réduction du prix de régalage . . . . » 12 »

T O T A L . . . . 1ˡ 14 »

Le ⅛ . . . . » 4 3

3ᵉ. RÉDUCTION.

Réduction fur la toife cube de déblai de roc feuilleté 1ˡ 18 3ᵈ

* État cotté D. ART. 3.

Il y aura de ce déblai 33,332 toifes cubes * qui, à 1ˡ 18ᶠ 3ᵈ font . . . . 63,747ˡ 9ᶠ »

Note en marge du Bordereau.

Réduction fur la dépenfe du déblai de roc feuilleté tranfporté au remblai 63,747ˡ

» Ce prix eft » celui que l'on » donne aux Car- » royeurs qui fe » fourniffent » d'outils. Le » tranfport fe fait » par tombereaux » qui portent 10 » pieds cubes, & » fe paient 7 fols » par voyage; il » faudra donc 22 » voyages pour la » toife; qui cou- » teroit 7 liv. 14 » fols. On n'en » compte ici que » la moitié, parce » que l'Entrepre- » neur profitera » fur la pierre qui » double à-peu- » près le volume » quand elle eft » extraite & mife » en toife ».

A R T I C L E   T R O I S I È M E.

Snivant le Bordereau.

» L A toife cube de déblai de Roc vif où il fera » employé de la poudre, tranfportée à 50 toifes . | 14ˡ 10ᶠ »ᵈ

D É T A I L.

» Six journées de Carrayeurs pour l'ex- » traition . . . . | 7ˡ 4ᶠ »ᵈ

» Poudre . . . . | » 16ᶠ »

» Tranfport auxdites 50 toifes par tom- » bereau ou à la brouette . . . . . | 4.17.»

| 12ˡ 17ᶠ »

» Le huitième en fus . . . . | 1.12.1.

S O M M E   P A R E I L L E . | 14ˡ 9ᶠ 1ᵈ

OBSERVATIONS.

O B S E R V A T I O N S.

Le roc-vif exige à Querqueville, depuis dix jufqu'à 14 fouilleurs, pour entretenir un brouetteur tranfportant la totalité du déblai à un relai de diftance, * & quoique la totalité du déblai ne foit pas effectivement tranfportée par les brouetteurs, à caufe du moellon provenant des excavations, lequel refte en dépôt pour les maçonneries, la donnée ci-deffus n'en eft pas moins propre à évaluer le prix de la fouille par le prix connu du relais; la moyenne des deux nombres ci-deffus eft 12 fouilleurs.

* Nouveau dévis pour Querqueville, §. 121.

Ce nombre moyen d'hommes fouillera donc en un jour une toife $\frac{1}{7}$ de déblai qu'un brouetteur tranfporteroit à un relai, & par conféquent la fouille d'une toife cube exigera 7 journées, qui à 24 fols feroient . . . . 8ˡ 8ˢ 0ᵈ.

On a déjà fait à Querqueville un grand nombre d'excavations de roc-vif; favoir, dans le Port extérieur ou avant-Port, & la fouille de ce déblai a été payée 8 livres 12 fols la toife; dans la foffé fervant de chenal au port intérieur, cette fouille a été payée 8 livres; enfin, dans la coupure à l'Oueft de la batterie circulaire, ou la fouille a été payée 7 livres *; & fur ces prix les ouvriers fe font fournis de poudre & d'outils. Ainfi, en prenant le prix le plus haut payé jufqu'ici, ou 8 livres 12 fols, au lieu de la moyenne à employer, & déduifant de ce prix celui de la poudre, tel qu'il eft porté au bordereau, ou 16 fols, on aura pour la fouille feule 7 liv. 16 fols.

* Règles générales preſcrites aux ouvriers employés aux excavations de Querqueville.

On prendra néanmoins encore le prix réfultant des données du nouveau devis, comme le plus haut que l'on ait trouvé, & comme celui porté au bordereau eft plus foible, on l'augmentera en conféquence. Prix de la fouille d'après les calculs ci-deffus. . 8ˡ 8ˢ 0ᵈ

Prix porté au Bordereau . . . . 7 4 »

Augmentation fur cet élément . . . . 1ˡ 4ˢ »ᵈ.

P O U D R E

Suivant le Bordereau.

» Poudre . . . . »ˡ 16ˢ »ᵈ

O B S E R V A T I O N S.

On ne voit point de raifon de changer cet élément.

TRANSPORT

Suivant le Bordereau.

„ Tranſport auxdites 50 toiſes par tombereau, ou à la
„ brouette . . . . 4^l 17^ſ »^d

OBSERVATIONS.

Dans une note en marge, le bordereau annonce que le tranſport
de cette eſpece de déblai doit ſe faire par tombereau, & l'évalue
à 7 liv. 14 ſ. o d.; mais il ajoute qu'à cauſe du bénéfice de l'entrepreneur ſur la pierre provenante des excavations, il ne ſera
compté que la moitié de ce prix; d'après quoi il auroit fallu
porter 3 liv. 17 ſ. o d. & non pas 4 liv. 17 ſ. o d.; mais, on
obſervera que le tranſport des déblais proprement dits, c'eſt-à-dire
des écalins, deſquels ſeuls il s'agit ici, ſe fera comme les autres à
la brouette; qu'ainſi le prix de cet article eſt le même que pour
le déblai de roc feuilleté ou 2 liv. 8 ſols.

Tranſport . . . . 2 8 »

Valeur de cet élément dans le Bordereau . . . . . . 4 17 »

Réduction ſur cet élément . . . . 2^l 9^ſ »

RÉCAPITULATION.

Augmentation ſur la fouille . . . . 1^l 4^ſ »

Réduction ſur le tranſport . . . . 2 9 »

Réduction réelle . . . . 1^l 5^ſ »^d

Le ⅛ . . . . » 3 1

4e. Réduction. Réduction ſur le prix de la toiſe cube de déblai de roc-vif 1^l 8^ſ 1^d

* État cotté D,
Art. 4. Il y aura de cette eſpèce de déblai 4636 toiſes cubes * qui, à 1 l.
8 ſ. 1 den. font . . . . 6509^l 14^ſ 4^d

Réduction ſur la dépenſe du déblai de roc-vif . . . . 6509^l 14^ſ

ÉVALUATION DU RELAI

Suivant le Bordereau.

„ Chaque relai de douze toises en rampe & 15 toises en
„ plaine . . . . » 8 »ᵈ

OBSERVATIONS.

Cette évaluation du relai a pour objet de payer les transports qui se feront au-delà de 50 toises [*], & s'applique par conséquent à la partie la moins considérable des transports : ainsi le Roi auroit tiré peu d'avantage de la foiblesse marquée de ce prix ; mais il est contraire à ce qui résulte des données du même bordereau dans le détail des articles précédens. On y a, en effet, porté le transport à 50 toises à deux journées ou 48 sols. Or, cette distance ne pouvant pas être regardée comme composée de plus de quatre relais, en les supposant tous de 12 toises & en rampe, il en résulte que dans le détail des déblais, le bordereau porte réellement le relai au moins à 12 f. & non pas à 8 f. ; il faut même observer encore qu'ici les 8 f. comprennent le huitieme ajouté à toutes les dépenses payables à l'entrepreneur, ce qui porte le prix net à 7 f. 1 d. $\frac{1}{2}$ au lieu de 12 supposés plus haut, & rend encore plus considérable la contradiction entre ces deux évaluations du bordereau. Malheureusement ce bas prix du relai porté à part dans le bordereau, a servi à léser les ouvriers, en autorisant l'entrepreneur à leur payer moins de 8 f., & c'est sur ce fondement que les transports mentionnés plus haut n'ont été payés qu'à 6 f. le relai, comme il a été dit à l'article deuxieme.

La vraie valeur du relai est facile à établir d'après tout ce qui précède : elle n'est point la même pour la terre & pour le déblai de roc, tant à cause de la différence de pesanteur de ces deux matieres, que par le plus grand foisonnement & l'arrangement moins parfait que les écalins ou déblais de pierres prennent dans les brouettes. C'est ce qui fait que le même rouleur qui porte en un jour 2 toises $\frac{2}{3}$ de terre, ne porte qu'une toise $\frac{5}{7}$ de déblais de Roc, & que le relai pour la terre se trouve égal aux $\frac{5}{12}$ de la journée ordinaire, tandis que celui pour le roc en est les $\frac{7}{12}$ [*] ; la journée

étant donc à 24 f. , l'on auroit du porter un bordereau pour les
relais des déblais de terre . . . . o¹ 10ᶠ oᵈ

    Le ⅛ . . . . o. 1. 1.

Relai pour la terre . . . . o¹ 11ᶠ 3ᵈ

Pour le relais des déblais de roc . . . . 1¹ 14ᶠ oᵈ
Le ⅛ en fus . . . . o. 1. 9.

Relai pour le roc 1¹ 15ᶠ 9ᵈ

On a déjà dit que les prix de 10 fols & 14 fols font ceux que
l'on a conftamment payés aux ouvriers, depuis que le travail des
excavarions fe fait par économie, & que fur ces prix ils fe fourniffent d'outils.

EXAMEN de l'emploi que fait le Bordereau du Moellon provenant des excavations, & de la perte qui en réfulte pour le Roi.

La note en marge de l'article 3 du bordereau détaillé indique que le moellon provenant des excavations appartient à l'entrepreneur, puifqu'en confidération de fon bénéfice fur cet objet on reduit à moitié le prix du tranfport des déblais du roc vif *, & quoique le prix dudit tranfport ainfi réduit foit encore de beaucoup trop fort, comme on l'a vu ci-deffus, la conceffion du moellon à l'entrepreneur n'en eft pas moins formelle. L'on trouve de plus au paragraphe 7 du devis, que *fi dans les excavations & emplacemens de revêtemens, il fe trouve du roc-vif, les moellons provenant de ce roc, & reconnus bons par l'Officier du Génie chargé de l'ouvrage, feront employés dans lefdits revêtemens & qu'il fera déduit par chaque toife cube de maçonnerie faite avec ledit moellon, dans l'étendue feulement de l'emplacement où fe trouvera le roc, la valeur des deux tiers du prix de la toife cube de l'excavation dudit roc : le furplus de ce roc reconnu mauvais fera tranfporté au remblai.* *

Il réfulte de ces deux difpofitions, dont la première a été déjà employée dans le calcul des deblais, que l'entrepreneur eft en poffeffion de tout ce moellon, à la charge feulement de la retenue des deux tiers du prix de la toife de l'excavation du roc-vif, pour chaque toife de maçonnerie conftruite dans les emplacemens où fe trouve *le roc-vif.*

Puis donc que le Roi ayant payé la dépenfe entiere des déblais, tou tce qui en provient, & par conféquent le moellon, lui appartient, & que les déblais dont la nature eft maintenant connue, produiront en pierre d'excellente efpece, toute celles néceffaires aux maçonneries, & au-delà ; la queftion préfente fe réduit à examiner fi la valeur de toute cette pierre eft couverte par la retenue énoncée ci-deffus, & à en calculer la différence.

D

Calcul de la déduction prescrite au paragraphe 7 du marché de Querqueville.

Sur les 11444 toises cubes de grosse maçonnerie qui restent à faire en tout *, déduction faite du volume de la pierre de taille, près des deux tiers ne sont pas susceptibles de la déduction prescrite, n'étant pas établis dans les emplacemens ou se trouve le roc, ces articles sont :

La totalité des maçonneries des parties circulaires du fort à la mer, dont les fondations s'appuyent sur les rochers de la côte sans aucune excavation de fossés.

Les revêtemens à la mer des branches latérales, qui sont établis de même sans excavation de roc.

Tous les souterreins contenus dans le fort de terre, dont les fondations n'exigent pareillement aucun déblai de roc.

Les revêtemens des reduits des places d'armes & ceux de la lunette, dont les fossés sont au-dessus du roc-vif.

Enfin, les murs qui soutiennent intérieurement les terres des remparts.

Il ne reste donc que les escarpes & contrescarpes des ouvrages de terre, dont les maçonneries soient dans le cas de la déduction ; ces revêtemens seront composés d'une chemise de 2 pieds d'épaisseur appliquée contre le rocher où les fossés sont creusés, & terminés par une maçonnerie de six pieds d'épaisseur établie sur la surface du rocher, & s'élevant de 4 pieds dans certaines parties, de 10 pieds dans d'autres.

La chemise, dont il sera peut-être possible de se dispenser, à en juger par l'apparence des revêtemens taillés dans le roc que l'on a déjà pratiqués à Querqueville, ne pourra du reste se faire en moellon, si elle est exécutée. Destinée à être baignée sur toute sa hauteur par l'eau de la mer reçue dans les fossés, elle devra être construite en granit de petit échantillon avec ciment, & ne comportera pas la déduction dont il s'agit ici.

Les massifs de maçonnerie terminant le sommet des escarpes & contrescarpes, ainsi que les batardeaux & écluses, sont donc seuls dans le cas prévu au marché, & la totalité des maçonneries de ces ouvrages forme 4526 toises cubes.

Il s'agit maintenant de calculer la déduction prescrite au marché pour chaque toise de maçonnerie, en reprenant l'article 3 du bordereau qui fixe le prix du déblai de roc, & en retranchant ce qui

y eſt porté pour le tranſport à 50 toiſes, afin d'avoir ce qui appartient à l'excavation, comme l'énonce le marché. On doit d'autant
moins comprendre ici le tranſport en ſuivant le ſens du marché,
que d'après la note en marge du Bordereau, cet élément y a déjà
eſſuyé une réduction rélative au profit de l'entrepreneur ſur la pierre.
Néanmoins on comptera ici le prix total du déblai de roc-vif, pour
porter à la plus grande valeur poſſible la ſeule condition avanta-
geuſe au Roi, que le marhé contienne à ce ſujet. Le prix de la toiſe
de déblai de roc-vif ſuivant le bordereau eſt . . . 14ˡ 10ᶜ 0ᵈ.

Les $\frac{2}{3}$ de ce prix ſont 9 13 4

Laquelle ſomme multipliée par 4526, nombre des toiſes cubes de
maçonnerie ſujettes à la déduction dont il s'agit, donne. 43751 6 8ᵈ.

Valeur de la déduction preſcrite par le marché, pour tenir compte
du moellon propre à bâtir, provenant des excavations . 43751ˡ 6ᶜ 8ᵈ.

Calcul de la valeur de tout le moellon propre à bâtir qui proviendræ des déblais de Querqueville.

N'ayant pour objet que de connoître la valeur du double emploi
fait au détriment du Roi, en lui faiſant payer le moellon qui
entre dans la bâtiſſe, par le moyen de l'article 8 du bordereau détaillé,
où cette valeur ſe trouve comptée dans le prix de la toiſe cube
de maçonnerie, tandis que ce moellon lui appartient déjà par le
paiement des déblais, on voit que le réſultat précis de cette évaluation eſt totalement indifferent à l'objet du travail actuel ; puiſque,
quel que ſoit le prix que l'on portera ici pour le moellon, en diminution de la dépenſe réellement à faire par le Roi, le même prix
étant porté enſuite dans le détail des maçonneries, au nombre des
dépenſes qu'elles exigent, la dépenſe totale du travail ne recevra
aucun changement. On voit même que l'on parviendroit également
à remplir l'objet de ce mémoire, ſi, ſans s'occuper du tout de la
vraie valeur du moellon, on ſe contentoit de la ſupprimer entierement dans le détail de la maçonnerie ; mais on préfere de déterminer ici avec toute l'exactitude poſſible le prix réel du moellon,
& de traiter enſuite à part l'article des maçonneries, afin de préſenter ſéparément deux objets, ſur leſquels la léſion du Roi provient d'erreurs de nature très-diſtincte.

Cela poſé, on va régler le prix du moellon de deux manières ;
ou par la dépenſe des déblais à faire pour l'extraction de celui qui
ſe trouve dans l'emplacement du fort, ſi ces déblais n'avoient pas
d'autre objet, ou par le prix auquel revient la pierre de la carrière

de Barbençon, où il faudroit l'aller chercher, si le sol même ne la fournissoit pas, comme on l'a cru lorsque l'ouverture de cette carrière a été ordonnée peu avant la passation du marché. L'on prendra ensuite le moindre de ces deux prix.

* État cotté D.
A r t. I. Sur les 9897 toises cubes de terre à déblayer *, on ne doit pas compter en dépense pour l'extraction du moellon, celles dont le déblai n'aura pour objet que d'asseoir des fondations sur le roc sans y faire aucune excavation, c'est-à-dire, celles à enlever pour l'établissement des branches talérales du fort à la mer, & pour les massifs de maçonneries de 6 pieds d'épaisseur qui forment le sommet des escarpes & contrescarpes. La quantité de terres à déduire pour ces objets monte à 2820 toises cubes : il reste donc à déblayer, pour découvrir la surface des fossés, 7077 toises de terre, dont on ne comptera que le transport nécessaire pour l'excavation du roc de dessous, c'est-à-dire à un relai de distance.

On comptera de même le transport à un relai des 33332 toises cubes de déblai de roc feuilleté, & celui des 4636 toises cubes de roc-vif portés, aux articles 3 & 4 de l'état cotté D ; mais l'on en déduira le moellon qui ne sera pas transporté avec le reste des déblais, & qui occupant dans le déblai les $\frac{4}{7}$ du volume de son entoisé d'après l'expérience, forme une déduction de 11222 toises sur les 19639 qui forment le total du moellon, & réduisent le cube du déblai à transporter, à 26746 toises cubes.

Ces déblais produiront en tout 19639 toises cubes de moellon portés aux deux derniers articles de l'état cotté D, à raison d'une demi-toise de moellon par toise cube de déblai de roc-feuilleté, & d'une toise de moellon par toise de déblai de roc-vif, suivant l'expérience. On aura donc la valeur de toute cette quantité de moellon comme il suit.

La fouille de 7077 toises cubes de terre, à 2ᵗ 2ˢ 6ᵈ, conformément au prix établi à l'Article Iᵉʳ. ci-dessus, ci 15038ᵗ 12ˢ 6ᵈ

Le transport à un relai de distance, à 10 sols, suivant les mêmes détails, ci 3538ᵗ 10ˢ 0ᵈ

La fouille de 33332 toises cubes de déblai de roc feuilleté, à 4 l. 18 f., suivant les détails de l'Art. 2. ci-dessus, ci . 163326ᵗ 16ˢ 0ᵈ

La fouille de 4636 toises cubes de roc-vif, à 8ᵗ 8ˢ (a), suivant les détails de l'Article 3 ci-dessus, ci 38942ᵗ 8ˢ 0ᵈ

(a) On ne portera point ici la dépense de la poudre, en sus de la fouille, quoiqu'elle soit ajoutée au prix de 8 l. 8 f. dans les détails de l'Article 3. La marche adoptée dans ce mémoire a exigé que l'on portât au plus haut possible les prix que l'on a eu à comparer avec ceux du Bordereau. Ici où l'on a au contraire pour objet de déterminer une valeur que

Le

Le transport des 26746 toises cubes de déblai de roc des deux espèces, déduction faite du moellon, à un relai de distance, à 14 f. suivant les détails ci-dessus, ci . . . . 18722 l. 4 f. o d.

Valeur totale du moellon provenant des excavations de Querqueville, calculée par la dépense des déblais . . . . 239,568 l. 10 f. 6 d.

Si l'on divise cette somme par 19639, nombre des toises cubes de ce moellon, on aura pour le prix de chaque toise . 12 l. 4 f. o d.

Quoique le prix à ajouter pour le transport à pied d'ouvre de ce moellon ne doive pas entrer dans le calcul du double emploi que l'on examine ici, puisque ce transport est indépendant de la dépense des déblais, & est dans tous les cas à payer par l'entrepreneur, pour lui être compté dans le prix de la maçonnerie, on va néanmoins calculer ici ce transport, qui servira à comparer la valeur du moellon provenu des déblais, avec celle qui résultera de la supposition où l'on seroit forcé de le faire venir de la carrière de Barbençon.

Une partie du moellon dont il s'agit sera directement transportée à pied d'ouvre ; mais tout celui qui sera extrait pendant l'hyver, & dans les momens où les grosses maçonneries ne s'avançent pas en même proportion que les excavations, sera nécessairement mis en dépôt pour être repris ensuite lors de son emploi. Ce dernier, que l'on a évalué au tiers du total, exigera par conséquent deux transports.

Quant à la valeur de chacun de ces transports, elle se trouve par le marché passé par les entrepreneurs, le 19 Février 1788, avec les nommés Messent, Doré, Fleuri & autres, pour faire tous les transports de moellon que lesdits entrepreneurs exigeront dans l'étendue des chantiers de Querqueville, au prix de quatre livres la toise cube.

D'après cela les 13093 toises cubes de moellon formant les deux tiers du total *, lesquelles n'éprouveront qu'un transport à 4 liv. couteront pour cet objet . . . . 52372 l. o f. o d.

* Etat cotté D. Article 1.er des objets à reprendre.

Et les 6546 toises cubes de moellon restantes, lesquelles

le bordereau a omis de compter au profit du Roi, l'on doit éviter tout ce qui pourroit faire juger la lésion plus considérable ; & comme il est certain qu'au prix de 8 liv. 8 sols les ouvriers se sont fournis la poudre, on ne compte rien pour cet objet.

E

éprouveront deux tranſports faiſant 8 liv. enſemble , couteront pour
cet objet . . . . ſ2372 liv. o ſ. od.

A quoi il faut ajouter 10 ſols par toiſe , prix réglé depuis le commencement des travaux , pour l'entoiſage dudit moellon au dépôt,
ce qui fait ci . . . . 3273 liv. o ſ. o d.

Total du tranſport à pied d'œuvre . . . . . 108017 liv. o ſ. o d.

Laquelle ſomme diviſée par 19639, donne ſ livres 10 ſols pour
le prix moyen du tranſport à pied d'œuvre par toiſe de moellon.
Prix du moellon des excavations . . . . 12 l. 4 ſ. o d.
Prix moyen du tranſport . . . . ſ l. 10 ſ. o d.

Prix dudit moellon rendu à pied d'œuvre . . . . 17 l. 14 ſ. o d.

Si l'on conſidere maintenant la valeur du moellon , dans le cas
ou le cap de Querqueville n'en fourniſſant pas, on ſeroit forcé de
le tirer de la carrière de Barbençon ouverte d'après cette ſuppoſition, on trouvera deux marchés paſſés par les entrepreneurs ; l'un
avec les ſieurs Brun & Crépin, le 1ſ Avril 1788 *, pour l'extraction
& tranſport à Querqueville de la pierre de ladite carrière, au prix de
1ſ livre 10 ſols la toiſe cube, l'autre avec les nommés Pillon &
Poittevin, le 19 Février 1788 *, pour le tranſport ſeulement au
prix de 9 livres la toiſe cube. En évaluant l'extraction à 6 livres,
ces deux marchés reviennent à - peu - près au même ; il convient
d'ajouter au prix de 1ſ livres 10 ſ. ainſi reglé pour le moellon,
les dépenſes primitives des entrepreneurs pour découverte de laditte
carrière, établiſſemens & indemnités, montantes à une ſomne de
8 à 9 mille livres + , qui répartie ſur 19639 toiſes cubes que l'on
doit ſuppoſer ici, à fournir par cette carrière, donnent par toiſe
environ 9 ſols, ce qui porte le prix total à 16 livres.

Une partie dudit moellon ſera porté directement de la carrière
de Barbençon à pied d'œuvre ; mais d'après les mêmes conſidérations
que ci-deſſus, le tiers du total ſera mis en dépôt & exigera enſuite
un tranſport de 4 livres par toiſe, & 10 ſols pour l'entoiſage au
dépôt, & cette augmentation de 4 livres 10 ſols répartie ſur le
total, ajoutera 1 livres 10 ſols de prix moyen par toiſe pour le
tranſport à pied d'œuvre.

Prix de la toiſe cube de pierre de Barbençon rendüe ſur le chantier
de Querqueville . . . . 16 l. o ſ. o d.
Prix moyen pour le tranſport à pied d'œuvre . . 1 l. 10 ſ. o d.

TOTAL . . . . 17 l. 10 ſ. o d.

Ce prix eft à 4 fols près le même que celui du moellon tiré des excavations, & il en refulte que l'on peut adopter la première évaluation, d'autant plus fûrement que c'eft en effet le moellon provenant des excavations qu'il s'agiffoit d'apprécier. On réduira cependant encore de 4 fols le réfultat des premiers calculs, ce qui donnera les prix fuivans.

Prix de la toife cube de moellon extrait dans les foffés 12 l. o f. o d.

Prix moyen du tranfport dudit moellon à pied d'œuvre 5 l. 10 f. o d.

Prix de la toife cube rendue à pied d'œuvre . . . . 17 l. 10 f. o d.

On obfervera maintenant qu'il faut agmenter ici d'un huitième, la valeur qui vient d'être trouvée pour le moellon appartenant au Roi; 1°. parce qu'elle n'a encore été calculée que par les élémens rigoureux du déblai, & que le Roi les paye augmentés d'un huitième; 2°. parce que la déduction prefcrite au marché, dont la valeur a été déterminée plus haut, & à la quelle on va comparer la valeur du moellon, provient du prix des déblais de roc-vif fixé par le bordereau & qui a reçu ladite augmentation : 3°. enfin, parce que dans le cacul des maçonneries, donc le réfultat doit être joint à celui du préfent examen, tout les élémens font également augmentés d'un huitième; on aura donc comme il fuit la valeur du moellon dont il s'agit.

Dépenfe rigoureufe pour l'extraction de la toife cube 12 l. o f. o d.

Le $\frac{1}{8}$ en fus . . . . 1 l. 10 f. o d.

TOTAL . . . . 13 l. 10 f. o d.

19636 toifes cubes de moellon, à 13 l. 10 f. font 265,126 l. 10 f o.

Valeur de tout le moellon extrait des déblais 265,126 l. 10 f. o d.

Retenue à faire à l'entrepreneur pour le même objet d'après les conditions du marché . . . . 43,751 l. 6 f. 8 d.

Ve. RÉDUCTION. Différence ou perte pour le Roi, réfultante à cet égard du marché . . . . 221,375 l. 3 f. 4 d.

Le moellon provenu des excavations faites au compte du Roi avant la paffation du marché, fur la propriété duquel il ne pouvoit y avoir de doute, a été vendu aux entrepreneurs aux prix de 11 livres 10 fols la toife Cube * : ils ont fait depuis une petite quantité d'excavations à leur compte, & les Officiers du Génie chargés de la conduite du travail, ayant infifté fur les droits naturels du Roi à cet égard, ont propofé de faire fur le toifé dernièrement

* État cotté A. ART. 5.

arrêté, la déduction de la valeur du moellon, calculée d'après les élémens du bordereau détaillé ; mais les entrepreneurs ont évité cette déduction dans le toifé, en confentant feulement à laiffer à la place d'environ 400 toifes cubes de ce moellon qu'ils ont employées dans les maçonneries ; pareille quantité de celui qu'ils avoient précédemment acheté du Roi ; enfin, les circonftances des ordres donnés pour la réfiliation du marché, ayant fait reprendre le travail par économie au compte du Roi pour les excavations, l'on voit que les Officiers du Génie ont toujours cherché à éluder la claufe du marché trop défavorable à cet égard aux interêts de Sa Majefté ; mais que cette claufe formelle reprendroit tout fon empire dès que les entrepreneurs voudroient s'en prévaloir.

Il en eft de même d'une diminution que les Officiers du Génie ont obtenue dans le dernier toifé, fur la dépenfe des déblais de roc que les entrepreneurs ont faits à leur compte, en ne comprenant pas dans le tranfport de ces déblais celui du moellon qui en eft provenu ; le marché s'oppofera toujours à cette forte de réduction quand les enttepreneurs voudront s'y tenir, puifqu'il règle en bloc le prix de chaque nature de déblai toifé en déblai, & ne permet nullement d'en divifer les élémens pour en changer quelqu'un.

ARTICLES IV ET V^e.

Du Bordereau.

REMBLAIS.

OBSERVAVIONS.

On n'examinera point ces articles, qui ne font point fufceptibles d'être employés dans la fuite du travail. Les remblais fe faifant entièrement avec les déblais, leur dépenfe fe trouvera payée par les articles précédens, & il n'y avoit pas lieu à compofer ces nouveaux articles.

A R T I C L E

ARTICLES VI ET VII.

Du Bordereau.

GAZONNEMENS.

OBSERVATIONS.

On n'examinera point, non plus, ces deux articles dont on ne fera pas ufage dans le travail, vu le mauvais fuccès des gazonnemens fur le bord de la mer.

EXAMEN des Élémens principaux de la Maçonnerie tels qu'ils font évalués dans le Bordereau.

GROS SABLE.

Suivant le Bordereau.

„ LA toife cube de fable, pour les gros mortiers,
„ prife à 300 toifes de diftance moyenne . . . . 13 l. 4 f.

DÉTAIL.

„ Vingt-deux voyages de tombereau, à
„ 12 f. l'une . . . . 13 l. 4 f.

OBSERVATIONS.

Une note en marge du bordereau porte, que ce prix eft celui que l'on donne ordinairement aux voituriers, fans égard au plus ou moins d'éloignement où ils prennent le fable.

Cependant le prix de cet objet a été de fix livres feulement, pendant toute la campagne dernière, comme le montrent les deux marchés paffés par les entrepreneurs, l'un le 14 Février 1788, avec le nommé Jofeph Néel *, l'autre le 19 du même mois avec

Note en marge du Bordereau.

»Ce prix eft celui » que l'on donne » ordinairement » aux voituriers » qui fourniffent » leur tombereau » de fable , fans » qu'on ait égard » au plus ou moins » d'éloignement » où ils le prenne.

* Marché du 14 Fé- vrier 1788, N°. 36.

*Marché du 19 Février, N°. 35.

les nommés Meffent, Doré, Fleuri & autres *, lefquels au nombre de plufieurs tranfports que les fufdits fous-traitans s'engagent de faire, portent celui du fable pris à la Grève & entoifé fur le chantier de Querqueville, aux endroits indiqués par les entrepreneurs à 6 livres la toife cube.

La diftance de ce tranfport étoit de 230 toifes ; mais pendant les deux derniers mois de l'année paffée & après la fin de la campagne, l'on a pris du fable à 435 toifes de diftance, dont le tranfport a été payé à 8 livres, fans qu'il ait néanmoins été paffé de marché pour cet objet.

On obfervera que les données fournies par les marchés rappellés ci-deffus, mettent à portée de calculer le vrai prix du tranfport à la diftance moyenne de 300 toifes fuppofée par le bordereau.

En effet, le tranfport de la toife cube de moellon de la carrière de Barbençon à Querqueville, ce qui fait une diftance de 900 toifes, revient à 9 livres, frais d'entoifé compris, d'après le marché avec Pillon cité ci-deffus. Ce prix comparé avec celui de 4 l. reglé au marché avec Meffent, pour les tranfports du moellon à pied d'œuvre, dont la diftance a été de 200 toifes pendant toute la campagne dernière, & déduction faite des frais d'entoifé montant à 10 fols, auxquels ce dernier marché n'oblige pas, donne 4 livres 10 fols de différence pour une augmentation de diftance de 700 toifes, ce qui revient à 1 fols 3 deniers $\frac{3}{7}$ pour 10 toifes.

Pour faire encore une autre comparaifon, on verra ci-après que le tranfport d'une toife cube de pierre à chaux de Valognes à Querqueville revient à 72 livres pour une diftance de 13000 toifes, les frais d'entoifé compris. Ce prix comparé avec celui du tranfport de la carrière de Barbençon donne 63 livres de différence pour un excès de diftance de 12100 toifes, ce qui revient à 1 fol & un demi denier pour dix toifes, prix un peu moindre que le précédent, probablement à caufe que le tranfport de Valognes fe fait fur une grande route & que la pierre calcaire eft un peu moins pefante que celle de Querqueville.

On peut donc prendre 1 l. 4 f. tout au plus pour chaque relai de 10 toifes ajouté à un tranfport, dont le prix eft connu, & ce réfultat convient également au fable dont la toife cube pèfe à-peu-près autant que celle de moellon.

On aura par conféquent le prix du tranfport du fable à la diftance de 300 toifes fuppofées au bordereau d'après le prix de 6 l. réglé pour une diftance de 230 toifes, en ajoutant à ce dernier 7 fois 1 f. 4 d. ou 9 fol 4 deniers, ce qui porte le prix de la toife cube de fable, dans la fuppofition du bordereau feulement, à . . . 6 9 4.

Néanmoins, d'après le plan adopté ici, de prendre pour chaque objet le plus fort des prix connus, on s'arrêtera à celui de 8 livres qui a été payé en dernier lieu.

Prix de la toise cube de gros sable . . . . 8 l. o s. o d.
Prix porté au bordereau 13 4   0

Réduction sur le prix de la toise cube de gros sable . 5 l. 4 s. o d

S A B L E   F I N

Suivant le Bordereau.

„ L A toise cube de sable, pour les mortiers fins,
„ prise à 300 toise distance moyenne   . . . 18 l. 6 s. »

D É T A I L.

„ L A toise cube de sable rendue au
„ chantier comme ci-dessus . . . . . . 13 l. 4 s. »
„ Pour la passer à la claye ou crible,   1 16 »
„ ¼ de déchet pour l'enlèvement des pierres
„ & cailloux   3   6 »

SOMME PAREILLE. . . . . . . 18 l. 6 s. »

Note en marge du Bordereau.

» Ce sable sera le
» même que le
» précédent , &
» l'augmentation
» de son prix est
» occasionnée par
» l'extraction des
» pierres & cail-
» loux qu'il con-
» tient, & la main-
» d'œuvre pour
» le passer ».

O B S E R V A T I O N S.

Réduction sur le prix de la toise cube de gros sable , comme à l'Article précédent . . . . 5 l. 4 s. ».

Main-d'œuvre pour passer le sable à la claye ou au crible, suivant le Bordereau . . . . 1 l. 16 s. ».

O B S E R V A T I O N S.

On ne fera point de réduction sur cet élément, quoique le bordereau du fort d'Artois ne porte pour cette main d'œuvre qu'une journée de manœuvre au lieu d'une journée & demie.

DÉCHET

Suivant le Bordereau.

„ $\frac{1}{4}$ de déchet pour l'enlèvement des pierres &
„ cailloux . . . . 3 l. 6 f. „.

OBSERVATIONS.

Suivant la remarque faite au bordereau du fort d'Artois , que le déchet du gros fable paffe dans la compofition du gros mortier*, on fupprimera en entier cet élément.

* Bordereau du Fort d'Artois , détails qui précèdent l'Art. 4.

Réduction entière du déchet . . . . 3 l. 6 f. o d.

RÉCAPITULATION.

Réduction fur le prix du gros fable . . . . . . 5 l. 4 f. o d.
Réduction entière de déchet fuppofé 3 6 0

Réduction fur le prix de la toife cube de fable fin . 8 l. 10 f. o d.

CHAUX

CHAUX SUIVANT LE BORDEREAU.

„ L e pied cube de chaux coulée . . . . . . »l. 16 f. 11 d.

D É T A I L.

„ L a toife cube de pierre prife à Va-
„ lognes, coûte . . . . 15 l. » f. » d.

„ Son tranfport à Querqueville . . 100 » »

115 l. » f. » d.

„ Une toife cube de pierre donne 8 ton-
„ neaux de chaux, ce qui fait par tonneau 16 l. 8 f. 7 d.

„ Sept boiffeaux de charbon pour la
„ cuiffon d'un tonneau, à 24 fols l'un . 8 8 »

„ Main-d'œuvre pour la cuiffon . . 3 » »

„ Tranfport des fours aux pleins . . » 14 »

„ Pour éteindre un tonneau . . . » 12 »

„ L'établiffement de deux
„ fours à chaux coûtera . . 5000 l. » f. » d.

„ Leur entretien pendant
„ cinq années, à 200 l. par an 1000 » »

6000 l. » f. » d.

„ Sur quoi déduifant le quart
„ de cette fomme pour la va-
„ leur des fours & des maté-
„ riaux, à la fin de l'ouvrage 1500 l. » f. » d.

„ Il reftera pour la dépenfe
„ des fours à chaux . . . 4500 l. » f. » d.

„ Et en fuppofant que l'on faffe dans
„ les cinq années 10,000 tonneaux de
„ chaux, chaque tonneau reviendroit à »l. 9 f. »d.

„ Le tonneau de chaux cuite coûtera . 29 l. 11 f. 7 d.

„ On fait que le tonneau de chaux
„ éteinte produit au moins 35 pieds cubes
„ de chaux coulée ; ainfi en divifant 29 l.
„ 11 f. 7 d. prix du tonneau, par 35, on
„ aura pour la valeur d'un pied cube de
„ chaux coulée . . . . »l. 16 f. 11 d.

G

DÉTAIL DE LA PIERRE A CHAUX.

Suivant le Bordereau.

„ LA toife cube de pierre prife à Valognes coûte 15 l. » f. » d.
„ Son tranfport à Querqueville . . . 100 » »

1155 l. » f. » d.

OBSERVATIONS.

Par un marché paffé le 28 Juillet 1787, au nommé Piedagnel, les entrepreneurs lui ont acheté 400 toifes cubes de pierre à chaux de Valognes prife fur les lieux & entoifée à Querqueville, au prix de 13 livres la toife cube *, ci. . . . . 13¹ 0 0ᵈ.

Marché du 28 Juillet 1787. Nᵒ. 2.

Par foumiffion du premier Juin 1788, le nommé François Marguerie s'engage de fournir telle quantité que l'on voudra de pierre à chaux de valognes prife fur la place, auffi au prix de 13 livres la toife cube *. 13¹ 0ᶠ 0ᵈ.

Soumiffion du premier Juin 1788. Nᵒ. 32.

Par marché du 29 Juillet 1787, les nommés Poirier Daniel & fociété fe font engagés à faire le tranfport de 200 toifes cubes de pierres à chaux de Valognes, rendue & entoifée fur le chantier de Querqueville, à 7 2livres la toife cube * ci. . 72¹ 0ᶠ 0ᵈ.

Marché du 29 Juiller 1787. Nᵒ. 3.

Par foumiffion du premier Juin 1788, le nommé Pierre Vautier s'engage de tranfporter la pierre à chaux de Valognes à Cherbourg pour 56 livres la toife cube, & à Querqueville pour 75 livres *, ci. . . . . 75¹ 0ᶠ 0ᵈ.

Soumiffion du premier Juin 1788. Nᵒ. 33.

Cette foumiffion n'a point eu d'effet.

Par marché du 8 Août 1787, le nommé Heurard s'engage à faire le tranfport de 50 toifes cubes de la même pierre, reçue & entoifée fur le chantier de Querqueville, au prix de 72 livres la toife cube *, ci. . . . . 72¹ 0ᶠ 0ᵈ.

Marché du 8 Août 1787. Nᵒ. 7.

Prix de la pierre à chaux fur les lieux, ci . . . . . 13 l. 0 l. 0 d.
Prix du tranfporr 72 0 0

TOTAL. . . . . 85 l. 0 f 0 d.

Par marché du 10 Avril 1787, les nommés Jacques & Marc Hubert s'engagent à fournir 600 toifes cubes de pierre Calcaire de Valognes par année, pour le prix de 86 livres la toife cube rendue & entoifée fur le chantier de Querqueville *, ci. . . 86¹ 0ᶠ 0ᵈ.

Marché du 10 Août 1787. Nᵒ. 8.

Enfin, par marché paffé le 31 Juillet 1787, le nommé Louis

Bachelet s'engage de transporter par mer à Querqueville, toute la pierre à chaux de Valognes entoisée sur le Quai de Cherbourg, pour le prix de 10 livres la toise cube *, le chargement & déchargement restant aux frais des entrepreneurs, ci 10¹ 0ᶠ 0ᵈ

> Estimant le chargement & déchargement, à 1 l. 18 s.
> Chacun comme pour la pierre de la rade 3 16 0
> Entoisé sur le quai de Cherbourg 0 10 0
> Transport total de Valognes à Cherbourg, suivant la soumission du nommé Pierre Vautier, N°. 33 . . . . 56 l. 0 s. 0 d.

> Transport total de Valognes à Querqueville, tant par terre que par bateau . . . . 70 l. 6 s. 0

Ce qui montre que le transport par mer de Cherbourg à Querqueville, rendroit le transport total moins frayeux.

Tous les témoignages ci-dessus se réunissent donc, pour prouver que le prix le plus haut que l'on puisse porter pour la toise cube de pierre à chaux de Valognes rendue sur les Chantiers de Querqueville, va à 86 livres.

> Prix de la toise cube de pierre à chaux de Valognes 86 l. 0 s. 0 d.
> Prix porté pour cet objet dans le bordereau . . 115 0 0

> Réduction sur le prix de la toise cube de pierre à chaux de Valognes . . . . 29 l. 0 s. 0 d.

La pierre à chaux d'Ysigny est de meilleure qualité, & est probablement moins chère que celle de Vallognes, son transport se faisant par mer ; mais on en ignore le prix exact : on n'en a guéres fait d'usage à Querqueville que pour les cimens.

SUITE DES DÉTAILS SUR LA CHAUX.

Suivant le Bordereau.

„ Une toise cube de pierre donne 7 tonneaux de chaux, ce
„ qui fait par tonneau . . . . 16 l. 8 s. 7 d.

Observations.

Il s'agit ici du tonneau de 26 pieds cubes, & cette évaluation est fort exacte. Les 7 tonneaux donnent 182 pieds cubes & diverses expériences & recensemens, faits tant à Querqueville qu'au fort d'Artois, en donnent 180. Ce résultat quadre d'ailleurs avec ce

* Marché du 31 Juillet 1787. No. 44

qu'on lit dans la fcience des ingénieurs page 25 & 26 édition de 1729, que le pied cube de chaux pefe 59 livres en maffe & que la toife cube de pierre calcaire fournit 10000 livres pefant de chaux vive.

D'après une expérience faite à Querqueville, par M. d'Obenheim, fur le rapport du vuide au plein dans la chaux coutenue dans une mefure quelconque, le pied cube plein pefant 59 livres, comme l'indique Bélidor, le pied cube tant plein que vuide pefe 55 l. $\frac{1}{2}$.

D'après un autre expérience faite par tous les Officiers du Génie employés à Querqueville, le tonneaux de chaux de 30 pieds cubes pèfe 1656 livres, ce qui donne par pied cube 55 livres $\frac{1}{5}$.

Il en réfulte que les 10000 livres de chaux fournies par la toife cube de pierre fuivant Belidor, étant divifées par 55, donnent 182 pieds cubes comme le bordereau.

Il faut feulement ajouter à cette quantité de chaux, la cendrée reftante après la cuiffon dont la quantité eft de 36 pieds cubes par toife cube de pierre calcaire.

Pour connoître la valeur de cette cendrée, on a fait nombre de fois à Querqueville l'expérience fuivante, qui a toujours donné à-peu-près le même réfultat.

36 pieds cubes de cendrée mêlés avec 36 pieds cubes de fable & 18 pieds cubes de chaux coulée, ont donné 60 pieds cubes de mortier ; d'où il fuit que la cendrée feule en fourni 24 qui, d'après la dofe adoptée à Querqueville, équivalent à 12 pieds cubes de chaux coulée & 24 pieds cubes de fable.

SUITE DES DÉTAILS DE LA CHAUX.

Suivant le Bordereau.

„ Sept boiffeaux de charbon pour la cuiffon d'un tonneau,
„ à 24 fols l'un . . . . 8 l. 8 f. 0 d.
„ Main-d'œuvre pour la cuiffon. 3   0   0
„ Tranfport des fours aux pleins 0 14   0
„ Pour éteindre un tonneaux 0 12   0

TOTAL defdits détails . . 12 l. 14 f. 0 d.

OBSERVATIONS.

OBSERVATIONS.

Quoique le prix du boiſſeau de charbon ſoit forcé de 2 ſols, que la main d'œuvre pour la cuiſſon excede pareillement de 20 ſols le rapport même du chaufournier, & que le tranſport aux pleins coûte quelque choſe de moins qu'il n'eſt porté ici, on laiſſera ſubſiſter ces élémens.

SUITE DES DÉTAILS DE LA CHAUX.

Suivant le Bordereau.

„ L'établiſſement de deux fours à chaux coûtera 5000 l. o ſ. o. d.
„ Leur entretien pendant cinq années, à 200 l.
par an . . . . 1000 » »

6000 l. o ſ. o d.

„ Sur quoi déduiſant le quart de cette ſomme
„ pour la valeur des fours & des matériaux à la
„ fin de l'ouvrage . . . . 1500 l. o ſ. o d.

„ Il reſtera pour la dépenſe des fours à chaux .4500 l. o ſ. o d.

„ Et en ſuppoſant que l'on faſſe dans les cinq
„ années 10,000 tonneaux de chaux, chaque ton-
„ neau reviendroit à . . . . o l. 9 ſ. o d.

OBSERVATIONS.

La vraie valeur des établiſſemens dont on a voulu calculer ici l'influence eſt comme il ſuit :

Trois fours à chaux, ont coûté *, ci . . 3,076 l. 16 ſ. o d.

Les baſſins, grilles, pleins à chaux, puits, pompes, & autres objets pour éteindre la chaux, ont coûté . . . . 4,508 l. 4 ſ. 7 d.

Entretien pendant cinq années, comme au bordereau . . . . 1,000 o o

8,585 l. o ſ. 7 d.

Cette ſomme eſt preſqu'entièrement à imputer en dépenſe rélative à la chaux, l'entrepreneur étant tenu de faire place nette deſdits

* Etat cotté **A**, art. 21.

H

établiffemens à la fin des travaux. Divifant donc la fomme ci-deffus par le nombre de 15000 tonneaux de chaux de 26 pieds cubes l'un, qui entreront effectivement dans la totalité des maçonneries du fort, on aura pour chaque tonneau l'augmentation du prix de . . . . o l. 11 f. 8 d.

. Somme un peu plus forte que celle porté au bordereau.

R É S U M É.

La Toife cube de pierre à chaux coûtant 86 livres, le tonneau de chaux cuite coûtera la feptième partie de cette fomme, ou . . . . 12 l. 5 f. 8 d.

Les *élémens du bordereau, pris fans réduction,* comme de l'autre part 12 14 0

L'augmentation pour les établiffemens relatifs . o l. 11 f. 8 d.

Total pour un tonneau de chaux de 26 pieds cubes . . . . 25 l. 11 f. 4 d.

Ce prix comprend la main d'œuvre de l'extinction.

Par marché paffé le 28 Mars 1788, le nommé François Amiot s'eft engagé de fournir 200 tonneaux de chaux vive, rendue à Querqueville au prix de 23 livres le tonneau *.

Si l'on ajoute à ce prix celui de la main d'œuvre de l'extinction portée pour 12 fols dans le prix précédent, on aura 23 livres 12 f. Ce prix étant moindre d'environ 40 fols que celui déterminé plus haut, on prendra le prix précédent, conformément à la marche ordinaire de ce travail.

SUITE DES DÉTAILS DE LA CHAUX.

Suivant le Bordereau.

„ Le tonneau de chaux éteinte produit aux moins 35 pieds „ cubes de chaux coulée, &c.

O B S E R V A T I O N S.

Des expériences faites au fort d'Artois indiquent pour la chaux un foifonnement confidérable : 210 pieds cubes de chaux vive ont donné 272 pieds de chaux coulée ; de qui revient à 318 pieds cubes de chaux coulée, pour 180 pieds cubes de chaux vive.

Des expériences faites à Querqueville ont donné 306 pieds cubes de chaux coulée, pour 180 pieds cubes de chaux vive.

Ces deux rapports son ttrès-approchants, & indiquent que la chaux foifonne dans la proportion de 3 à 5.

Ces expériences font difficiles à répéter par l'opération même de l'extinction, parce qu'elles doivent être faites en grand : leur réfultat dépend d'ailleurs un peu de la quantité d'eau que l'on employe, & il faut du tems pour que l'eau furabondante à la chaux coulée s'en fépare. Comme c'eft néanmoins long-tems après fon extinction qu'on l'employe, & que c'eft dans cet état qu'il convient de connoître le rapport de la quantité d'eau qu'elle contient avec celle de chaux qui y eft jointe ; on a fait encore à Querqueville l'expériance fuivante.

Un pied cube de chaux coulée depuis long-tems, pris dans un plein à chaux, a été pefé & trouvé de 90 livres.

Un poids de deux livres de cette chaux coulée ayant été deffeché & calciné, s'eft reduit à douze onces & un demi gros.

D'où il fuit que fur ces deux livres de chaux coulée, il y avoit
en chaux . . . . 0^{lb} 12° $0^{g}\frac{1}{2}$
En eau . . . . 1 3 $7\frac{1}{2}$

$$\text{T O T A L} \ldots \ldots 2^{lb} \ 16^{o} \ 0^{g}$$

Et que dans un pied cube de chaud coulée, il entre fuivant le même rapport 34 livres de chaux vive.

Puis donc que le pied cube de chaux vive pefe $55\frac{1}{3}$ livres, comme on l'a vu plus haut, & que par conféquent le tonneau de 26 pieds cubes pefe 1435 livres $\frac{1}{2}$, ce nombre divifé par 34 donnera le nombre de pieds cubes de chaux coulée fournis par le tonneau de chaux vive ou 42 pieds cubes $\frac{1}{5}$: ce rapport eft encore très-approchant des précédens puifqu'il donne le foifonnement de la chaux dans la proportion de 30 à 49.

On obfervera encore que les auteurs qui ont traité des conftructions, eftiment le foifonnement beaucoup plus fort :

On trouve dans le *guide de ceux qui veulent bâtir*, par M. le Camus de Mezieres, ouvrage imprimé en 1786, tome premier, page 86, que *la chaux doit rendre étant éteinte au moins le double en maffe de ce qu'elle étoit en pierre* ; & dans l'architecture pratique de Bulet, édition de 1788, on lit page 368, *un Minot de bonne chaux en pierre doit rendre deux minots de chaux éteinte* ; & le même auteur ajoute page 374 que la chaux redouble à *l'éteignage* quand elle eſt de bonne qualité, mais que celle de qualité inférieure ne rend qu'une fois & trois quarts ; mais il paroît que la chaux de Valognes ne foifonne pas à beaucoup près autant.

D'après ce que l'on vient de voir, il faut compter pour chaque tonneau de chaux cuite, non pas 25 pieds cubes de chaux coulée comme les borderaux, mais . . . . 42 pieds $\frac{1}{5}$.

Il faut encore tenir compte de la chaux produite par le cendrée, qui ſuivant ce qu'on a trouvé plus haut en donne 12 pieds cubes pour une toiſe de pierre calcaire, & pour un tonneau la 7ᵉ. partie de 12 pieds, ou . . . . 1 pied $\frac{5}{7}$.

Quantité totale de chaux coulée produite par un tonneau de chaux vive . . . . 44 pieds cubes.

Diviſant donc par 44 le prix trouvé ci-deſſus pour le tonneau de chaux cuite, ou 25 livres 11 ſols 4 deniers on aura le prix du pied cube de chaux coulée de 11 ſ. 8 d.

Prix du pied cube de chaux coulée. . . . . 0 l. 11 ſ. 8 d.
Prix porté au bordereau . . . . 0 l. 16 ſ. 11 d

Réduction ſur le pied cube de chaux coulée. . 0 l. 5 ſ. 3 d.

GROS MORTIER.
Suivant le Bordereau.

„ Une toiſe cube de gros ſable . . . . . . 13 l. 4 ſ. 0 d.
„ 108 pieds cubes de chaux coulée à 16 l. 11 ſ.
„ l'un 91 7 0
„ Cinq journées de Manœuvres, à 24 ſ. . . 6 0 0
„ Trois journées idem pour le rebattre . . 3 12 0
„ Dix journées de goujats pour ſon ttanſport
„ à pied d'œuvre, à 16 ſ. l'une . , . . 8 0 0

122 l. 3 ſ. 0 d.

„ Un dixième de déchet dans les différens tranſ-
„ ports . . . . , ... 12 l. 4 ſ. 4 d.

„ La toiſe cube de gros mortier coûtera . 134 l. 7 ſ. 4 d.

„ Et le pied cube . . . . 0 l. 12 ſ. 0 d.

OBSERVATIONS.

OBSERVATIONS.

On ne fera aucune réduction fur la main d'œuvre pour faire & rebattre le mortier, on adoptera également la quantité de chaux portée dans ce mortier, ce dofage ayant été effectivement pratiqué à Querqueville ; mais le tranfport à pied d'œuvre ne fe fait point par des goujats ; ce font des tombereaux qui apportent le mortier.

Par le marché paffé le 14 Février 1788, avec le nommé Jofeph Néel, le mortier eft tranfporté à pied d'œuvre à raifon de 5 livres la toife cube *.

Les prix du gros fable & de la chaux ont été calculés précédemment, & les réductions fur ces objets font connues ; enfin l'on adoptera le $\frac{1}{10}$ de déchet fuppofé dans le bordereau.

On aura par conféquent le prix du mortier comme il fuit.

	l.	f.	d.
Une toife cube de gros fable	8	0	0
Cent huit pieds cubes de chaux coulée à 11 fols 8 deniers	63	0	0
Huit journées pour faire & rebattre le mortier à 24 fols	9	12	0
Tranfport de la toife cube de mortier à pied d'œuvre (a)	5	0	0
	85	12	0
$\frac{1}{10}$ de déchet	8	11	2
Prix de la toife cube de gros mortier . . .	94	3	2
Prix du pied cube	0	8	9
Prix porté au bordereau	0	12	0
Réduction fur le prix du pied cube de gros mortier	0	3	3

(a) On fait que le volume du mortier eft le même que celui du fable, dont la chaux ne fait que remplir les intervalles.

I

MORTIER FIN.

Suivant le Bordereau.

DÉTAIL D'UNE TOISE CUBE.

„ Une toife de fable fin . . . . 18 l. 6 f. » d.
„ Cent huit pieds cubes de chaux, à
„ 16 f. 11 d. . . . . 91 7 »
„ Six journées de manœuvres, à 24 f. 7 4 »
„ Cinq journées, idem. pour le rebattre 6 » »
„ Son tranfport à pied d'œuvre . . 8 » »
  130 l. 17 f. » d.
„ Un dixième de déchet dans les tranf-
„ ports . . . . 13 l. 1 f. 8 d.
„ La toife cube de mortier fin coûtera 143 l. 18 f. 8 d.
„ Et le pied cube . . . . » l. 13 f. o d.

OBSERVATIONS.

On admettra encore les main - d'œuvres portées au bordereau, excepté le tranfport à pied d'œuvre que l'on réduira à 5 livres comme ci-deffus, ce qui donne les détails fuivants.

Une toife cube de fable fin, prix réduit de 8 livres 10 fols, comme il a été dit ci-deffus. . . . . . 9 l. 16 f. o d.

Cent huit pieds cubes de chaux à 11 fols 8 deniers. . . . . 63 o o

Onze journées pour faire & rebattre à 24 fols. 13 4 o

Tranfport à pied d'œuvre . . . . . . 5 o o

  91 l. o f. o d.

Le dixième de déchet . . . . . . 9 2 o

Prix de la toife cube . . . . 99 l. 2 f. o d.

Prix du pied cube . . . . o l. 9 f. 3 d.
Prix du bordereau . . . . o 13 o

Réduction fur le mortier fin . . . . o l. 3 f. 9 d.

GROS CIMENT.

Suivant le Bordereau.

DÉTAIL D'UNE TOISE CUBE.

Note en marge du Bordereau.

„ Deux cents seize boisseaux de tets „ bruts, à 18 s. l'un . . . . . . 194 l. 8 s. o d.

„ Ces deux cents seize boisseaux pro- „ duiront 144 pieds cubes de poudre de „ ciment, à 10 s. l'un, pour leur réduc- „ tion en poudre . . . . 72 l. o s. o d.

„ Cent huit boisseaux de recoupes de „ pierre de taille, toute pulvérisée, à 6 s. „ l'un . . . . 32 l. 8 s. o d.

„ Cent huit pieds cubes de chaux, à „ 16 s. 11 d. . . . . 91 l. 7 s. o d.

„ Huit journées de manœuvres, à 24 s. 9 l. 12 s. o d.

„ Dix-huit journées, idem. pour rebattre „ trois fois . . . . 21 l. 12 s. o d.

„ Son transport à pied d'œuvre . . 8 0 0

429 l. 7 s. o d.

„ Le dixième de déchet dans les trans- „ ports 42 18 8

„ Un autre dixième pour la dimi- „ nution de son volume dans les diffé- „ rentes fois qu'on le rebattra . . 42 18 8

„ La toise cube de gros ciment coûtera 515 l. 4 s. 4 d.

„ Et le pied cube . . . . 2 l. 8 s. o d.

OBSERVATIONS.

On va rectifier cet article conformément à la vraie composition du ciment, qui se fait avec parties égales de tets, de crasse de verre & de granit pulverisé. On ajoutera que la barique dans laquelle les entrepreneurs achetent les matières à ciment contient 8 pieds cubes, suivant la vérification faites plusieurs fois par les Officiers.

DÉTAIL D'UNE TOISE CUBE.

Cent huit boiffeaux ou pieds cubes de tets de potterie, à 4 livres 4 fols la barique de 8 pieds cubes . . . .   56 l. 14 f. 0 d.

Le prix ci-deffus eft celui des tets, venant des poteries de Néhou & Sauffemenil ; ceux de Cherbourg ne coûtent que 3 livres.

Cent huit boiffeaux de craffe de verre, à 2 livres 8 fols la barique de huit pieds . . .   32   8   0

Ces deux cent feize boiffeaux de matières brutes fe reduiffent à cent quarante quatre boiffeaux de matières pilées, comme le dit le bordereau, & le pilage coûte 6 fols le boiffeau, ce qui donne   64   16   0

Soixante-douze pieds cubes de débris de granit tout pilé, à 6 fols   21   12   0

Cent huit pieds cubes de chaux, à 11 fols 8 deniers   63   0   0

Cinq manœuvres en quatre jours font & rebattent une feconde fois 2 toifes cubes de ciment, ce qui fait 10 journées pour la toife ; & comme les deux autres rebattages n'exigent pas à beaucoup près autant de travail, puifque les matières fe trouvent déjà mêlées par les premiers, c'eft beaucoup de compter 10 journées. En tout 20 journées au lieu de 26 portées au bordereau. 20 journées à 24 fols.   240   0   0

Le tranfport à pied d'œuvre comme pour le mortier à 5 livres la toife, & par le même marché.   5   0   0
____

2671. 10 f. 0 d.

On admettra les deux dixiemes de déchet, comme au bordereau, parce que le dernier rebattage fe fait quelquefois à pied d'œuvre. .   53   10   0
____

La toife cube de gros ciment coûtera donc. 321 l.   0 f.   0 d.
____

Et le pied cube. . . . .   1 l. 10 f. 0 d.

Prix porté au bordereau.   2   8   0
____

Réduction fur le pied cube de gros ciment.   0 l. 18 f. 0 d.
____

CIMENT

CIMENT FIN.

Suivant le Bordereau.

DÉTAIL D'UNE TOISE CUBE.

„ Deux cents seize boisseaux de tets bruts, à 18 s. l'un . . . . . 194 l. 8 s. 0 d.

„ Ces deux cents boisseaux de tets pro-
„ duiront 144 pieds cubes de poudre de
„ ciment, lesquels à 14 s. l'un, pour les
„ réduire en poudre & les tamiser . 100 . 16 . 0

„ Cent huit boisseaux de recoupe de
„ pierre de taille passée au tamis, à 8 s. l'un 43 . 4 . 0

„ Cent huit pieds cubes de chaux, à
„ 16 s. 11 s. l'un . . . . 91 . 7 . 0

„ Dix journées de manœuvres, à 24 s. 12 . 0 . 0

„ Vingt-quatre journées pour le re-
„ battre trois fois . . . . . . 28 . 16 . 0

„ Son transport - - - - - 8 . 0 . 0

               478 l. 11 s. 0 d.

„ Un dixième de déchet dans les dif-
„ férens transports - - - - - 47 . 17 . 1

„ Un dixième de déchet pour la di-
„ minution de son volume dans les dif-
„ férentes fois qu'on le rebattra . - 47 . 17 . 1

„ La toise cube de ciment fin coûtera 574 l. 5 s. 2 d.

„ Et le pied cube - - - - - - - 2 l. 13 s. 0 d.

RECTIFICATION DE CET ARTICLE.

Deux cent seize boisseaux de tels bruts, au prix ci-dessus . . . . 113 l. 8 s. 0 d.

Cent huit boisseaux de crasse de verre, comme ci-dessus * . . . . 32 . 8 . 0

    * Voyez le gros ciment.

Ces trois cent vingt-quatre pieds cubes de matières brutes produisent deux cent pieds cubes de matières pilées ; ces matières étant tamisées deux fois, la main d'œuvre se paye 10 sols le boisseau ci . . . . 108 l. o f. o d.

Cent huit pieds cubes de chaux, comme ci-dessus . . . . 68 o o

Façon & trois rebattages dudit ciment à raison d'une journée de plus pour chaque rebattage que pour le ciment gros, 24 journées à 24 sols. 28 16 o

Tranfport à pied d'œuvre, comme pour les matierès . . . . 5 o o
____
3 50 l. 12 f. o

Les 1/10 de déchet 70 2 5
____

La toise cube de ciment fin, coûtera . . 420 14 5
____

Et le pied cube . . . . 1 19 o
Prix du bordereau . . . . 2 13 o
____

Réduction fur le pied cube de ciment fin . o l. 14 f. o d.

M A S T I C.

On n'examinera point cet objet qui n'eft prefque d'aucun ufage.

ARTICLE VIII.

GROSSE MAÇONNERIE.

Suivant le Bordereau.

„ L A toiſe cube de maçonnerie, en moellon &
„ mortier, ſans déduction du cube de la pierre de
„ taille & du moellon eſmillé . . . . 100 l. 0 ſ. 0 d.

DÉTAIL.

„ Deux toiſes cubes de moellon ex-
„ trait, à 6 l. la toiſe . . . . . . 12 l. 0 ſ. 0 d.
„ Quarante-quatre voyages de tombe-
„ reau pour leur tranſport, à 7 ſ. l'un . 15 8 0
„ Soixante-douze pieds cubes de mor-
„ tier, à 12 l. 5 ſ. le pied . . . 44 14 0
„ Quatre journées de maçons, à 36 ſ. 7 4 0
„ Deux journées de compagnons ma-
„ çons, à 30 ſ. 3 0 0
„ Trois journées de manœuvres, à
„ 24 ſ. 3 12 0
„ Trois journées de goujats, à 16 ſ. . 2 8 0
„ Frais de machines & échaffaudages . 0 15 0
                                          89 1 0
„ Le huitième en ſus 11 2 7

SOMME PAREILLE . 100 l. 3 ſ. 7 d.

OBSERVATIONS.

MOELLON.

Le bordereau de Querqueville a copié celui du fort d'Artois,
qui fait entrer deux toiſes cubes de moellon dans la toiſe cube de
maçonnerie; mais ce dernier, par une note en marge, alléguoit
une raiſon qui ne s'auroit s'appliquer ici, en indiquant les pertes
de pierres provenantes des coups de mer, qui ont ſouvent culbuté

des entoifés faits à la côte, tant autour du fort d'Artois, que fur l'ifle Pelée. A Querqueville on n'extrait point de moellon dans les rochers de la côte, & le peu qui en a été tiré au commencement du travail a été voituré fur le champ, & entoifé fur le chantier où la mer ne va point. L'on trouve dans la même note qu'il n'entre effectivement qu'une toife & demie de moellon carrayé par toife de maçonnerie, mais c'eft encore une fuppofition forcée. Elle feroit d'autant moins admiffible dans le cas actuel que l'on a porté à 72 pieds cubes la quantité de mortier qui doit entrer dans la toife cube de maçonnerie, & que ce volume déduit des vuides qui fe trouvent dans un entoifé de moellon & qui, d'après des expériences faites particulierement au fort d'Artois, forme 86 pieds cubes environ fur la toife, il ne refte plus que 24 pieds cubes ou un neuvieme de toife à remplir par un furplus de moellon, au moyen de l'arrangement que le maçon lui donne.

Il ne peut donc entrer effectivement qu'une toife & un neuvieme de moellon dans la toife cube de maçonnerie, & ce que l'on compteroit de furplus ne pourroit plus s'attribuer qu'au déchet éprouvé par la pierre lors de fon tranfport à pied d'œuvre. C'eft ce déchet qui par l'excellente qualité du moellon de Querqueville n'eft aucunement fenfible, l'on voit journellement qu'il refte à peine quelques efcalins à la place des entoifés que l'on a tranfportés, ainfi qu'aux places où le moellon fe dépofe à pied d'œuvre. On peut donc tout auplus compter une toife un quart de moellon par toife cube de maçonnerie.

Plufieurs expériences viennent à l'appui de ce réfultat en montrant qu'il eft encore forcé.

Une toife cube de maçonnerie ayant été conftruite à Querqueville en vue de reconnoître la plus grande quantité de mortier qu'il feroit poffible d'y faire entrer, a confommé une toife cube foible de moellon & 114 pieds cubes de mortier, defquels déduifant 72 pieds cubes, que l'on employe communément, il refte 42 pieds cubes ou moins de $\frac{1}{5}$ de toife d'efpace à occuper par de nouveau moellon en fus de la toife foible déjà indiquée, ce qui donne par conféquent en tout moins de une toife $\frac{1}{5}$.

Une autre maffif de maçonnerie d'une toife cube & demie à exigé une toife 5 pieds de moellon & 3 pieds cubes de mortier; ce qui, réduit à la toife cube de maçonnerie, donne 74 pieds cubes de mortier & une toife un pied 4 pouces de moellon, qui eft un volume moyen entre une toife & un cinquième & une toife un quart:

cette

cette expérience a été repetée plusieurs fois sans donner de différence sensible.

Enfin, l'on trouve dans l'instruction pour l'école de Mezieres, par M. Duvignau, page 42 de la premiere partie, que l'on compte une toise & un quart de moellon par toise de maçonnerie à cause du déchet du moellon, & il faut remarquer que cet auteur ne compte que 43 pieds cubes de mortier dans la même toise, ce qui par comparaison avec les 72 pieds cubes employés ici, reduit le moellon à une toise un sixieme. On comptera donc seulement ici une toise un quart de moellon.

MAÇONS.

Le bordereau compte six journées de maçons : c'est encore une supposition très-forcée.

On a remarqué lors des répétitions de l'expérience précédente, que quatre maçons faisoient régulierement dans leur journée le massif d'une toise cube & demie de maçonnerie, ce qui donne pour la toise cube deux journées deux tiers.

L'on trouve livre 3, page 28, de la science des ingénieurs édition de 1729, qu'un maçon ordinaire peut faire $\frac{5}{8}$ de toises cubes de maçonneries de moellon dans un parement brut, & $\frac{3}{8}$ dans un parement façonné : ce dernier résultat qui suppose le plus de sujétion dans l'ouvrage, donne précisément deux journées & $\frac{2}{3}$ de maçon pour la toise cube de maçonnerie, ainsi qu'on l'avoit trouvé par expérience.

On ne peut donc porter plus de trois journées de maçons, & leur journée ne doit pas être comptée à plus de 30 sols, qui est le prix le plus haut de maçon travaillant dans les grosses maçonneries.

Dans les expériences ci-dessus citées, il a fallu autant de manœuvres que de maçons pour les servir, ce qui porte le service d'une toise cube également à deux journées $\frac{1}{2}$ de manœuvres ; mais comme les maçonneries dont il s'agit se faisoient près de terre, il faut évaluer différemment la main-d'œuvre pour le service.

Les matériaux à porter au maçons consistent en cinq quarts de toise cube de moellon & 72 pieds cubes de mortier. La toise cube de moellon pese un peu moins de . . . . 240 quintaux.

Le quart en sus. 60

Et le pied cube de mortier pesant 135, les 72 font moins de 100

400 quintaux.

L

La hauteur moyenne des maçonneries du fort eſt de 18 pieds, & il y a beaucoup plus de maçonneries au-deſſous qu'au-deſſus, cette derniere ne ſe trouvant que dans le fort à la mer ; cependant pour tenir compte de l'embarras ſur le haut des ouvrages, nous porterons la hauteur moyenne à 20 pieds, à laquelle on parviendra par des rampes ayant au moins $\frac{1}{6}$ de pente, & par conſéquent 20 toiſes de longueur chacune. Il convient d'y ajouter le $\frac{1}{8}$ du développement intérieur du fort à la mer, augmenté de la largeur de ſa bâtiſſe, pour exprimer le plus grand trajet que l'on ait à parcourir depuis le ſommet des rampes juſqu'à l'ouvrage, dans le cas où il y auroit quatre rampes également eſpacées.

Cette augmentation donne 20 toiſes qui ajoutées aux 20 toiſes de rampes font un trajet total de 40 toiſes, ou 4 relais de 10 toiſes chacun en rampes.

Or, le tranſport d'une toiſe cube de pierre à un relai exigeroit, d'après ce qu'on a vu précédemment, $\frac{7}{2}$ de la journée ; mais comme le tranſport dont il s'agit ſe fera par des bardeurs & non à la brouette, on doublera la valeur du relai pour une toiſe cube, laquelle deviendra par conſéquent égale aux $\frac{14}{12}$ de la journée ordinaire ; & les 4 relais exigeront par conſéquent $\frac{14}{3}$ de journée ; mais puiſqu'au-lieu d'une toiſe peſant 240 quintaux, on a un poids total de 400 quintaux à tranſporter, les 4 relais deviennent équivalens à un peu moins de 8 journées de manœuvres. On paſſera donc ces 8 journées, & on y ajoutera une journée de goujat pour le même ſervice des maçons. Tel eſt le prix le plus haut auquel on puiſſe porter le tranſport des matériaux à toute hauteur dans l'ouvrage dont il s'agit.

Réſumé de la valeur d'une toiſe cube de groſſe maçonnerie.

	l.	ſ.	d.
Une toiſe $\frac{1}{4}$ de moellon à 12 livres, prix déterminé précédemment dans le calcul du moelon. .	15	0	0
Tranſport à pied d'œuvre déterminé pareillement à 5 livres 10 ſols.	6	17	6
Soixante & douze pieds cubes de mortier tranſporté à pied d'œuvre à 8 ſols 9 deniers.	31	10	0
Trois journées de maçons à 30 ſols.	4	10	0
Huit journées de manœuvres à 24 ſols.	9	12	0
Une journée de goujat. -	0	16	0

Frais de machines & échaffaudages, comme au
bordereau. . . . . o l. 15 f. o d.

                                          69 l. o f. 6 d.

Le ¼ en fus. 8   12   7

Prix total d'une toife cube de grofle maçonnerie. 77 l. 13 f. 1 d.
Prix porté au bordereau pour le même objet. . 100   o   o

 Réduction fur la toife cube de grofle maçon-
nerie. . . . . 22 l. 6 f. 11 d.

 Il y aura 11444 toifes cubes de maçonnerie de cette efpece *,
qui à 22 livres 6 fols 11 deniers font. . . 255725 l. 14 f. 4 d.
Réduction fur la totalité des grofles maçonneries . . . . e 255725 l. 14 f. 4 d.

La quantité de grofle maçonnerie que l'on vient de compter pour
la totalité du travail qui refte à faire, n'eft que le volume exaét
de cette efpèce de maçonnerie, non compris celui des pierres de
taille & libages qui s'y trouvent enfermés, & celui des vuides formés
par les embrafures & autres ouvertures dans l'épaiffeur des revêtemens ainfi que par les portes & fenêtres : d'après les conditions du marché qui prefcrit de ne point déduire le cube de la pierre
de taille de celui de la maçonnerie ni les vuides ci-deffus défignés,
on auroit dû compter de plus 2473 toifes cubes de maçonnerie
à payer, ce volume étant celui des fufdits objets réunis ; & l'excédent de 22 livres 6 fols 11 deniers par toife cube trouvé ci-
deffus, étant multiplié par ce nombre auroit donné 55260 livres
à ajouter à la précédente réduction ; mais comme le prix entier
payé pour les 2505 toifes de maçonneries non exiftantes fert à
tenir compte de divers objets, on doit comparer ce prix entier
fur le pied de 100 livres, ou la fomme de 250500 livres avec
la vraie valeur des objets dont il s'agit, & cet examen fe fera
par la fuite.

Avant de terminer cet article on croit devoir obferver que
depuis le marché de Querqueville, il en a été paffé très-recemment
un autre dans lequel la toife cube de maçonnerie a été portée à
70 livres 10 fols feulement, c'eft-à-dire au même prix que pour
le fort d'Artois : ce marché paffé le 6 Février 1788, aux fieurs
Boulabert & Mourgues, & approuvé le 27 Mars fuivant par
M. l'Intendant de Caen, eft celui fur lequel fe conftruit le magafin
à poudre ordonné à la fin de l'année précédente. Tous les prix
en font conformes à ceux du marché paffé le 10 Novembre 1783

au fieur Rouxel, pour les ouvrages à faire dans la place & fur la côte de Cherbourg, jufques & y compris l'année 1789, lequel a été tranfmis le 6 Août 1784 aux fieurs Boulabert après la mort dudit fieur Rouxel : la plupart des natures d'ouvrages ont deux prix dans ce marché, l'un pour le cas où les conftructions fe trouvent dans la place, l'autre pour celui où elles doivent le faire fur la côte ; ce font les prix de la place que l'on a tranfcrits dans le marché pour le magafin à poudre, à l'exception de celui de la toife cube de maçonnerie de moellon qui, comme on l'a dit ci-deffus, a été portée à 70 livres 10 fols au lieu de 60 livres qui étoit le prix fixé pour les ouvrages de la place ; en ftipulant néanmoins la réferve expreffe que les entrepreneurs ne pourront employer que la pierre extraite de la carriére des fourches.

Cette dernière condition qui affujettit l'approvifionnement de la pierre, à un tranfport de 1450 toifes au moins, femble devoir contribuer à rendre le prix fixé pour la maçonnerie en 1788 très-difproportionné avec celui de 100 livres fixé en 1787 pour Querqueville : il y a néanmoins en faveur de ce dernier la confidération du plus grand trajet que la pierre à chaux doit faire pour être tranfportée à Querqueville : mais comme il y a encore d'autres circonftances qui ne font pas les mêmes fur les deux atteliers dont il s'agit, on fera l'examen détaillé des élémens qui peuvent faire différer ces deux expèces de maçonneries.

L'on a vu ci-deffus que le moellon de Querqueville de quelque manière qu'on fe le procure revient, à-peu-près, au même prix que s'il eft tiré de la carriére de Barbençon, éloignée de 900 toifes.

La pierre pour le magafin à poudre exigeant un tranfport de 550 toifes de plus, coûtera donc en fus 55 fois le prix du relais de 10 toifes déterminé ci-devant à au moins 1 fols 1 denier, c'eft-à-dire 3 livres 8 fols 3 deniers ; mais comme au prix de la pierre de Barbençon arrivée à Querqueville, il falloit encore ajouter celui d'un tranfport à pied d'œuvre qui a été trouvé valoir 30 fols, tandis que pour la pierre des fourches apportée au magafin à poudre, on la fuppofera toujours rendue à pied d'œuvre, vu le peu d'étendue de ce dernier attelier, il reftera 1 livre 18 fols 3 deniers d'excédent par toife cube de moellon rendu au magafin à poudre fur celui rendu à Querqueville. Les ⅔ de toife qui entrent dans la toife cube de maçonnerie donneront donc un excédent de 2 livres 7 fols 10 deniers, dont il faudra diminuer le prix du magafin à poudre pour le rapporter au cas de Querqueville.

Le

Le sable pour le mortier est dans le même cas ; le point le plus près du magasin à poudre où l'on puisse le prendre à la côte est à gauche des jettées du port marchand , c'est-à-dire à 700 toises au moins de la construction, tandis qu'il se prend à Querqueville à 435 toises au plus : il y a donc une différence de 26 relais de 10 toises qui au prix le plus bas trouvé pour ce relais , c'est-à-dire à 1 sol 1 denier, fait pour la toise cube de sable 28 sols 2 deniers, & pour le tiers de toise cube qui entre dans la toise de maçonnerie 9 sols 5 deniers, à déduire encore du prix du magasin à poudre pour le ramener à celui de Querqueville.

Il y a encore à ténir compte de la distance du magasin à poudre au four à chaux de Cherbourg, placé près l'établissement de la compagnie Boulabert de l'autre côté du port : cette distance est de 800 toises tandis que celle des fours de Querqueville aux pleins, à chaux n'est que de 100 toises au plus : il y a donc une différence de 700 toises qui, à 1 sols 1 denier par relai de 10 toises font 3 livres 15 sols 10 deniers que l'on reduira à moitié pour la toise cube de chaux vive, c'est-à-dire à 1 livre 17 sols 11 deniers, à cause de la pesanteur de cette matiere moitié moindre que celle du moellon ou du sable.

Or, 26 pieds cubes de chaux vive fournissant 44 pieds cubes de chaux éteinte, les 36 pieds cubes de cette derniere , qui entrent dans la toise de maçonnerie, représentent 21 pieds cubes & $\frac{1}{3}$ de chaux vive, c'est-à-dire la dixieme partie de la toise cube. Il y a donc à reduire à cet égard sur le prix du magasin à poudre , la dixieme partie de 1 livres 17 sols 11 den., qui fait 3 sols 10 deniers.

Il convient maintenant pour l'évidence des conclusions du présent examen, de supposer qu'au magasin à poudre l'extinction de la chaux & la fabrication du mortier se font au plus près de l'ouvrage, & d'observer qu'au contraire les pleins à chaux & les aires à mortier étant à Querqueville à 100 toises à-peu-près de la maçonnerie, exigent un transport coûtant 5 livres par toise cube de mortier, d'après le marché cité précédemment : un tiers de toise cube qui entre dans la toise de maçonnerie, donnera donc 1 livre 13 sols 4 deniers à ajouter au prix du magasin à poudre, en négligeant tout à fait pour ce dernier le transport du mortier à pied d'œuvre.

Quant au transport de la pierre à chaux de Valognes, son trajet jusqu'à Querqueville surpasse de 3000 toises au plus celui qu'elle a à faire jusqu'à Cherbourg ; mais comme il s'agit ici d'un élément tendant à augmenter le prix de la maçonnerie à Querqueville, on prendra pour le prix du relai de 10 toises le plus fort de ceux

M

trouvés précédemment, c'eſt-à-dire 1 ſol 3 denier : ce qui porte à 18 livres 15 ſols l'augmentation de prix de la toiſe cube de pierre calcaire rendue à Querqueville, en ſus de ſon prix rendue à Cherbourg (*a*), puis donc qu'une toiſe de pierre calcaire fournit, (art. 8 des préſentes obſervations), 308 pieds cubes de chaux coulée, dont il faut 36 par toiſe cube de maçonnerie, les $\frac{36}{308}$ de 18 livres 15 ſols ou 2 livres 3 ſols 10 deniers ſeront l'augmentation dont la toiſe cube bâtie à Querqueville ſera affectée à cet égard.

On doit encore ajouter ici la conſidération de la hauteur à laquelle les matériaux doivent être tranſportés dans l'une & l'autre conſtruction : on a ſuppoſé pour Querqueville que cette hauteur devroit être de 20 pieds pour chaque toiſe de maçonnerie, & l'on a trouvé qu'il falloit au plus 8 manœuvres pour ſervir les maçons dans cette ſuppoſition : l'on a vu auſſi qu'au niveau du terrein il faudroit au moins 3 manœuvres pour le même objet : 5 manœuvres au plus ſont donc affutés à l'élévation des matériaux, à la hauteur de 20 pieds, ce qui fait un manœuvre pour 4 pieds (*b*).

Cela poſé, la hauteur moyenne des groſſes maçonneries du magaſin à poudre, non compris ſa voute, étant au moins de 4 pieds, il y a 6 pieds au plus de différence entre cette hauteur & celle des maçonneries de Querqueville, ce qui, d'après le calcul précédent, donne 4 manœuvres. Il y a donc 4 journées à 24 ſols à ajouter encore au prix trouvé ci-deſſus, pour ramener la conſtruction du magaſin à poudre aux mêmes conditions que celle de Querqueville.

De ces conditions réunis, réſultent les calculs ſuivants

(*a*) Si l'on déduit ces 18 l. 15 ſ. du prix de 72 l. que coûte le tranſport total de Valognes à Querqueville, il reſte 53 l. 5 ſ. pour le tranſport de Valognes à Cherbourg, la foumiſſion de Pierre Vautier, citée précédemment, porte ce tranſport à 56 l., d'où l'on voit que le tranſport de Cherbourg à Querqueville a été forcé de quelque choſe, comme le but de ce mémoire le démandoit.

(*b*) Cette évaluation eſt plus forte que celles données, pag. 381 & 382 de l'Architecture pratique de Bullet, édition de 1788, par M. Seguin, *Entrepreneur de bâtimens* : il y eſt dit que ſi un mur (de 18 pouces d'épaiſſeur) s'élève plus haut qu'un premier étage, il doit être augmenté de prix à raiſon de 10 l. (par étage) par toiſe (ſuperficielle), ce qui donne 40 l. par toiſe cube ; & comme on peut eſtimer les moindres étages à 8 pieds de hauteur, cette eſtimation donne 20 ſols pour 4 pieds. Or l'on trouve, pag. 378 du même volume, la journée de manœuvre portée à 30 ſ. (pour Paris). L'augmentation pour 4 pieds revient donc à deux tiers de journée de manœuvres, tandis qu'on a porté ici la même augmentation à une journée entière.

Différence à ſouſtraire du prix du magaſin à poudre, pour en conclure celui de Querqueville.

Pour le moellon . . . . 2 l.   7 ſ.   10 d.
Pour le ſable 0   9   5
Pour la diſtance du four à chaux à l'ouvrage,
plus grande au magaſin à poudre qu'à Querque-
ville 0   3   10
Total des différences à ſouſtraires . . . . 3 l.   1 ſ.   1 d.

Différences à ajouter au prix du magaſin à poudre pour en conclure celui de Querqueville.

Pour le tranſport du mortier à pied d'œuvre à
Querqueville , lequel a été négligé pour Cher-
bourg . . . . 1 l.   13 ſ.   4 d.
Pour l'excédent du tranſport de la pierre à
chaux de Valognes, de Cherbourg à Querqueville.   2   3   10
Pour la hauteur où les matériaux doivent être
élevés , plus grande à Querqueville qu'au magaſin
à poudre. 4   16   0
Total des différences à ajouter . . . . 8 l.   13 ſ.   0 d.
Déduiſant les différences à ſouſtraire 3   1   1
Reſte à ajouter . . . . 5 l.   12 ſ.   1 d.
Le $\frac{1}{8}$ en ſus 0   14   9
Somme à ajouter au prix du magaſin à poudre. .   6   6   10
Prix du magaſin à poudre 70   10   0

Prix de la toiſe cube de groſſe maçonnerie à
Querqueville conclu de celui du magaſin à poudre. 76 l.   16 ſ.   10 d.

Ce réſultat dont les élémens tendans à l'augmenter ont été forcés,
tandis que ceux qui pouvoient le diminuer ont été affoiblis, ſe
trouve preſque rigoureuſement égal à celui auquel on étoit parvenu
par une methode directe. Il en réſulte en faveur de ce dernier une
autorité d'un genre particulier, puiſqu'il ſe trouve un peu ſupérieur,
même à un prix porté en un marché poſtérieur à celui de Querqueville,
accepté par les mêmes entrepreneurs pour un travail conſidérable
fixé de même par un marché paſſé ſans adjudication au concours,

& dans des circonftances pareilles quant à la cherté des main-
d'œuvres. D'où l'on eft forcé de conclure que le prix de 77 livres
13 fols fixé ci-devant, auroit dû naturellement être celui du marché
du 4 Juin 1787, par les mêmes caufes qui ont fait admettre le
prix de 70 livres 10 fols dans le marché du 27 Mars 1788.

On ne doit pas objecter contre cette conclufion que le travail
de Querqueville à pu exiger des établiffemens qui fe trouvant faits
d'avance à Cherbourg, ont permis d'entreprendre à un moindre
prix la conftruction du magafin à poudre, & qu'à cet égard les
prix de Querqueville doivent être plus forts, par les mêmes raifons
qui dans le marché pour la place & la côte ont fait fixer pour
cette derniere des prix plus confidérables. Les ouvrages à la côte
n'étant que des réparations, ou de très-petites conftructions de corps
de gardes ou batteries dans des points pour la plupart fans reffources
& fans communications, il eft facile de fentir que les frais néceffaires pour y tranfplanter momentanément tout l'attirail de la bâtiffe,
forment un objet important par rapport à la valeur entiere de l'ouvrage, & que de longs tranfports de matériaux, par des moyens
auxquels les habitans des lieux circonvoifins n'ont pas l'ufage de
fe livrer, ajoutent encore un élément confidérable à la dépenfe de
ces fortes de conftructions.

Ces confidérations n'ont aucunement lieu pour un travail de
l'efpece de celui de Querqueville, dont l'étendue rend la dépenfe
du peu détabliffement qui ont été néceffaires prefqu'infenfibles par
rapport à la totalité du travail : la majeure partie des bâtimens a
été faite aux frais du Roi, & ceux que les entrepreneurs ont payés,
joints aux fours à chaux, & aux objets dépendans de la carriere
de Barbençon, formant à peine un total de 40000 livres pour un
ouvrage de 5,000,000 livres, ne peuvent gueres affecter chaque
prix que d'une 125ᵉ partie. On n'a point au refte compris dans ces
objets les pleins & attirails néceffaires pour éteindre la chaux, on fent
qu'il a fallu former les mêmes établiffemens pour le magafin à poudre,
& à portée de cet ouvrage.

On remarquera au refte que cette derniere difcuffion, néceffaire
pour appuyer la comparaifon faite entre le magafin à poudre &
Querqueville, étoit inutile pour juftifier le prix calculé directement
pour la toife cube de maçonnerie fur ce dernier point ; puifque
l'on a tenu compte, dans le détail de fes élémens, du prix des
établiffemens qui pouvoient y influer, tels que les fours & pleins
à chaux & les frais d'ouverture de la carriere de Barbençon.

L'on terminera enfin ces confidérations par le rapprochement

des

des prix calculés dans ce mémoire, avec ceux demandés par des particuliers dont M. le comte de Puyſegur a communiqué les propoſitions au comité.

Le prix calculé directement dans ce mémoire
eſt . . . . 77 l. 13 ſ. 1 d.
Le prix conclu du marché du magaſin à poudre
eſt 76 16 10
Le prix réſultant de l'une des propoſitions eſt. 76 10   0
Le prix offert par l'autre propoſition eſt. . . 74   0   0

Ces quatre prix, dont les deux plus foibles ſont ceux propoſés par des concurrens qui ſe ſont, ſans doute, reſervés encore le moyen de faire des rabais à l'adjudication qu'ils attendoient ſans entamer le bénéfice dont ils ſe flattent, achevent de montrer que ceux qui réſultent du préſent travail, ont été largement établis, comme on l'a apperçu dans le détail de leurs élémens.

SUITE DE L'ARTICLE VIII.

Maçonnerie en mortier fin.

„ Suivant le Bordereau	104 l. 10 ſ. o d.

DÉTAIL.

„ Deux toiſes cubes de moellon, à 6 l. „ la toiſe	12 l. o ſ. o d.
„ Quarante-quatre voyages pour leur „ tranſport, à 7 ſ.	15 8 »
„ Soixante-douze pieds cubes de mor-„ tier, à 13 ſ. 4 d.	48 » »
„ Quatre journées de maçons, à 36 ſ.	7 4 »
„ Deux journées de compagnons ma-„ çons, à 30 ſ.	3 » »
„ Quatre journées de manœuvres, à „ 24 ſ.	4 l. 16 ſ. » d.
„ Deux journées de goujats, à 16 ſ.	1 l. 12 ſ. » d.
„ Frais de machines & échaffaudages	o l. 15 ſ. o d.
	92 l. 15 ſ. o d.
„ Le huitième en ſus	11 l. 11 ſ. 8 d.
SOMME PAREILLE .	104 l. 6 ſ. 8 d.

OBSERVATIONS.

Cet article n'eſt ſuſceptible d'autre augmentation que de celle du prix du mortier fin par rapport au gros mortier. Le mortier fin doit coûter d'après les obſervations précédentes. o l. 9 ſ. 3 d.

Et le gros mortier. . . . . o   8   9

Différence . . . . o l. o ſ. 6 d.

Soixante & douze pieds cubes de mortier qui entrent dans la toiſe de maçonnerie feront donc une augmentation de 1   16   o

Le ⅛ en ſus. . . . . o   4   6

TOTAL . . . . 2 l. o ſ. 6 d.

Prix de la toiſe cube en gros mortier. . . . . . 77 l. 13 ſ. 1 d.

Prix de la toiſe cube de maçonnerie en mortier

fin . . . . 79 l. 13 ſ. 7 d.

Prix du bordereau. 104   10   o

Réduction ſur le prix de la toiſe cube de maçon-
nerie en mortier fin. . . . . 24 l. 16 ſ. 5 d.

On ne fera aucun uſage de cette réduction pour l'eſpece de maçonnerie en moellon dans leſquelles il entrera du mortier fin : ces maçonneries ſe réduiſant à quelques paremens qui ont été compris ci-deſſus dans les groſſes maçonneries, on a jugé inutile de faire ici le calcul néceſſaire pour les déterminer à part ; ce calcul n'auroit ſervi au reſte qu'à augmenter de quelque choſe la réduction à faire ſur les maçonneries, & cette négligence eſt par conſéquenr conforme à l'eſprit général de ce mémoire.

ARTICLE IX.
MAÇONNERIE EN CIMENT.
Suivant le Bordereau.

„ L A toife cube de maçonnerie en pierre de taille &
„ en ciment, fans déduction du cube de la pierre de
„ taille ou boutiffes de rencontre . . . . . 156 l. 0 f. 0 d.

Détail d'une partie de cette maçonnerie fur deux toifes de longueur, une toife de hauteur, & 3 pieds d'épaiffeur.

„ Les pierres de taille & boutiffes de
„ rencontre occupant plus des trois quarts
„ du cube, on ne comptera qu'une
„ demi-toife de moellon pour le garni,
„ à 6 l. . . . . 3 l. 0 f. 0 d.

„ Onze voyages de tombereau pour
„ le tranfport de cette demi-toife, à
„ 7 f. l'un . . . . 3 l. 17 f. 0 d.

„ Quinze pieds de ciment fin, à 2 l.
„ 13 f. 2 d. . . . . 39 l. 17 f. 6 d.

„ Trente pieds cubes de gros ciment,
„ à 2 l. 7 f. 8 d. 71 10 0

„ Cinq journées de maçons, y com-
„ pris les pofeurs . . . . . . 9 l. 0 f. 0 d.

„ Deux journées de compagnons ma-
„ çons, à 30 f. 3 0 0

„ Cinq journées de manœuvres, à
„ 24 f. 6 0 0

„ Deux journées de goujats, à 16 f. 1 12 0

„ Echaffaudages & machines . . 0 l. 15 f. 0 d.

„ On ne comprend point dans le prix
„ de cette maçonnerie les frais pour les
„ encaftremens des crampons, on croit
„ qu'ils doivent être payés féparément . 138 l. 11 f. 6 d.

„ Le huitième en fus . . . . 17 l. 6 f. 5 d.

SOMME PAREILLE . 166 l. 0 f. 0 d.

OBSERVATIONS.

On ne réduira cet artcle qu'en y reftituant le vrai prix du ciment. On obfervera de plus que la quantité de moellon eft forcée & dans la même proportion qu'elle l'a été pour les groffes maçon-neries, & que fon prix rendu à pied d'œuvre eft trop confi-dérable, néanmoins on laiffera fubfifter cet élément peu fenfible par la petite quantité de moellon qui fert à garnir la queue des pierres de taille.

CIMENT SUIVANT LE BORDEREAU.

„ Quinze pieds cubes de ciment fin , à 2 liv. 13 f. 2 den.
„ font . . . . 39 l. 17 f. 6 d.
 „ Trente pieds cubes de gros ciment, à 2 l. 7 f.
„ 8 den. . . . . 71 l. 10 f. 0 d.

   TOTAL . . . . . . 111 l. 7 f. 6 d.

OBSERVATIONS.

D'après les calculs faits précédemment, le pied cube de ciment fin doit coûter 1 livre 19 f., & 15 pieds cubes 29 l. 5 f. 0 d.
 Le pied cube de gros ciment doit coûter
1 livre 10 & 30 pieds cubes. 45 0 0

   TOTAL. . . . . 74 l. 0 f. 0 d.

Prix porté au bordereau. 111 7 6

Réduction fur le ciment. . . . . 37 l. 7 f. 6 d.
Le $\frac{1}{8}$ en fus. 4 13 5

7e. RÉDUCTION. Réduction fur le prix de la toife cube de maçonnerie en ciment. . . . . 42 l. 0 f. 11 d.

Il y aura 125 toifes cubes de maçonneries en ciment déduction *État cotté D, Art. 16.* faite du cube de la pierre de taille *, mais comme cette maçonnerie eft confiderée ici en y comprenant le cube qui y eft occupé par les pierres de taille & les boutiffes de rencontre, lequel fait les trois quarts du total fuivant la fuppofition fondée du bordereau, il faudra
         quadruper

quadruper les 125 toifes portées ci-deffus , ce qui fait 500 toifes
cubes de maçonneries en ciment toifées à la manière du Bordereau ;
on en comptera plus exactement 498 toifes qui réfultent des détails
du projet.

Multipliant donc par 498 , la réduction de 42 livres 11 deniers
qui vient d'être trouvée , on aura 20992 livres 1 fol 8 deniers à
réduire fur la totalité des maçonneries en ciment.

Réduction fur les maçonneries en ciment. 20,992ˡ 1ˢ 8ᵈ

ARTICLE X.

MAÇONNERIE DE VOUTES.

Suivant le Bordereau.

<table>
<tr><td>

„ L A toife quarrée de maçonnerie de voûtes, fans
„ déduction du cube de la pierre de taille, ou du
„ moellon efmillé, de 15 pouces d'épaiffeur, &
„ au-deffus en propofition . . . .

</td><td>32 l. 0 f. 0 d.</td></tr>
</table>

D É T A I L.

	l.	f.	d.
„ Un tiers de toife cube de moellon, à 61.	2	0	0
„ Son tranfport	2	11	4
„ Vingt-quatre pieds cubes de mortier fin, à 13 f. 4 d.	16	0	0
„ Deux journées de maçons, à 36 f.	3	12	0
„ Deux journées de manœuvres , à 24 f.	2	8	0
„ Une journée de goujat . . .	0	16	0
„ Frais de ceintres, échaffaudages, &c.	1	4	0
	28 l.	11 f.	4 dˢ
„ Le huitième en fus	3	11	5
SOMME PAREILLE.	23 l.	2 f.	9 d.

O B S E R V A T I O N S.

On ne difcutera de cet article que le moellon & le mortier.

O

„ Un tiers de toife cube de moellon , à 6 l. la toife   2 l.   o f.   o d.

„ Son tranfport   -   -   -   -   -   - 2   11   o

„ Vingt-quatre pieds cubes de mortier fin , à

„ 13 f. 4 d.   16   o   o

Total   .   .   .   .   . 20 l. 11 f. 4 d.

D'après les données primitivement pofées pour le moellon &
pour le mortier , on doit avoir les détails fuivans.

⅓ de toife cube de moellon à 12 livres ci.   .   . 4 l.   o f.   o d.

Son tranfport à pied d'œuvre , à 5 livres 10 fols
la toife cube 1   16   8

On ne fauroit admettre l'augmentation de ⅔ de
mortier dont le bordereau avertit en note , parce
que les pierres des voûtes doivent être ferrées de
maniere à en employer le moins poffible : tout ce
qu'on peut faire eft d'en fuppofer dans cette maçonnerie autant que dans celle ordinaire en moellon ;
& comme ici l'épaiffeur eft de 15 pouces que l'on
portera à 18 pour tenir compte des rejointoyemens,
on comptera le quart de 72 pieds qui entre dans
une toife cube de maçonnerie ordinaire, c'eft-à-dire
18 pieds cubes de mortier fin, à 9 fols 3 deniers. . 8   6   6

TOTAL.   .   .   .   .   .   . 14 l.   3 f.   2 d.

Somme portée au bordereau pour les mêmes
objets.   20   11   4

Différence .   .   .   . 6 l.   8 f.   2 d.

Le ⅛ en fus .   .   .   . o   16   o

8e. RÉDUCTION.   Réduction fur la toife quarrée de maçonnerie de
voûtes pour le moellon & le mortier .   .   .   . 7 l.   4 f.   2 d.

Cet article s'appliquant à toute efpece de maçonnerie de voûtes
excepté celle de briques, il y en aura :

1°. Pour les voûtes en moellon ordinaires
* Etat cotté D, art. 12. efmillé, 500 toifes quarrées fur 18 pouces*,
qui reduites à 15 pouces donnent .   .   .   . 600 toifes quarrées

2°. Pour les routes fupérieures des voûtes,
* État cotté D. ART. 15. 831 toifes cubes *, qui, réduites à l'épaiffeur

de 15 pouces, donnent en toiſes quarrées. . 3989

TOTAL. . . . . . . 4589 toiſes

Multipliant par 4589 les 7 livres 4 ſols 2 deniers, à réduire ſur le prix de la toiſe quarrée de voûtes en moellon, on aura ſur cette eſpèce d'ouvrage une déduction totale de 33232 liv. 2 den.

Réduction ſur les maçonneries de voûtes en moellon ordinaire. 33232ˡ 0ˢ 2ᵈ

On n'a point compris dans la précédente réduction les voûtes en moellon eſmillé des fourches, auxquelles s'applique cependant le prix de cet article en augmentation de celui de la toiſe quarrée dudit moellon des fourches dont le cube n'eſt point déduit *. Le moellon ordinaire n'exiſtant pas dans ce cas, ce n'eſt point une réduction ſur ſon prix qu'il s'agit d'opérer, mais c'eſt un double emploi à rectifier, ce que l'on fera par la ſuite.

Le prix porté au bordereau pour la toiſe quarrée de maçonnerie de voûtes en moellon, n'eſt cependant pas tout entier en double emploi : les frais de ceintres & échaffaudages ainſi que la main-d'œuvre pour porter les matériaux aux maçons ont lieu pour le moellon des fourches comme pour le moellon ordinaire ; il y faut également le mortier, & quoique le moellon des fourches en conſomme beaucoup moins, on admettra cependant cet élément tel qu'il eſt porté au bordereau. Il n'y a donc que le prix du moellon ordinaire & ſon tranſport à pied d'œuvre qui faſſe le double emploi dont il s'agit. On va mettre ici ces élémens à part pour les employer dans l'occaſion.

Moellon déterminé ci-devant. . . . . 4 l. 0 ſ. 0 d.
Son tranſport. 1 16 8

5 l. 16 ſ. 8 d.
Le ⅛ en ſus 0 14 7
Portion du prix de la toiſe quarrée de voûtes, qui fait double emploi dans le cas du moellon eſmillé

des fourches. . . . . 6 l. 11 ſ. 3 d.

Il y a de même double emploi dans le cas de la pierre de taille engagée dans les voûtes, de laquelle le cube n'en eſt pas déduit, ainſi qu'on l'a vu ci-deſſus ; mais comme on calculera plus bas le prix entier de cette pierre de taille miſe en place dans les voûtes,

même en tenant compte des ceintres, le prix entier de la maçonnerie de voûtes en moellon qui en occuperoit la place sera pour
lors en double emploi.

ARTICLES XI, XII, XIII, XIV & XV.

On ne discutera point ces articles pour ne pas trop étendre les
bornes de ce mémoire, & parce que le 12ᵉ, 13ᵉ & 14ᵉ ne seront
point employés dans l'ouvrage. Le 11ᵉ seroit susceptible de réduction, mais il en sera fait une petite quantité ainsi que du 15ᵉ *.

* Etat cotté D,
Art. 10, 16 & 19.

A R T I C L E

ARTICLE XVI.

PIERRE DE TAILLE AU PIED CUBE.

Suivant le Bordereau.

,, Le pied cube de pierre de taille de Fermanville,
,, Cocqueville ou Gatteville, pour les revêtemens
,, & boutiſſes de rencontres, angles de revêtemens,
,, ſoubaſes, lignes d'eau, pierre de taille d'architectu-
,, re, &c. & libages - - - - - - -   1 l. 7 ſ. 3 d.

DÉTAIL.

,, La fente d'un pied cube aux carrières,   o l. 6 ſ. o d.
,, Le transport d'un pied cube des
,, carrières au bord des gabarres . . .   o 3 o
,, Le port moyen des gabar-
,, res eſt de 380 pieds cubes,
,, & leur chargement total à
,, prix convenu de - -   18 l. o ſ. o d.
,, Pour le pilotage - -   3 o o
,, déchargement à Querque-
,, ville - - - - -   9 o o
  ──────────
    30 l. o ſ. o d.

,, Ainſi, le chargement, pilotage & dé-
,, chargement d'un pied cube ſera de .   o l. 1 ſ. 7 d.
,, Le fret du bâtiment pour le transport
,, de la carrière à Querqueville, par pied
,, cube - - - - - - -   o 6 o
,, Transport du lieu de déchargement
,, au chantier - - - - -   o 2 o
,, Transport du chantier à pied-d'œuvre   o 3 o
  ──────────
    1 l. 1 ſ. 7 d.
,, Le huitième de déchet dans l'emploi   o 2 8
  ──────────
    1 l. 4 ſ. 3 d.
,, Le huitième en ſus pour bénéfice, &c.   o 3 o

PAREILLE SOMME . .   1 l. 7 ſ. 3 d.

Note en marge du Bordereau.

,, Ce prix a été
,, calculé d'après
,, ceux qui ſe
,, paient aux ou-
,, vriers qui de-
,, viennent chaque
,, jour plus rares
,, & plus difficiles,
,, par la grande
,, quantité de tra-
,, vaux de tout
,, genre qui s'exé-
,, cutent.
,, La cauſe de ſon
,, augmentation
,, eſt le plus grand
,, éloignement des
,, carrières aux
,, points d'embar-
,, quement, ce qui
,, renchérit les
,, transports, &
,, celle ſur le fret
,, qui eſt plus con-
,, ſidérable pour
,, Querqueville ,,.

Observations.

Le bordereau force la plupart des élémens de ce prix à l'exception du déchargement à Querqueville : il compte de plus le chargement & le pilotage des Gabarres en fus du fret, tandis que ces deux objets font portés à la charge des propriétaires & équipages des gabarres, aux termes des huit marchés paffés au commencement de l'année 1788 avec les capitaines de huit gabarres appartenantes à divers particuliers *. On prendra ces marchés pour bafe & non ceux paffés avec les capitaines des gabarres appartenantes à la compagnie Boulabert & Mignot, parce que dans ces derniers le prix du fret doit être augmenté d'une dépenfe quelconque relative à l'entretien defdites gabarres, au lieu que le prix du fret payé par les entrepreneurs aux particuliers propriétaires de bâtimens, comprend toutes dépenfes quelconques.

> * Marchés des 20, 29 & 31 Mars 1788, Numéros 21, 22, 23, 24, 26, 27, 28 & 29.

D'après cet expofé on donnera comme il fuit les véritables élémens du prix de la pierre de taille.

Fente de la pierre de taille portée à 6 f. le pied cube au Bordereau.

D'après l'état de la quantité de pierre de taille exploitée aux carrieres pendant les années 1787 & 1788, dreffé par M. de l'efpinaffe Capitaine au Corps Royal du Génie, chargé des approvifionemens, en date du premier Novembre 1788, montant à 617851 pieds cubes *. L'extraction n'a jamais été payée plus de 5 fols le pied, & elle l'a quelquefois été à 4 fols dans le diftrict de Cocqueville, on doit donc compter au plus 5 fols par pied cube pour la fente.

> * Apperçu de la quantité de pierre de taille exploitée aux carrières en 1787 & 1788, &c.
> * État cotté A, Art. 34.

Le tranfport à bord des gabarres fera admis à 3 fols, comme conforme aux marchés paffés avec les divers voituriers.

Le déchargement à Querqueville porté à 9 livres pour 380 pieds cubes, ou à-peu-près 6 deniers par pied cube, excede de peu de chofe le réfultat des prix fixés pour le déchargement de chaque gabarre à Querqueville *, & fera confervé.

> * Prix fixés pour le déchargement de chaque gabarre à Querqueville, en date du 27 Décembre 1787, Nº. 43.

D'après les marchés ci-deffus pour le fret des gabarres, le pied cube a coûté 6 fols 6 deniers dans le diftrict de Gatteville & 5 fols 6 deniers dans ceux de Fermanville & de Cocqueville : c'eft deux prix combinés avec les quantités de pierres fournies par chaque diftrict au fort de Querqueville pendant la campagne de 1788, d'après le tableau qui en a été relevé fur les regiftres des carrieres *, donnent 5 fols 8 deniers $\frac{2}{3}$ de prix moyen par pied cube. Le prix moyen feroit 5 fols 10 deniers fi les trois diftricts avoient fourni

> * Tableau de tous les voyages des gabarres, &c. pendant la campagne de 1788.

également. D'après ces rapprochemens on conservera le prix de 6 fols porté au bordereau.

Le bordereau obmet de compter une augmentation de prix pour les frais des chemins & indemnités de terreins aux carrieres, & on va y suppléer par le moyen du marché passé aux sieurs Martin & Daumas, le 4 Janvier 1788, lequel porte le prix du pied cube de pierre transporté au pied des gabarres à 9 fols 9 deniers *, tous frais quelconques de voitures & indemnités compris. Déduisant de ce prix l'extraction & le transport calculés comme ci-dessus & montant ensemble à 8 fols, il reste 1 fols 9 deniers, pour les frais d'indemnités & le bénéfice des souftraitans : on portera cependant ici cette somme toute entiere (a).

D'après le marché passé le 21 Juillet 1787 au nommé Privat, chaque bloc de pierre transporté de la Greve au chantier de Querqueville coûte 18 fol *, & comme le cube moyen de tous les blocs transportés en 1788 est de 11 pieds 7 pouces cubes *, le pied cube revient à 1 fols 7 deniers au lieu de deux fols portés au bordereau.

Enfin, d'après le susdit marché de Privat, chaque bloc transporté du chantier à pied-d'œuvre coûte 10 fols. Le cube de 11 pieds 7 pouces des blocs bruts éprouvant à la taille un déchet du huitieme se trouve réduit à 10 pieds 2 pouces, ce qui donne pour le transport à pied d'œuvre 1 fol par pied aulieu de 3 fols portés au bordereau.

D'où suit la récapitulation suivante.

RÉCAPITULATION.

La fente d'un pied cube aux carrieres.. . . . . .ol. 5f. od.
Le transport d'un pied cube des carrieres au bord des gabarres, comme au bordereau . . . . . .o 3 o
Chargement & pilotage compris dans le fret & porté à tort dans le bordereau. . . . . Mémoire
Déchargement à Querqueville comme au bordereau . . . . .o o 6

(a) Cette évaluation appliquée aux 168,000 pieds cubes de pierre extraits pendant les campagnes de 1787 & 1788, donneroit 54,075 liv. pour les dépenses d'indemnités faites par les Entrepreneurs pendant ces deux campagnes, ou 27,037 liv. par campagne ; somme plusieurs fois plus considérable que la dépense réelle, lors même que les Entrepreneurs auroient payé le grand nombre d'objets de cette espèce qu'ils contestent encore aux parti-culiers.

Le fret du bâtiment pour le tranfport des carrieres
à Querqueville par pied cube , comme au bor-
reau . . . . ol. 6 f. o d.
   Frais d'indemnités & de chemins aux carrieres. o   1   9
   Le tranfport du lieu du déchargement au chantier o   1   7
   Le tranfport du chantier à pied d'œuvre . . . . o   1   0

                                      ol. 18 f. 10 d.
   Le $\frac{1}{8}$ de déchet fuivant le bordereau. . . . o   2   4

          T O T A L. . . . . 1 l. 1 f. 2 d.

Le $\frac{1}{8}$ en fus. . . . . o   2   8

Prix du pied cube de pierre de taille. . . . . 1 l. 3 f. 10 d.

Prix du pied cube de pierre de taille, comme
il vient d'être trouvé . . . . 1 l. 3 f. 10 d.
Prix porté au bordereau 1   7   3

Différence. . . . . ol. 3 f. 5 d.
Le $\frac{1}{9}$ en fus . . . . o   o   5

9e. RÉDUCTION.   Réduction fur le prix du pied cube de pierre
de taille. . . . . ol. 3 f. 10 d.

Il y aura de pieds cubes de pierre de taille.
* Etat cotté D, Art. 22. 1°. Libages & boutiffes de rencontre . . . 44754 pieds *.
  2° Pierres taillées mifes en place dans toutes
les efpeces de maçonneries excepté celles de
* Etat cotté D, art. 23. voûtes. . . . . 436943 *
* Etat cotté D, art. 24. 3°. Pierres taillées employées dans les voûtes. . 74204 *

        T O T A L. . . . . 555901 pieds.

Multipliant 555901 par ol. 3 f. 10 d. trouvés ci-deffus, on aura
106547 l. 13 f. 10 d. pour la réduction entiere fur le prix du cube
de la pierre de taille.

Réduction fur le prix du cube des 555901 de pierre de taille
de toute efpece à employer. . . . . 106547 l. 13

Le prix calculé précédemment ne comprend point les frais de
pofe de la pierre de taille, & c'eft pour en tenir compte que dans le
bordereau l'on ne déduit point le cube de la pierre de taille de
celui des maçonneries. On va déterminer l'influence de la non-
déduction dont il s'agit dans les groffes maçonneries & dans les
                        maçonneries

maçonneries de voûtes, en comparant le prix du volume de ces maçonneries occupé par la pierre de taille avec celui de la pose de cette derniere.

EXAMEN de l'effet de la non-déduction de la pierre de taille dans les grosses maçonneries.

Calcul des frais de la pose & du mortier fin qu'elle consomme.

Il est d'expérience constante que 4 maçons poseurs qui s'approchent eux-mêmes la pierre de taille déposée par un triqueballe, posent dans les parties basses de l'ouvrage, 15 blocs au moins par jour : Il est également d'expérience tant au fort Royal qu'au fort d'Artois, que dans les parties hautes de l'ouvrage 4 maçons poseurs, qui élèvent eux-mêmes à la grue des pierres de taille, en posent au moins huit par jour : ainsi l'on ne peut supposer qu'un attelier de 4 poseurs consideré indistinctement à une hauteur quelconque de l'ouvrage, place moins de dix blocs par jour : ces dix blocs font au moins 120 cubes, & les 4 journées de poseur comptées à 36 sols comme au bordereau, à cause des gratifications qu'il est d'usage de donner à ces ouvriers, feront 7 livres 4 sols qui repartis sur les 120 pieds donnent par pied 1 s. 2 d. $\frac{1}{3}$.

Il faut cependant observer que dans les parties hautes, environ $\frac{1}{3}$ des pierres y est transporté par des manœuvres bardeurs, & que ce transport au Fort Royal coûtoit 10 sols par bloc. On doit évaluer à 8 pieds le cube moyen de ces sortes de blocs, ce qui porte le bardage à 1 sol 3 deniers que l'on doit encore réduire au tiers en le repartissant sur la totalité des blocs à poser : c'est donc une augmentation de 5 deniers à faire au prix qui vient d'être trouvé pour la pose, ce qui donnera :

Prix de la pose par pied cube 1 sol 7 deniers $\frac{1}{3}$.

La quantité de mortier fin employé pour la pose sera calculée d'après celle de ciment fin portée au bordereau pour la pose de la pierre de taille dans la maçonnerie en ciment : cette quantité est de 15 pieds cubes pour une toise cube de maçonnerie en ciment qui contient les trois quarts ou 162 pieds cubes de pierre de taille. Chaque pied cube demande donc $\frac{15}{62}$ de pied cube de mortier fin qui, à 9 sols 3 deniers prix de ce mortier, donnent 10 den. $\frac{1}{4}$.

Q

RÉCAPITULATION.

Pofe. . . . . ol. 1 f.   7 d. $\frac{1}{3}$
Mortier fin. 0   0   10 $\frac{1}{4}$
____
Le total fait. . . . . ol. 2 f.   5 d. $\frac{7}{12}$
Le $\frac{1}{8}$ en fus 0   0   3 $\frac{8}{12}$
____
      TOTAL. . . . . . . ol. 2 f.   9 d. $\frac{1}{4}$
____

Que l'on portera à 2 fols 10 deniers.

Frais de la pofe & du mortier pour le pied cube de pierre de taille. ol. 2 f. 10 d.

C'eft cette dépenfe à la place de laquelle l'entrepreneur reçoit le prix d'un volume de maçonnerie non exiftante égal à celui de la pierre de taille ; on va calculer la valeur de ce dernier. On obfervera cependant encore que dans le cas où la jonction entre la groffe maçonnerie & la pierre de taille confommeroit un excédent de mortier outre la quantité qui vient d'en être portée, l'exactitude de ce calcul n'en fouffriroit pas, parce que, comme on va le voir, la valeur réelle d'un pied cube de gros mortier qui eft de 8 fols 9 deniers eft égal & même un peu inférieur à celle du pied cube de groffe maçonnerie fuivant l'ancien bordereau, & que comme la pierre de taille fe toife toujours un peu largement, le mortier dont il s'agit fe trouve compris dans le volume qui lui eft attribué & payé parconféquent par un égal volume de maçonnerie à 100 livres.

Calcul de l'excédent de dépenfe occafionné par le paiement de la groffe maçonnerie fuppofée à la place de la pierre de taille.

La groffe maçonnerie dont il s'agit étant payée au prix du bordereau, c'eft-à-dire à 100 livres, le pied cube qui fe trouve payé pour chaque pied cube de pierre de taille revient à. ol. 9 f.   3 d.

Pofe & mortier de la pierre de taille non payés par le bordereau, à déduire 0   2   10
____

Excédent de dépenfe occafionné par le paiement de la groffe maçonnerie, à la place d'un pied cube de pierre de taille. . . . . ol. 6 f.   5 d.
____

Il y aura 362182 pieds cubes de pierre de taille , & 44754 pieds cubes de libages dans les groffes maçonneries (*a*). En tout 406936

____
(*a*) Il faudroit, à la rigueur, calculer à part cet excédent de dépenfe pour les libages,

pieds cubes, par lequel nombre multipliant 6 fols 5 deniers, on aura 130558 l. 12 f. 8 d. d'excédent total de dépense occasionné par la non déduction de la pierre de taille comprise dans la grosse maçonnerie.

ɴᵒᵉ. Rᴇᴅᴜᴄᴛɪᴏɴ.   Perte pour le Roi résultante de la non déduction de la pierre de taille comprise dans les grosses maçonneries . . . . 130558 l. 12 f. 8 d.

Examen de l'effet de la non-déduction de la pierre de taille dans les maçonneries de voûtes.

Calcul des frais de la pose & du mortier fin qu'elle occasionne (a).

Quatre maçons poseurs n'ont jamais posé par jour moins de 8 pierres de cette espèce, de 10 pieds cubes chacune, ce qui fait 80 pieds cubes pour 4 journées de poseurs, qui reviennent ensemble à 7 livres 4 fols, ce qui donne pour la pose de chaque pied cube . . . . 0 l. 1 f. 9 d.⅝

Mortier fin comme pour la pierre de taille ordinaire. . . . . 0 0 10 ⅔

TOTAL. . . . . 0 l. 2 f. 8 d.

Le ⅛ en sus. 0 0 4

Frais de la pose & du mortier fin . . . . . 0 l. 3 f. 0 d.

Calcul de l'excédent de dépense occasionnée par le paiement de la maçon-nerie de voûtes à la place de la pierre de taille.

La toise quarrée de maçonnerie de voûtes est payée suivant le bordereau à 32 livres pour 15 pouces d'épaisseur, ce qui donne pour pied cube. . . . . 0 l. 14 f. 2 d.⅔

Pose & mortier non payés par le bordereau, à déduire. . . . . 0 l. 3 f. 0 d.

parce que les frais de leur pose font notablement moins considérables que pour la pierre de taille ; néanmoins on négligera cette précision qui tendroit à augmenter d'environ 4000 l. l'excédent de dépense que l'on calcule ici.

(*a*) On ne parle point encore ici des frais de ceintres ; on verra ci-après qu'ils font employés dans le calcul du parement desdites pierres de voûtes.

Excédent de dépense occasionné par le paiement
de la maçonnerie de voûtes, à la place de la pierre
de taille. . . . . ol. 11f. 2 d. $\frac{2}{3}$

Que l'on portera à. . . . . ol. 11f. 3 d.

Il y aura 51922 pieds cubes de pierre de taille engagée dans
les voûtes, par lequel nombre multipliant 11 fols 3 deniers, on aura
29206 livres 2 fols 6 deniers d'excédent total de dépense fur cet
objet.

11e. RÉDUCTION.   Perte pour le Roi réfultante de la non déduction de la pierre
de taille dans les maçonneries de voûtes 29206ˡ 2ˡ 6

A R T I C L E   X V I I I.

PAREMENT VU DE PIERRE DE TAILLE.

Suivant le Bordereau.

<table>
<tr>
<td>

Note en marge du Bordereau.

» L'augmenta-
» tion de ce prix
» provient du dé-
» chet dans la
» pierre pour le
» ragréement des
» affifes, auquel
» on a cru devoir
» avoir égard ».

</td>
<td>

„ LE pied quarré de parement vu de pierre de
„ taille de Fermanville, Cocqueville & Gatteville
„ pour les revêtemens, angles, foubafes, lignes d'eau
„ des efcarpes & contrefcarpes, tablettes, &c.

</td>
<td>1 l. 2 f. 6 d.</td>
</tr>
</table>

D É T A I L.

„ La taille d'un pied quarré . . .	ol. 18 f. o d.	
„ Pour le ragréement des affifes . .	o 1 »	
„ Déchet	» 1 »	
	1 l. o f. o d.	
„ Le huitième en fus	o l. 2 f. 6 d.	
SOMME PAREILLE .	1 l. 2 f. 6 d.	

O B S E R V A T I O N S.

Le bordereau porte le pied quarré de taille à 18 fols, tandis
qu'il ne fe paye effectivement que 16 fols. On ne reduira ni le
ragréement ni le déchet, mais on reduira la taille comme on vient
de le voir.

Réduction fur le pied quarré de taille . . . . . . ol 2f. o d.

Le $\frac{1}{8}$ en fus. . . . . o o 3

11e. RÉDUCTION.   Réduction totale fur le pied quarré de taille . . . ol. 2f. 3 d.

II

Il y aura de parement vu payé au prix de cet article du bordereau 133985 pieds quarrés, par lequel nombre multipliant 2 fols
3 deniers, on aura 15623 livres 1 fols 3 deniers à réduire fur
cet objet.

Réduction fur le parement vu de pierre de taille ordinaire. · 15,623¹ 6ˢ 3ᵈ

ARTICLE XIX.

PARMENT VU POUR PORTES, FENÊTRES, &c.

Suivant le Bordereau.

<table>
<tr><td>

Note en marge Bordereau.

Ce prix, quoi-
que d'un qnart
lusfort que l'an-
cien, a été cal-
culé d'après les
mêmes princi-
es, & n'éprou-
ve d'augmenta-
tion effective
que fur la main-
d'œuvre & la
taille de la pierre
qui fe paye plus
chère à caufe de
la fujétion & du
plus grand tra-
vail ».

</td><td>

„ Pied quarré de parement de pierre de taille pour
„ produits de portes & fenêtres, linteaux, appuis,
„ feuils, plinthes, marches, jambages, manteaux de
„ cheminées, couronnement des murs, & générale-
„ ment de toutes celles du cube defquelles on ne tient
„ pas compte à l'Entrepreneur · · · · · · · · ·

DÉTAIL.

„ En prenant pour exemple, comme
„ dans le Bordereau, la pierre de taille
„ d'une porte ordinaire, formant pare-
„ ment & tableau, & cubant 88 pieds,
„ dont chacun, à 1 l. 4 f. 3 d. donnera
„ pour le cube total · · · · · ·

„ Le parement vu de cette porte étant
„ de 120 pieds quarrés, à 20 f. ·

„ Pour la fujétion de la taille de cette
„ pierre, il en coûtera un tiers de plus
„ pour la taille · · · · ·

„ En divifant cette fomme par 120, nom-
„ bre des pieds quarrés que produit cette
„ porte, on aura pour la valeur de chaque
„ pied quarré · · · · ·

„ Le huitième en fus · · · ·

SOMME PAREILLE. · · · · · ·

</td><td>

2 l. 10 f. 0 d.

106 l. 14 f. 0 d.

120   0   0

40   0   0
____
266 l. 14 f. 0 d.

2 l. 4 f. 5 d.

0   5   6
____
2 l. 9 f. 11 d.

</td></tr>
</table>

OBSERVATIONS.

On remarquera que le prix du cube de la pierre eſt compris dans l'évaluation de cet article : ainſi le réſultat de l'article 16 que l'on a réduit précédemment ayant été appliqué au volume total des pierres de taille à employer, l'on n'apportera point ici de nouvelles réductions à cet égard ; mais le prix de la taille ſera néceſſairement reduit de 20 ſols à 16, ce qui produira de réduction.

Pour la taille d'un pied cube. . . . . ol. 4ſ. o d.

Le tiers pour la ſujetion ſuppoſée par le bordereau & eſtimée de même à 20 ſols le pied au lieu de 16.. o 1 4

TOTAL. . . . . ol. 5ſ. 4 d.

Le ⅛ en ſus. . . . . o o 8

13e. RÉDUCTION. Réduction ſur le pied quarré de parement vu de pierre de taille pour pieds droits de portes & fenêtres &c. . . . . ol. 6ſ. o d.

Il y aura 15625⁄8 pieds quarrées de cette eſpece de pierre, lequel nombre multiplié par 6 ſols donnera. . . . . 46877ˡ 8ſ o

ARTICLE XX.

PIERRES TAILLÉES POUR LES VOUTES.

Suivant le Bordereau.

„ Le pied quarré de parement vu de pierre de
„ taille pour les voûtes, lunettes & couffinets . . 31 l. 15 f. 0 d.

D É T A I L.

„ Suppofons le cube d'un vouffoir or-
„ dinaire de 6 pieds, à 1 l. 4 f. 3 d. le pied   7 l. 5 f. 6 d.

„ Le parement de la tête & de la
„ douelle du vouffoir donnant 4 pieds
„ de parement vu à 20 f. l'un . . .   4 0 »

„ Moitié en fus de ce prix pour la
„ fujétion, débillardement, beuveaux,
„ panneaux, &c. 2 0 0

   13 l. 5 f. 6 d.

„ Qui divifés par 4 pieds, donneront
„ par pied quarré . . . .   3 l. 6 f. 4 d.

„ Le huitième en fus . . .   0. 8 »

     SOMME PAREILLE .   3 l. 14 f. 7 d.

OBSERVATIONS.

Le bordereau fait entrer dans l'évaluation de cet article le cube
de la pierre de taille comme il l'a fait pour le précédent, pour
lequel on ne tient point compte autrement de ce cube à l'entrepreneur : ici c'eft un double emploi puifque par le paragraphe 45
de l'ancien devis, le cube de toute pierre de voûtes fe compte à
part à l'entrepreneur & que, s'il eft encore compris dans le parement,
il fera néceffairement payé deux fois.

Mais comme ce cube fe paye à l'entrepreneur felon le volume
réel de la pierre taillée, dans le prix duquel on n'a fait entrer que
le déchet ordinaire fuppofé d'un ⅛, il eft jufte de lui compter en

outre le nouveau déchet occasionné par la forme à donner aux voussoirs : c'est donc ce déchet seul , & non pas le cube entier, qu'il falloit faire entrer dans l'évaluation du parement.

Le voussoir pris pour exemple dans le bordereau n'étant point assez clairement décrit pour qu'on puisse s'en former une idée, on supposera ici un voussoir de 2 pieds de long , 18 pouces de haut , 1 pied de largeur à la douelle & 18 pouces à l'extrados, destiné à faire partie de la tête d'une voûte , comme cela a lieu pour presque la totalité des voussoirs qui seront employés.

Le cube de la pierre équarrie capable de contenir un tel voussoir est 4 pieds 6 pouces ; le cube du voussoir lui-même est 3 pieds 9 pouces. La différence ou le déchet à compter ici est donc de $\frac{3}{4}$ de pied cube, que l'on doublera pour le cas des formes bizarres qui se rencontrent quelquefois : ce déchet d'un pied & demi étant porté à plus du quart du volume primitif est le plus considérable qu'on puisse jamais supposer. La tête & la douelle de ce voussoir ou son parement vu , forment en total 3 pieds 10 pouces 6 lignes que l'on portera à 4 pieds.

Le bordereau porte une moitié en sus du parement pour la sujétion de la taille , on portera ici cet objet aux trois quarts en sus du parement , certaines pierres exigeant que l'on paye aux tailleurs de pierres des plus values , dont la moyenne donne ce résultat au plus.

L'on comptera en outre la dépense des panneaux à raison de 4 livres pour un voussoir de 4 pieds quarrés de surface, qui étant répété au moins 20 fois, donne au plus 1 sol par pied quarré pour la dépense des panneaux.

Enfin l'on comptera la dépense des ceintres pour ce dont elle affecte un pied de surface à raison de 24 sols, supposés au bordereau (Art. 10) pour la toise quarré de voûtes, ce qui donne 8 d. par pied quarré & 1 sol 4 deniers pour les deux pieds de douelle du voussoir supposé. Malgré ces augmentations le prix porté au bordereau sera diminué.

RÉSUMÉ.

RÉSUMÉ.

Un pied & demi de déchet à 1 livre 1 fol 2 den.
non compris le ⅛ fuivant l'article 16. . . . . . . 1l. 11f. 9 d.
    Quatre pieds réels de parement à 16 fols. . . . 3   4   0
    Trois pieds de plus pour la fujetion. 2   8   0
    Panneaux à 1 fol par pied de parement. . . . 0   4   0
    Ceintres. 0   1   4

    Prix total pour 4 pieds de parement. . . . 7l. 9f. 1 d.
    Qui divifé par 4 donnera pour 1 pied. . . 1   17   3
    Le ⅛ en fus. 0   4   8

    Prix du pied quarré de parement de pierre de
taille pour les voûtes lunettes & couffinets. . . 2l. 1f. 11 d.
    Prix porté au bordereau. 3   14   7

    Réduction fur le pied quarré de parement de
pierre de taille pour les voûtes lunettes & couffinets. 1l. 12f. 8d.

4ᵉ. RÉDUCTION.   Il y aura 46935 pieds quarrés de paremens de cette efpece, lequel nombre multiplié par 1 l. 12 f. 8 d. donne 76660 l. 7f. 4d.
    Réduction fur le parement des pierres de voûtes. 76660ᴸ 7ᶠ 4ᵈ

ARTICLE XXI.

Le pied quarré de pierre de taille plus proprement piquée pour architecture, &c.

OBSERVATIONS.

L'on n'employera point de cette efpece de pierre, & l'on n'a point à difcuter cet article : les trois précédents rempliffent la totalité des pierres de taille dont on fera ufage.
    Ajoutant en effet le nombre de pieds quarrés de parement porté à l'article 18, ci. 133985
    Celui porté à l'article 19. 156258
    Et celui porté à l'article 20. 46935

* Etat cotté D. ART. 25.   On trouve pour total . . . . 337178 *.
    Réfultat de l'article 25 de l'état cotté D.

S

ARTICLE XXIII.

MOELLON ESMILLÉ DES FOURCHES.

Suivant le Bordereau.

„ LA toife quarrée de parement vu de moellon „ efmillé . . . . **61 l. 5 f. o d.**

DÉTAIL.

„ Pour découverte de la carrière, pour „ extraire & trancher la pierre & enlever „ les décombres . . . .

„ Dix journées de manœuvres, à 24 f. — **12 l. o f. o d.**

„ Indemnité du terrein . . . . — **o 8 o**

„ La taille de 36 pieds quarrés, à 12 f. — **21 12 o**

„ Trois voyages ou une journée de „ voiture à quatre chevaux pour le tranf- „ port de la carrière des Fourches au chan- „ tier de Querqueville . . . . . . — **12 o o**

„ Tranfport du chantier à pied-d'œu- „ vre . . . . — **2 8 o**

    48 l. 8 f. o d.

„ Le huitième de déchet . . . , . — **6 1 o**

    54 l. 9 f. o d.

„ Le huitième en fus . . . . . — **6 16 1**

    PAREILLE SOMME . . **61 l. 5 f. 1 d.**

OBSERVATION.

Cet article se réduit au prix de la toise quarré dudit moellon rendu & entoisé à Querqueville, augmenté de son transpor à pied d'œuvre. Or, le marché passé le 16 Août 1787 aux sieur Brun Crespin, Cordebar *, sur lequel ont été transportées à Querqueville 1200 toises de moellon qui y sont aujourd'hui, porte le prix de la toise quarrée rendue & entoisée à Querqueville à. 39 l. 0 s. 0 d.

* Marché du 6 Août 1788, Nᵒˢ. 5.

Les souftraitans sont chargés de tous frais quelconques, de découverte, de transport & du déchet.

Transport à pied d'œuvre suivant le Bordereau. 2 8 0

4 l. 8 s. 0 d.

On comptera ⅛ de déchet dans ce dernier transport & dans l'emploi. 5 3 6

TOTAL. . . . . 46 l. 11 s. 6 d.

Le ⅛ en sus. 5 16 5

Prix de la toise quarrée de moellon des fourches rendue à pied d'œuvre. . . . . 52 l. 7 s. 11 d.

Prix porté au bordereau. 61 5 0

Réduction sur le prix de la toise quarrée de moellon esmillé des fourches rendue à pied d'œuvre. . . . . 8 l. 17 s. 1 d.

Cet article ne sera employé que pour les voûtes faites avec ledit moellon ; mais comme le bordereau prescrit d'appliquer en outre à ces voûtes le prix général de la toise quarrée de voûtes, dans lequel une quantité de moellon montante à 6 livres 11 sols 3 deniers se trouve en double emploi, ainsi qu'on l'a fait voir à l'article 10. Cette somme doit être ajoutée à la présente réduction, ci. 6 11 3

Il faut y ajouter encore la réduction sur la toise quarrée de maçonnerie de voûtes ou. . . . . 7 l. 4 s. 2 d.

Réductions sur le prix de la toise quarrée de voûtes en moellon esmillé des fourches. . . . 22 l. 12 s. 6 d.

1ʳᵉ. RÉDUCTION.

Il y aura 2300 toises quarrées de cette espèce de maçonnerie, par lequel nombre multipliant 22 livres 12 sols 6 deniers, on aura 52037 livres 10 fols à réduire fur les maçonneries de voûtes en moellon efmillé des fourches.

Réduction fur les maçonneries de voûtes en moellon efmillé des fourches. *52037* 10

La commiffion a jugé inutile de pouffer plus loin cet examen des prix fixés par le Bordereau du marché paffé le 4 Juin 1787 pour les travaux du fort de Querqueville.

RÉCAPITULATION

Récapitulation des réductions trouvées dans les présentes Observations,

Lesquelles portent sur les Articles 1, 2, 3, 8, 9, 10, 16, 17, 18, 19, 20 & 23 du Bordereau détaillé, qui a servi à fixer les prix du marché passé le 4 Juin 1787, pour la construction du Fort de Querqueville.

Premiere réduction, sur la fouille & le transport des 9897 toises cubes de terre non encore remuée. . . . . 102681. 2f. 9 d.

Seconde réduction, sur la fouille & le transport des 5850 toises de terre à reprendre. 13479. 7. 6

Troisieme réduction, sur la fouille & le transport des 33332 toises cubes de déblais de roc feuilleté. 637747ᶩ. 9f. 0

Quatrieme réduction, sur la fouille & le transport des 4636 toises cubes de déblais de roc-vif. 6509. 14. 4

Cinquieme réduction ou différence entre la retenue portée dans le marché rélativement à l'emploi du moellon tiré des fossés & la vraie valeur de ce moellon 221375. 3. 4

Sixieme réduction, sur les 11444 toises cubes de la partie des grosses maçonneries qui reste après la déduction de la pierre de taille, partie qui est entierement faite en moellon & en mortier. 255725. 14. 4

Septieme réduction, sur les 498 toises de maçonneries en ciment, toisées à la maniere du bordereau, c'est-à-dire en y comprenant le cube occupé par la pierre de taille. . . 20992. 1. 8

Huitieme réduction, sur les maçonneries de voûtes qui se payent 32 livres la toise quarrée suivant le marché du 4 Juin 1787. . . . . 33232. 0. 2

Neuvieme réduction, sur le prix du cube réel de toute la pierre de taille. 106547. 13. 10

Dixieme réduction occasionnée par la non déduction de la pierre de taille dans les grosses maçonneries. 130558. 12. 8

862435 l. 19 f. 7 d.

Onzieme réduction occasionnée par la

D'autre part . . . . 862,435 l. 19 f. 7 d.

non déduction de la pierre de taille dans les maçonneries de voûtes payées 32 livres la toife quarrée par le marché du 4 Juin. . .   29206 l. 2 f. 6 d.

Douzieme réduction, fur le parement vu de la pierre ordinaire payé 22 fols 6 deniers par le marché. 15623 6 3

Treizieme réduction, fur le parement vu de la pierre pour piedroits de portes & fenêtres, &c. payé 2 livres 10 fols par le marché. .   46877 8 0

Quatorzieme réduction, fur le parement des pierres de voûtes. . . . .   76660. 7. 4.

Quinzieme réduction, fur les maçonneries de voûtes en moellon efmillé des fourches. . .   52037. 10. 0

Total des réductions trouvées fur les 12 articles ci-deffus du bordereau détaillé ; un million quatre-vingt-deux mille huit cent quarante livres treize fols huit deniers, ci. .   1,082,840 l. 13 f. 8 d.

ÉTAT de ce que coûteroit ce qui reste à faire au Fort Querqueville aux prix du marché du 4 Juin 1787.

On a pris pour base des quantités, l'état coté D. joint au nouveau devis, contenant les quantités de chaque espece d'ouvrage, avec partie des pieces qui ont servi à le former.

ARTICLES I, II & V de l'Etat coté D.

On supposera, comme dans l'examen sur plusieurs prix du marché, que les terres, ainsi que les écallins du roc feuilleté & du roc-vif, ne seront jamais portées au-delà de 50 toises.

Neuf mille huit cent quatre-vingt-dix-sept toises cubes de déblais de terre non encore remuée, pour fouille, charge & transport à 50 toises, à 5 livres 17 sols prix du marché *. . . . . 57897 l. 9 f. 0 d. * ARTICLE 1ᵉʳ. du bordereau détaillé.

Cinq mille huit cent cinquante toises de terre reprise au même prix de 5 liv. 17 sols. 34222 l. 10 f. 0 d.

ARTICLE III & partie de l'Article VI.

Trente-trois mille trois cent trente-deux toises de déblais de roc feuilleté à 10 liv. prix du marché *. . . . . 333320 l. 0 f. 0 d. * Art. 2 du bordereau détaillé.

ARTICLE IV & reste de l'Article VI.

Quatre mille six cent trente-six toises de déblais de roc-vif à 14 liv. 10 sols, prix du marché *. . . . . 46360 l. 0 f. 0 d. * Art. 3 du bordereau détaillé.

Pour faire des déblais dans le roc il faut absolument employer des rampes en bois, peu éloignées les unes des autres. Cette dépense à la charge du Roi, d'après le marché, pourroit devenir plus considérable que l'estimation qu'on va porter ici :

471799 l. 19 f. 0 d.

De l'autre part . 471,799 l. 19 f. o d.

PONTS DE RAMPES.

Longerons.

Long. ensemble 320 toifes ⎱ 160 folives.
Groff. 6 & 6 ⎰

A 852 livres le cent de folives, prix du
marché *, ci................. 1363 l. 4 f. o d.

* Art. 34 du bordereau détaillé.

Planchers.

Long. enf^ble 160 toifes ⎱ 160 toifes.
Largeur 1 ⎰

A 25 livres la toife quarrée, prix du
marché *, ci................. 4000 l. o f. o d.

* Art. 39 du bordereau détaillé.

ARTICLE VII.

Maçonnerie ordinaire suivant l'ancien marché.

Maçonnerie, déduction faite
de la pierre de taille....... 11444 toifes

Quatre cent six mille neuf cent
trente-fix pieds cubes de pierre
de taille, payés comme groffe
maçonnerie, d'après le marché, faifant......... 1884 toifes

Vides dans les groffes
maçonneries qui auroient été.........
payés d'après le marché... 135 toifes

  TOTAL........ 13463 toifes.

Treize mille quatre cent foixante-trois
toifes de groffe maçonnerie, toifées d'après
les conditions du marché & payées fuivant
ledit marché à 100 liv. *, ci....... 1346300 l. o f. o d.

* Art. 8 du bordereau détaillé.

ARTICLES VIII & IX.

Rien....................

       1,823,463 l. 3 f. o d.

         ARTICLE

De ci-contre . 1,823,463 l. 3 f. o d.

ARTICLE X.

Peu important & se réduira peut-être à
rien. . . . .

ARTICLE XI.

Six cent quatre-vingt-cinq toises quarrées
de briques à 38 livres 4 sols, d'après le
marché *, ci . . . . 26,167 l. o f. o d.

ARTICLE XII.

Cinq cent toises quarrées de moellon
plat, portant douelle esmillée pour les pre-
mieres routes des voûtes sur 18 pouces
d'épaisseur. On supposera ici que l'esmil-
lage demandé n'augmente pas le prix de
cet ouvrage, & que par conséquent on peut
porter ledit ouvrage à 32 livres la toise
quarrée sur un pied d'épaisseur, prix du
marché pour les voûtes en général*.

Prix pour un pied d'épais-
seur. . . . . 32 l. o f. o d.
Pour 6 pouces de plus. . 16　　o　　o

      T o t a l . . . . . . 48 l. o f. o d.

Cinq cent toises à 48 liv. font, ci . . . 24,000 l. o f. o d.

ARTICLE XIII.

Deux mille trois cent toises
quarrées de maçonnerie de
moellon esmillé des fourches
pour premiere route des voûtes, sur 18 pouces d'épaisseur.
Prix général de la toise quarrée de voûtes sur 18 pouces
d'épaisseur, comme on l'a vu
ci-dessus. . . . . 48 l. o f. o d.

1,873,630 l. 3 f. o d.

V

De l'autre part . 1,873,630 l. 3 f. o d.

Prix de la toife quarrée de parement vu de moellon esmillé des fourches *..... 61 5 0

Art. 23 du borde-reau détaillé.

TOTAL ...... 109 l. 5 f. o d.

Deux mille trois cent toifes à 109 liv. 5 fols font, ci .... 251275 l. o f. o d.

ARTICLE XIV.

Rien . . . .

ARTICLE XV.

Huit cent trente-une toifes cubes de maçonnerie pour les routes fupérieures des voûtes des fouterreins.

Les huit cent trente-une toifes cubes font 4986 toifes quarrées fur un pied d'épaiffeur qui, au prix de 32 liv. fuivant le marché *, font. .... 159552 l. o f. o d.

** Art. 10 du borde--reau détaillé.*

Supplément pour le cube occupé par la pierre de taille.

Il y aura 51922 pieds cubes de pierre de taille engagée dans les voûtes ; ces 51922 pieds cubes font 1442 toifes quarrées fur un pied d'épaiffeur, lefquelles à 32 livres font *, ci. .... 46144 l. o f. o d.

** Art. 10 du borde-reau détaillé.*

ARTICLE XVI & partie de l'Art. XVII.

Cent cinquante toifes quarrées de maçon-nerie en moellon ordinaire & en mortier fin fait à l'eau douce, fur 2 pieds d'épaif-feur & au-deffous en proportion.

Ces 150 toifes répondent à 241 toifes fans déduction des vides & du parement de la pierre de taille. 241 toifes à 41 liv. prix du marché *, ci. .... 9881 l. o f. o d.

** Art. 11 du borde-reau détaillé.*

2,340,482 l. 3 f. o d.

De ci-contre . 2,340,482 l. 3 f. o d.

ARTICLE XVII.

Cet article fe trouve compris dans les articles 7 & 16.

ARTICLE XVIII.

Cinq cent foixante-quinze toifes quarrées de pavé de champ fur 18 pouces d'épaiffeur, &c. à 17 livres 5 fols prix du marché *. .   9918 l. o f. o d.   *Art. 14 du bordereau détaillé.

ARTICLE XIX.

Vingt-fix toifes quarrées de citernement à 53 livres 12 fols prix du marché *, ci. . .   1393 l. 12 f. o d.   *Art. 15 du bordereau détaillé.

ARTICLE XX.

Dix toifes quarrées de maçonnerie de brique en ciment. Cet article eft peu important & fon prix n'eft pas dans le marché.

ARTICLE XXI.

Quatre cent toifes quarrées d'enduit en ciment, à 34 liv. 18 fols prix du marché *.   13960 l. o f. o d.   *Art. 24 du bordereau détaillé.

ARTICLE XXII.

Quarante-quatre mille fept cent cinquante-quatre pieds cubes de libages à 1 liv. 7 fols 3 deniers prix du marché *, font ci.   60977 l. 6 f. 6 d.   *Art. 17 du bordereau détaillé

ARTICLE XXIII & XXIV.

Des 436943 pieds cubes de pierre de taille portés dans cet article, une partie ne feroit pas payée au pied cube d'après les conditions du marché : voici feulement ce qu'on payeroit à l'entrepreneur à 1 livres 7 fols 3 deniers au prix du marché.

Pierres ordinaires . . . . 258557 pieds
Pierres pour les voûtes . . 74204

     T o t a l . . . . . . 332761 pieds.

Trois cent trente-deux mille fept cent foixante-un pieds cubes de pierre à 1 l. 7 f. 3 deniers d'après le marché *, ci . . . . .   453386 l. 17 f. 3 d.   *Art. 16 du bordereau détaillé.

2,880,117 l. 18 f. 9 d.

De l'autre part . 3,880,117 l. 18 f. 9 d.

ARTICLE XXV.

Pierre de taille au parement vu.

Cent trente-trois mille neuf cent quatre-
vingt - cinq pieds quarrés à 1 livre 2 sols
3 deniers *, ci . . . .   149,658 l. 6 f. 3 d.

* Art. 18) du borde-
* Art. 19) reau dé-
* Art. 20) taillé. Cent cinquante - six mille deux cent
cinquante - huit pieds quarrés à 2 livres
10 sols *, ci . . . .   390,645 l. o f. o d.

Quarante-six mille neuf cent trente-cinq
pieds quarrés pour les voûtes à 3 livres
15 sols *, ci . . . .   176,006 l. 5 f. o d.

Ensemble trois cent trente-sept mille cent
soixante-dix-huit, total porté sur l'état coté D.

ARTICLE XXVI.

Les 125 toises de maçonneries en ciment,
déduction faite du cube de la pierre de
taille, répondent à 498 toises sans déduction,
lesquelles à 156 livres d'après le marché *,
* Art. 9 du borde-
reau détaillé. font . . . .   77688 l. o f. o d.

ARTICLE XXVII.

Deux mille cent trente-six toises quarrées
de pavé de pierre de taille posé sur maçonnerie ordinaire, jointoyé & coulé en ciment
fin.

Ce pavé coulé & jointoyé seulement
en mortier ordinaire est à 109 livres dans
le marché *. Ainsi les deux mille cent trente-
* Art. 22 du borde-
reau détaillé. six toises coûteroient plus de . . . .   232,824 l. o f. o d.

ARTICLE XXVIII.

Rien. . . . .

ARTICLE XXIX.

D'après le bordereau détaillé, il faudroit

3,906,339 l. 10 f. o d.

ajouter

De ci-contre .	3,906,339 l. 10 ſ. 0 d.
ajouter au prix de la toiſe de couverture de Rhedon ſuivant l'ancien Devis, 40 pieds d'ardoiſe à 9 ſols 6 deniers pour avoir le prix de la toiſe de couverture faite avec le recouvrement aux trois quarts preſcrit dans le nouveau Devis.	
Prix de la toiſe à la maniere preſcrite dans l'ancien Devis * . . . 87 l. 8 ſ.	
Quarante pieds d'ardoiſe à 9 ſ. 6 deniers * 19 0	
TOTAL . . . . 106 l. 8 ſ.	
Cinq cent cinquante-ſept toiſes de couverture de Rhedon à 106 livres 8 ſols prix conclu du marché, ci.	59264 l. 16 ſ. 0 d.

* Art. 25 du bordereau détaillé.

ARTICLE XXX.

Le prix de cet article ne peut pas être conclu du marché. . . . .

ARTICLES XXXI & XXXII.

Rien. . . . .

ARTICLE XXXIII.

Mille deux cens ſoixante toiſes de pavé de pierres plates pour les logemens, &c. à 44 l. 8 ſols prix du marché *, ci.	55944 l. 0 ſ. 0 d.

* Art. 30 du bordereau détaillé.

ARTICLES XXXIV & XXXV.

Rien. . . . .

ARTICLE XXXVI.

Cent ſolives de bois de chêne neuf à vives arrêtes, &c. à 1429 livres le cent de ſolives, prix du marhé *.	1429 l. 0 ſ. 0 d.

* Art. 33 du bordereau détaillé.

ARTICLE XXXVII.

Trois cent treize ſolives du même bois à 1429 livres idem.	4472 l. 15 ſ. 5 d.
	4,027,450 l. 1 ſ. 5 d.

De l'autre part . 4,027,450 l. 1 s. 5 d.

ARTICLE XXXVIII.

Trois mille trois cent quarante-six solives
du même bois & au même prix. . . . . .   47814 l. 6 s. 10 d.

Nota. Ces trois articles sont séparés dans
l'état coté D , parce que les bois dont il
y est fait mention étant d'équarrissages différens, devroient ne pas être au même prix.

ARTICLE XXXIX.

Le prix de cet article peu important
ne sauroit être conclu du marché. . . . .

ARTICLE XXXX.

Mille sept cent quatre-vingt solives de
bois de sapin rouge à vives arrêtes , &c.
à 852 livres le cent *, ci. . . . .   15165 l. 12 s. 0 d.

* Art. 34 du borde-
reau détaillé.

ARTICLE XXXXI.

Cent quatre-vingt-sept toises quarrées
de madriers de bois de chêne de 2 pouces
d'épaisseur , &c. à 48 livres la toise prix
du marché * , ci. . . . .   8976 l. 0 s. 0 d.

* Art. 36 du borde-
reau détaillé.

ARTICLE XXXXII.

Neuf cent une toises quarrées de planchers
de chêne neuf de quinze lignes d'épaisseur
à 37 livres la toise, prix du marché*. . . .   33337 l. 0 s. 0 d.

* Art. 37 du borde-
reau détaillé.

ARTICLE XXXXIII.

Mille quatre cent vingt - quatre toises
quarrées de planchers de bois de sapin rouge
du Nord de quinze lignes d'épaisseur , &c.
à 25 livres la toise, prix du marché *, ci.   35600 l. 0 s. 0 d.

* Art. 39 du borde-
reau détaillé.

ARTICLE XXXXIV.

Cent toises quarrées de couverture d'ardoises fines du pays , &c. à 31 livres 8 sols
prix du marché *, ci. . . . .   3140 l. 0 s. 0 d.

* Art. 51 du borde-
reau détaillé.

4,171,483 l. 0 s. 3 d.

De ci-contre . 4,171,483 l. o f. 3 d.

ARTICLE XXXXV.

Couverture de pierres ardoifines fur maçonneries.

Cette couverture auroit été à-peu-près payée comme celle du paragraphe 52 du marché, & on le fuppofe ici.

Trois cent quarante-deux toifes de couverture à 11 livres 5 fols *, ci . . . . . .   3847 l. o f.   o d.   * Art. 52 du bordereau détaillé.

ARTICLE XXXXVI.

Quatre - vingt - onze mille huit cent quarante-quatre livres de gros fer neuf à 45 livres le cent, prix du marché *, ci . .   41329 l. 16 f.   o d.   * Art. 54 du bordereau détaillé.

ARTICLE XXXXVII.

Deux mille cent treize livres de fer à la lime à 1 livres 8 fols *, ci . . . . . .   2958 l. 4 f.   o d.   * Art. 57 du bordereau détaillé.

ARTICLE XXXXVIII.

Trois mille trois cent quarante-huit livres de fer coulé à 40 livres 12 fols le cent, prix du marché *, ci . . . .   1359 l. 5 f.   1 d.   * Art. 61 du bordereau détaillé.

ARTICLE XLIX.

Seize mille cinq cent dix livres de fonte de cuivre à 225 livres le cent *, prix du marché *. . . . .   37147 l. 10 f.   o d.   * Art. 64 du bordereau détaillé.

ARTICLE L.

Le prix de cet article, peu important, n'eft point dans le marché. . . . .

ARTICLE LI.

Soixante-quinze mille cinq cent livres de plomb en faumons à 39 livres 10 fols le cent, prix du marche *, ci . . . . , . .   29822 l. 10 f.   o d.   * Art. 65 du bordereau détaillé.

ARTICLE LII.

Rien . . . .

4,287,949 l. 5 f. 4 d.

De l'autre part . 4,287,947 l. 5 f. 4 d.

ARTICLE LIII.

* Art. 66 du bordereau détaillé.

Quatre - vingt - seize mille cinq cent cinquante - quatre livres de plomb laminé à 72 livres le cent, prix du marché *, ci, . 69518 l. 17 f. 1 d.

OBJETS ACCESSOIRES.

Voyez-en les détails dans l'état cotté D. 127049 l. 16 f. 10 d.

Total de la dépense qui reste à faire, d'après le marché du 4 Juin 1787; quatre millions quatre cent quatre-vingt-quatre mille cinq cent ~~dix-sept livres deux deniers~~, ci. . . . . 4,484,515 l. 19 f. 8 d.

[marginale manuscrite : quinze livres Dix-neuf sols trois eniers.]

CONCLUSION.

CONCLUSION.

De la dépenfe totale calculée ci-devant   4,484,517 l. 0 f. 2 d.

Déduifant la totalité des réductions
trouvées précédemment 1,082,840   13   8

On aura la dépenfe réduite, montant à   3,401,676 l. 6 f. 6 d.

Cette dépenfe feroit par conféquent forcée dans la proportion de
1,082,840, fur 3,401,676, ou d'environ 33 pour 100, lors même
que les Articles non-examinés, ne feroient fufceptibles d'ucune réduction.

Mais les réductions que peuvent produire les natures d'ouvrages,
dont les prix n'ont point été examinés, n'ayant pas été déterminées,
celles qui ont été calculées ne doivent réellement fe comparer qu'à
la dépenfe des articles dont l'Examen les a fournies. L'on va en conféquence récapituler à part la dépenfe des ouvrages auxquels s'appliquent les réductions dont il s'agit.

RÉCAPITULATION des Articles fur lefquels portent les quinze
réductions calculées ci-deffus.

Numéros des articles de l'Etat cotté D,   Sommes
cités au précédent Etat.

	Sommes
Art. i, ii & v.	{ 57897 l. 9 f. 0 d.
	34222 10 0
Art. iii & partie de l'Art. vi. . . .	333320 0 0
Art. iv & refte de l'Art. vi.	46360 0 0
Art. vii.	1346300 0 0
Art. xii.	24000 0 0
Art. xiii.	251275 0 0
Art. xv.	{ 159552 l. 0 f. 0 d.
	46144 0 0
Art. xxii.	60977 6 6
Art. xxiii & xxiv.	453386 17 3
Art. xxv.	{ 1490581 l. 6 f. 3 d.
	390645 0 0
	176006 5 0
Art. xxvi.	77688 0 0

            3,606,832 l. 14 f. 0 d.

Total des articles de la dépenſe qui reſte
à faire, ſur leſquels portent les réductions
calculées précédemment : trois millons ſix
cent ſix mille huit cent trente deux livres
quatorze ſols, ci. . . . . 3,606,832 l. 14 ſ. 0 d.

Déduiſant de cette dépenſe le total des
réductions dont ces divers articles ſont
ſuſceptibles, montant comme ci-deſſus à. . 1,082,840 l. 13 ſ. 8 d.

On aura la dépenſe des articles examinés
telle qu'elle devroit être, montante à deux
millions cinq cent vingt-cinq mille neuf cent
quatre-vingt-douze livres quatre deniers, ci. 2,525,992 l. 0 ſ. 4 d.

Il réſulte de cette comparaiſon que ladite dépenſe eſt forcée par le
marché paſſé le 4 Juin 1787 dans la proportion de 1,082,840 liv.
ſur 2,525,992 liv., ou d'environ 43 pour cent.

Enfin ſi l'on ſuppoſoit que la dépenſe des articles non examinés
fut forcée dans la même proportion, on trouveroit que le total de
4,484,517 livres qui reſteroit à dépenſer d'après l'ancien marché,
comprendroit une léſion de 1,348,491 livres, dont l'on pourroit
eſperer de faire l'économie en paſſant un nouveau marché.

D'où l'on voit que de quelque maniere que l'on enviſage les réſultats du préſent travail, il y a un bénéfice très-conſidérable à faire
par le Roi ſur le marché du 4 Juin 1787, & que dans tous les cas
ce bénéfice excède de beaucoup la proportion de 25 pour cent.

F I N.

*Ordonné d'imprimer le préſent travail ſur les prix des ouvrages de
Querqueville, à Verſailles ce 30 Mars 1789. Signé PUYSÉGUR.*

DEVIS

ET

CONDITIONS

POUR L'ADJUDICATAIRE

DES OUVRAGES

DU FORT DE QUERQUEVILLE.

DEVIS

ET

CONDITIONS

POUR L'ADJUDICATAIRE

DES OUVRAGES

DU FORT DE QUERQUEVILLE.

A PARIS,

De l'Imprimerie de QUILLAU, Imp. de S. A. S. Mgr. le Prince de CONTY, rue du Fouare, N°. 3.

1789.

ERRATA

Pour le Devis des Ouvrages du Fort de Querqueville.

Suivant lequel il eſt eſſentiel de corriger chaque exemplaire avant la lecture.

Page 7 , ligne 20, titre d'Eſperts , *liſez* dire d'Experts.

23 , ligne 10 , après ces mots , faute de quoi , *liſez* en cas de.

idem. ligne 11 , après ces mots , le plus cher , *liſez* de ſa claſſe.

27 , lignes 5 & 6 , après ces mots , à prix d'argent , *liſez* de gré à gré.

35 , ligne 12 , après ces mots , la ſomme de , *liſez* deux cent mille livres.

39 , ligne 6 , quatre jours , *liſez* trois ſemaines.

59 , ligne 7 , pied cube , *liſez* pied quarré.

61 , ligne 12 , promptement , *liſez* proprement.

ÉTAT cotté A.

Page 8 , lignes 11 & 12 , 106 boiſſeaux , *liſez* 106 tonneaux.

10 , ligne 10 , *pieds cubes de taille* , liſez *pieds cubes de pierre de taille.*

12 , ART. 18 , ligne 1 , 254 pièces , *liſez* 191 pièces.

idem. ART. *idem.* ligne 2 , après le mot d'équariſſage , *liſez* juſqu'à (9 & 9).

idem. ART. *idem.* ligne 7 , après les mots , *le 14 Août* , liſez *1787.*

28 , en marge , au lieu de ART. 32 , *liſez* Suite de l'ART. 33.

idem. après la ligne 8 , *liſez* en marge ART. 34 ; & liſez en titre : OBJETS relatifs aux carrières de Fermanville , Cocqueville & Gatteville , pour l'extraction de la pierre de taille.

idem. ligne 28 , 3,0002. p.. 0 , *liſez* 3,002. p.. 0.

30 , ligne 31 , *55,350 pieds cubes* , liſez *53,350 pieds cubes.*

ÉTAT cotté C.

2,498 pieds quarrés , *liſez* , 1,498 pieds quarrés.

ÉTAT cotté D.

Page 6 , ART. 7 , parag. [162-167 , *liſez* parag. [162 , 167.

idem. ART. 9 , parag. [168-176-177 , *liſez* parag. [168 , 176 , 177.

idem. ART. 10 , parag. [168-181 , *liſez* parag. [168 , 181.

7 , ART. 14 , parag. { 163-175-189 , 198-201-202 , *liſez* parag. { 163-165. 189-198. 201-202.

8 , ART. 20 , parag. { 170-176-177 , 101-202 , *liſez* parag. { 170 , 176 , 177. 201 , 202.

idem. ART. 22 , parag. 182-219-220 , *liſez* parag. 182 , 219 , 220.

idem. ART. 23 , parag. [183-184-188 , *liſez* parag. [183 , 184 , 188.

9 , ART. 25 , 237 , 178 , *liſez* 337 , 178.

idem. ART. 26 , parag. [188-214-227 , *liſez* parag. [188 , 214 , 227.

idem. ART. 28 , parag. 170-236-237 , *liſez* parag. 170 , 236 , 237.

idem. ART. 29 & 30 , parag. [170-176-177 , *liſez* parag. [170 , 176 , 177.

10 , ART. 37 , parag. 253 , 255 , *liſez* parag. 253-255.

11 , ART. 40 , ajoutez parag. 253-255.

idem. ART. 42 , ajoutez parag. 258 , 259.

14 , ART. 15 , parag. { 185-244 , 245-248 , *liſez* parag. { 185 , 244. 245 , 248.

15 , ART. 18 , 9,135 l. 0 ſ. 5 d. , *liſez* 9,135 l. 0 ſ. 0 d.

idem. ART. 22 , parag. { 258 261 , *liſez* parag. 258-261.

17 , ART. 41 , parag. { 295 , 297 , *liſez* parag. 295-297.

idem. ART. 44-55 , parag. 48-74 , *liſez* parag. 48-71.

FORTIFICATIONS
DE QUERQUEVILLE.

DEVIS ET CONDITIONS

à obferver par Celui qui fe rendra Adjudicataire - général des Ouvrages que LE ROI a ordonné être faits fur la Pointe de Querqueville;

CONDITIONS GÉNÉRALES.

ART. Ier.

1. LE Miniftre ayant approuvé que, jufqu'à une adjudication au rabais pour les ouvrages de Querqueville, les fieurs Pierre Mignot & Ifaac Baffaget fuffent chargés de leur exécution, d'après le marché paffé le 4 Juin 1787; l'intention de Sa Majefté eft que celui qui fe rendra adjudicataire-général de ces ouvrages, reprenne les approvifionnemens de pierre de taille, chaux, moellon, outils, triqueballes, banneaux, brouettes, civiéres, gabarres, bâtimens conftruits aux frais defdits fieurs Migniot & Baffaget, & généralement tous approvifionnemens, établiffemens, machines & uftenfiles que les fufdits entrepreneurs fe font procurés pour commencer le fervice defdits travaux, & qui feront reconnus fpécialement & uniquement deftinés à la conftruction des ouvrages du Fort de Querqueville.

I I.

2. Les Officiers du Corps-Royal du Génie feront-faire pour l'époque du 15 Octobre de la préfente année, le récenfement

A

& l'état général defdits établiffemens, approvifionnemens, machines & uftenfiles exiftans alors, que le nouvel adjudicataire doit reprendre, iequel état approché feulement fera annexé au préfent Devis, & défigné par la cotte *A*.

3.   *Cet État comprendra,*

S A V O I R.

1°. La quantité de pieds cubes & de blocs de pierres de taille brutes, exiftantes fur les chantiers de Querqueville, & le cube au-deffous duquel le nouvel adjudicataire pourra refufer de les reprendre.

2°. La quantité de pieds cubes & de blocs de pierres taillées, exiftantes fur les mêmes chantiers, & le cube au-deffous duquel le nouvel adjudicataire ne fera pas tenu de les reprendre.

3°. La quantité de pieds quarrés de parement de ladite pierre taillée.

4°. La quantité de toifes quarrées de moellon efmillé des Fourches, exiftante fur lefdits chantiers, en obfervant qu'un grand nombre de ces pierres demanderont d'être retravaillées pour être admifes dans le parement des voutes & autres maçonneries, & comporteront par conféquent un déchet notable. On évaluera, par un apperçu auffi approché de la vérité qu'il fera poffible, le déchet que ces pierres doivent éprouver, pour être rendues recevables, afin de mettre les enchériffeurs, qui pourront du refte les voir par eux-mêmes, à portée d'apprécier à-peu-près leur valeur actuelle. Cet apperçu du déchet dont il s'agit, ne doit au refte influer en rien fur la valeur qui fera fixée pour ce moellon, par l'expertage qui aura lieu après l'adjudication, les experts ne devant alors s'en rapporter qu'à leur propre infpection.

5°. La quantité de toifes cubes de moellon propre aux maçonneries, provenant tant des excavations, que des rochers de la côte.

6°. La quantité de toifes cubes de pierre à chaux de Valognes.

7°. La quantité de la pierre de même nature venant d'Ifigny.

8°. Le charbon de terre appartenant aux entrepreneurs.

9°. La quantité de fable, paffé & non paffé, approvifionné pour la fabrication des mortiers.

10°. La quantité de chaux éteinte.

11°. La quantité de pozolane, & celle de cendrée de chaux.

12°. La quantité de tuilots pilés & non pilés, pour la fabrication du ciment.

13°. La quantité de craffe de forge & de verrerie, pilée & non pilée, pour les cimens.

14°. La quantité de débris de granit, pilés & non pilés, pour les cimens.

15°. La quantité de mortier & ciment faits de toute nature.

16°. La quantité de fer approvifionné fur ledit chantier.

17°. La quantité de plomb.

18°. La quantité de folives de bois de chêne neuf, de bois de fapin, & le nombre de planches travaillées & non travaillées.

19°. La maifon conftruite par les anciens entrepreneurs, & les divers ameublemens néceffaires au travail, qui y feront contenus, tels que bureaux & tables à écrire.

20°. Les cloifons, tables & bureaux établis aux frais des entre-preneurs dans les bâtimens du Roi, dont ils ont la jouiffance.

21°. Les fours à chaux & le logement du chauffournier.

22°. Le logement conftruit par le nommé le More, forgeron, & à fes frais, dans le cas où il ne refteroit pas au fervice du nouvel adjudicataire; & la baraque conftruite par le nommé Privat, voiturier principal pour le tranfport des pierres de taille.

23°. Les pleins à chaux, murés & non murés.

24°. Les baffins de planches avec grilles de fer, pour éteindre la chaux.

25°. Les pompes pour le même ufage.

26°. Les puits & le canal qui fourniffent de l'eau aux pleins à chaux.

27°. La baraque en bois conftruite près l'ancien Fort.

28°. Le chemin, conftruit & pavé aux frais des entrepreneurs, qui conduit de la grève au chantier, pour le tranfport de la pierre de taille. L'on décrira clairemeut l'efpèce de conftruction de ce chemin.

Il en fera de même de tous les articles qui précèdent, depuis l'article 19 inclufivement, defquels on donnera une defcription claire & fuccinte, comme grandeur & genre de conftruction des bâtimens, fours, pleins à chaux, &c., en obfervant que les anciens entrepreneurs étoient tenus d'en faire place nette à la fin des travaux, comme le nouvel adjudicataire y fera tenu lui-même.

29°. Les triqueballes, roues & rais de rechange, appartenans aux entrepreneurs actuels.

30°. Les brouettes, hottes, bards, civiéres, pelles, pioches, pinces, barres à mines, leviers de fer & de bois, échelles, chèvres, balances & poids, cordages, maffes de bois & de fer, poinçons, règles, équerres, toifes, jallons, piquets, torches, feaux, tinnes & généralement tous outils & uftenfiles en état de fervir, étant dans les magafins de Querqueville. On les diftinguera en uftenciles neufs & uftenciles qui ont déjà fervi, cette diftinction étant fuffifante avant l'adjudication, pour donner aux enchériffeurs une idée approchée de leur valeur ; mais après l'adjudication, les experts les eftimeront à leur valeur préfente & réelle, avec tout le détail qu'ils jugeront unanimement convenable.

31°. Les différens approvifionnemens, de bonne qualité & recevables, deftinés pour Querqueville, contenus dans les magafins du fieur Migniot à Cherbourg, à la charge par lui de juftifier par les factures que lefdits objets lui ont été adreffés nommément, ou au fieur Baffaget, pour les travaux du Fort de Querqueville, & depuis le commencement defdits travaux.

32°. La quantité de pierres extraites fur la carrière de Barbençon, avec l'état des outils exiftans fur ladite carrière, & la baraque que les entrepreneurs y ont conftruite.

Il fera joint à cet article un état des ouvrages faits pour la découverte de cette carrière, ainfi que des frais d'indemnité & autres dépenfes que les entrepreneurs ont eu à faire, pour entamer l'exploitation de cette carrière, & defquels le nouvel adjudicataire aura à leur tenir compte, pour entrer en poffeffion de ladite carrière, des outils & des pierres y exiftant.

Les engagemens non acquittés par les anciens entrepreneurs, pour indemnité ou autres objets, feront portés par extrait à la fuite du même article, & le nouvel adjudicataire en fera chargé. Le prix de la pierre déjà extraite & exiftante fur la carrière, attendu qu'il n'en a pas encore été tranfporté fur l'attelier de Querqueville, fera eftimé après l'adjudication par les experts nommés à cet effet, en ayant égard feulement aux frais d'extraction & d'entoifé, & nullement à ceux des découvertes & autres dépenfes primitives, qui, comme on le dit, doivent être payés féparément.

33°. L'état des outils que le nouvel adjudicataire de Querqueville devra reprendre des perfonnes qui ont exploité jufqu'ici la carrière des Fourches, en raifon de la partie de cette carrière qu'ils ne pourront exploiter à l'avenir, & qui fera délivrée au nouvel adjudicataire, d'après la démarcation qui en fera faite, comme il fera prefcrit ci-après. Sera joint à cet article, l'état de l'indemnité

annuelle

annuelle payée jufqu'ici par le Roi, pour le terrein occupé par la cuifine, & fix des baraques de paille conftruites pour le logement des foldats travailleurs dans ladite carrière, les douze autres baraques étant fur un terrein précédemment acquis par Sa Majefté.

34°. L'état du nombre de pieds cubes & de blocs de pierre de taille exiftante fur les carriéres de Fermanville, Cocqueville, Gatteville & Montfarville, lefquelles doivent être réputées fpécialement deftinées à l'approvifionnement de Querqueville, avec le cube, au-deffous duquel le nouvel adjudicataire ne fera pas tenu de reprendre lefdites pierres.

Pour régler la quantité de pierres ainfi affectée fpécialement pour Querqueville, & éviter de reftreindre, par la fuite, le nouvel adjudicataire dans l'exercice de fon induftrie, fur la fomme d'approvifionnemens qu'il doit fe procurer à l'avenir, par les moyens qui lui feront propres ; on ne pourra regarder comme deftinées pour Querqueville toutes les pierres extraites avant l'année 1787, & antérieurement auxdits travaux : on ne pourra donc attribuer aux fufdits approvifionnemens de Querqueville, que les pierres extraites en 1787 & 1788 ; mais l'on fuppofera, pour éviter toute réclamation, qu'aucunes de ces pierres exploitées dans les deux fufdites années, n'auroient été extraites pour les Forts Royal & d'Artois ; excepté, toutefois, les pierres dites de fujétion, qui ont été notoirement demandées & fendues pour lefdits Forts. Dans cette pierre extraite en 1787 & 1788, regardée feule comme approvifionnement pour Querqueville, toute celle portée fur ledit Fort pendant ces deux mêmes années, doit conféquemment être cenfée comprife ; d'après cela, il fera dreffé un tableau de toutes les pierres extraites pendant les deux dernieres années, au moyen des mandats expédiés aux fendeurs & quittancés par eux, que les entrepreneurs produiront : on en déduira les pierres de fujétion extraites pour les deux Forts Royal & d'Artois, defquelles l'état eft connu ; & fi le refte excede la totalité des pierres tranfportées à Querqueville, tant celles qui ont déjà été employées, que celles qui font fur le chantier & fur la grève, le furplus fera la quantité de pierres que le nouvel adjudicataire fera tenu de reprendre fur les carriéres.

L'Officier chargé des approvifionnemens affignera les places & cantons des carriéres, avec la quantité de pierres que le nouvel adjudicataire fera tenu de prendre fur chaque point, de manière à completter la quantité ci-deffus défignée : cet Officier aura foin de régler cette diftribution, pour que les carriéres, qui feront données

par la fuite au nouvel entrepreneur, étant prifes dans les mêmes
cantons, il y ait le moins de mélange poflible entre les atteliers &
les pierres des deux efpèces d'entrepreneurs.

35°. Les gabarres achetées par les anciens entrepreneurs depuis
le commencement des travaux de Querqueville, avec l'état de
leurs agrès & uftenfiles quelconques; ces gabarres pouvant feules
être regardées comme deftinées à l'approvifionnement de Querqueville : pour le furplus de celles qui feront jugées néceffaires au
fervice dudit Fort, l'adjudicataire fera tenu de fe les procurer,
par des marchés de gré à gré, foit avec les anciens entrepreneurs,
foit avec les autres particuliers.

36°. Enfin, l'état de toute indemnité, à payer par le nouvel
adjudicataire, de tous engagemens à continuer par lui, lefquels
feroient jugés convenables au bien du fervice, & ne feroient pas
compris dans les articles précédens.

Il eft expreffément arrêté par le préfent Devis, que le nouvel
adjudicataire ne pourra, après l'adjudication, être affujetti à aucun
engagement quelconque pour le fait du précédent marché, paffé
aux fieurs Migniot & Baffaget, qu'autant que ces engagemens feront partie de l'état cotté *A*.

I I I.

4. Les Officiers du Corps Royal du Génie drefferont pareillement un état de la confommation journaliere des matériaux &
approvifionnemens, que la continuation du travail exigera après
l'époque du 15 Octobre ci-deffus fixée, afin que les enchériffeurs
puiffent apprécier la variation furvenue à la quantité d'approvifionnemens, depuis l'époque pour laquelle l'état cotté *A* fera dreffé,
jufqu'à celle de l'adjudication. Ce deuxieme état, fait par apperçu
feulement, fera annexé au préfent Devis, fous la cotte *B*.

I V.

5. Il fera dreffé pareillement un état apperçu de l'importation
journaliere des matériaux, que le progrès des travaux pourra occa-
fionner après l'époque de la rédaction de l'état cotté *A*, pour
que les enchériffeurs puiffent juger de l'augmentation apportée à
la totalité des approvifionnemens, depuis l'époque de leur récenfement ; ce troifième état fera également joint au Devis, fous la
cotte *C*.

6°. D'après ces trois états, ceux qui voudroient se rendre adjudicataires desdits travaux, pourront connoître d'une manière très-approchée, la quantité des susdits objets qu'ils auront à reprendre après l'adjudication.

V.

7. Tous les articles portés en l'état cotté *A* seront décrits d'une manière assez claire pour que les enchérisseurs puissent se former une idée approchée de la valeur actuelle de ces objets, qui seront susceptibles de se détériorer, tels que les outils, machines & maisons. Quant aux objets qui ont une valeur constante, tels que les matériaux, les Officiers du Génie qui dresseront l'état cotté *A*, joindront à chaque article ce que l'on sait de positif sur le prix courant de ces objets dans le pays : comme ce que l'on paye aux fendeurs pour l'extraction d'un pied cube de pierre de taille, aux maîtres des gabarres pour le transport d'un pied cube, aux carreyeurs pour l'extraction d'une toise cube de moëlon ordinaire, &c. Mais ces détails, uniquement destinés à l'instruction des enchérisseurs, pour lesquels le Devis sera publié & distribué avant l'adjudication, ne serviront point à fixer le prix entier des mêmes objets : ce prix sera susceptible pour chaque espèce de matériaux d'une augmentation fixée à titre d'Esperts après l'adjudication, comme il sera dit ci-après.

Les articles qui ne pourront être exprimés qu'en argent, comme les payemens d'indemnités antérieurement réglées, ne seront pas autrement décrits.

8. Aussitôt après l'adjudication, il sera procédé au récensement des matériaux, approvisionnemens & établissemens laissés par les anciens Entrepreneurs, lequel récensement, exécuté par les ordres & sous l'inspection des Officiers du Corps Royal du Génie chargés de la conduite de l'attelier, & de celui chargé des approvisionnemens, sous l'autorité duquel ceux dont il s'agit ont été formés, se fera en présence, tant des anciens entrepreneurs que du nouvel adjudicataire, ou de leurs préposés : en cas de discord, soit sur la quantité de quelque espèce de matériaux, soit sur l'état des machines ou ustensiles sujets à dépérissement, ou pour quelque sujet que ce soit de contestation relative au susdit récensement, les Officiers ci-dessus désignés décideront : ils feront de plus dresser chaque jour & signer par les anciens & nouveaux entrepreneurs, ou leurs préposés, duement

autorifés, le procès-verbal des récenfemens faits pendant la journée.

Si le cas arrivoit que quelque partie des matériaux que Sa Majefté a bien voulu s'engager de reprendre aux anciens entrepreneurs fût de nature affez défectueufe pour que le nouvel adjudicataire ne pût être obligé à s'en charger, les Officiers ci-deffus défignés en décideront, & il en fera fait mention dans le procès-verbal ci-deffus preferit.

9. Le récenfement qui vient d'être preferit fe fera fur chaque point avec toute la célérité poffible : le travail devant être interrompu pendant la durée de cette opération feulement.

V I.

10. Les quantités effectives des objets à reprendre aux anciens entrepreneurs étant déterminées, l'on procédera à la fixation des prix de chaque objet. Pour cet effet, les Officiers du Corps Royal du Génie ci-deffus défignés, tant ceux chargés de la conduite de l'attelier de Querqueville, que celui prépofé à la partie des approvifionnemens & qui a furveillé ceux formés par les anciens Entrepreneurs, réuniront d'abord tous les marchés, polices, & engagemens contractés par les entrepreneurs, & détermineront les fommes pour lefquelles cette partie conftatée des dépenfes des entrepreneurs affectera le prix de l'unité de mefure ou de poids de chaque efpèce de matières.

Il fera enfuite nommé, en la maniere accoutumée, des experts refpectifs, tant au nom de Sa Majefté, qu'en celui des fieurs Migniot & Baffaget, ci-devant entrepreneurs pour les travaux de Querqueville, lefquels experts arbitreront entre eux la portion des mêmes prix dépendante des faux frais, dépenfe d'adminiftration, & autres élémens non déterminés par le travail des Officiers du Corps Royal du Génie, lequel ne doit porter que fur les bafes certaines. Les entrepreneurs produiront à cet effet tous mémoires & états qu'ils jugeront convenables, fauf la difcuffion des experts ci-deffus indiqués. L'excédent du prix qui fera ainfi arbitré par les experts pour chaque nature d'objets, étant réuni avec la portion calculée réfultante du travail des fufdits Officiers, formera le prix réel auquel les objets repris feront payés. Pour les objets dont la dépenfe ne fe trouvera conftatée par aucune piece connue, leur prix fera entiérement arbitré par les fufdits experts.

Les experts ci-deffus défignés n'eftimeront l'influence defdites dépenfes de régie, adminiftration, découvertes de carrieres, indem-

nités

nités de terreins, & généralement tous faux frais, fur le prix de chaque nature d'objets à reprendre, qu'en tant que lefdites dépenfes n'auront pas été déjà comprifes dans le prix defdits objets qui aura été fixé par les marchés & fous-traités, à l'aide defquels les entrepreneurs fe feront procuré les matériaux dont il s'agit : & pour cet effet les Officiers du Corps du Génie chargés ci-deffus d'établir le prix de l'unité de mefure ou de poids de chaque efpèce de matieres, d'après les marchés & fous-traités des entrepreneurs, fpécifieront pour chaque article les objets de dépenfes acceffoires qui refteront à arbitrer aux experts, auxquels le travail defdits Officiers fera remis comme inftruction.

Les prix fixés comme il vient d'être dit, ferviront non-feulement à regler les fommes à payer par Sa Majefté aux anciens entrepreneurs, d'après la quantité de chaque efpèce de matériaux qui aura été reconnue par les récenfemens prefcrits ci-devant, mais ils feront auffi ceux auxquels le nouvel adjudicataire fera tenu de reprendre les mêmes objets & de les payer à Sa Majefté : & pour cet effet Sa Majefté s'engage à choifir pour experts en fon nom ceux que le nouvel adjudicataire nommera.

Pour prévenir toute conteftation entre les experts de l'une & l'autre partie, ils nommeront de concert un expert neutre pour les mettre d'accord en cas de partage, & ledit expert neutre fera toujours nommé par les experts refpectifs préalablement aux eftimations auxquelles il fera employé, afin que tonte conteftation foit décidée fur le champ.

Le prix des objets en fervice journalier, comme outils, brouettes, voitures, machines, fera entierement arbitré par les experts fuivant la valeur préfente defdits objets.

Pour les gabarres feulement, les anciens entrepreneurs feront tenus de juftifier du prix de leur achat primitif, & Sa Majefté leur payera les cinq fixièmes feulement de cette fomme : & le nouvel adjudicataire les payera au même prix, bien entendu que les anciens entrepreneurs feront tenus de livrer ces bâtimens exempts de réparation & en état de faire le fervice de la campagne.

Les fommes qni feront à payer aux anciens entrepreneurs pour l'acquifition des terreins de la carriere de Barbançon & autres objets femblables feront comprifes dans le travail fait par les Officiers du Corps du Génie ci-deffus défignés, d'après les pieces juftificatives que les anciens entrepreneurs produiront, & ne feront foumifes à aucun expertage, fauf les articles qui ne pourroient être duement conftatés par pieces authentiques.

C

Les eſtimations ci-deſſus preſcrites , & les autres opérations néceſſaires pour fixer le prix des approviſionnemens & établiſſemens
des anciens entrepreneurs , ſe feront auſſi promptement qu'il ſera
poſſible , & néanmoins le travail ne ſera point ſuſpendu pendant la
durée de ces opérations : le nouvel adjudicataire pouvant employer
telle partie que ce ſoit des matériaux à reprendre dès que la quantité
en aura été fixée , pour les payer enſuite aux prix qui ſeront réglés.

V I I.

11. La valeur totale des matériaux , approviſionnemens & préparatifs à reprendre aux anciens entrepreneurs , étant fixée par les
eſtimations ci-deſſus preſcrites , dans leſquelles les experts auront
ſoin de tenir compte des frais de régie , ayant égard à la ſomme
pour laquelle leſdites dépenſes de régie & d'adminiſtration pourront
entrer dans le prix de chaque nature d'objets : la ſomme qui reſtera
due aux anciens entrepreneurs ſur le prix deſdits approviſionnemens
& établiſſemens , d'après le compte des ſommes qui leur auront été
délivrées par le Roi avant la nouvelle adjudication , & du toiſé des
ouvrages exécutés par eux , leur ſera payée comptant par Sa Majeſté
avec cinq pour cent en ſus de ladite ſomme pour tenir compte de
l'avance faite par eux à cet égard.

La totalité deſdits matériaux , approviſionnemens & établiſſemens
ſera auſſitôt le récenſement qui en ſera fait , à la diſpoſition du
nouvel adjudicataire pour les employer à la continuation des travaux
du Fort de Querqueville & non autrement ; excepté toutefois les
matériaux qui ayant été jugés défectueux n'auroient pas été repris
par le nouvel adjudicataire , ainſi qu'il a été dit au paragraphe huitieme ci-deſſus , leſquels reſteront appartenans au Roi & pourront
être employés au compte de Sa Majeſté dans les travaux de quelque
partie du Fort de Querqueville , après avoir été retravaillés ſuivant
qu'il ſera convenable ; & ledit adjudicaire ſera redevable envers Sa
Majeſté de la valeur de tous les objets repris par lui , ſuivant qu'elle
aura été fixée par les eſtimations preſcrites précédemment , & en
outre de l'indemnité de cinq pour cent payée par le Roi aux anciens
entrepreneurs en ſus du capital deſtiné à opérer le rembourſement
définitif de la valeur de leurs approviſionnements , ainſi qu'il vient
d'être dit.

Ladite créance ſera diviſée en deux parties : la premiere ſera formée de la valeur des matériaux proprement dits & propres à entrer
dans la confection des ouvrages , comme pierre , chaux , bois ,

fer, plomb, &c., fuivant les eftimations : la feconde fera formée du prix des établiffemens, maifons, navires, outils, & moyens quelconques repris aux anciens entrepreneurs, de celui de leurs débousés indiqués en l'état cotté *A*, comme frais d'indemnités, achats de terreins, conftruction de chemins & autres, lefquels leur auront été remis par Sa Majefté, enfin l'indemnité portée ci-deffus des cinq pour cent du capital foldé par Sa Majefté auxdits anciens entrepreneurs à la fin de leur entreprife, à eux payés pour leurs avances, & généralement cette feconde partie de ladite créance fera compofée des fommes payées pour tous objets, autres que des matériaux propres à entrer dans la confection des ouvrages.

Pour l'acquittement de la premiere créance le nouvel adjudicataire fera tenu premierement de fournir comptant & auffitôt l'adjudication une fomme de cent mille livres, laquelle il verfera dans telle caiffe qu'il plaira à Sa Majefté d'affigner ; & en outre de fupporter fur le produit des ouvrages éxécutés pendant la premiere campagne, une retenue de deux cent mille livres, laquelle fe fera fucceffivement fur les acomptes de payement qui feront délivrés audit adjudicataire, en proportion de l'avancement des ouvrages & de la confommation des matériaux qui aura eu lieu, ainfi qu'il fera plus amplement expliqué cy-après ; l'intention de Sa Majefté étant que ladite fomme de deux cent mille livres, foit appliquée au fur & mefure de fon recouvrement, à l'acquittement des fommes dues aux propriétaires des terreins occupés par le Fort, & de l'ntérêt à cinq pour cent par an de chacune de ces fommes jufqu'à fon rembourfement.

Pour faciliter au nouvel adjudicataire l'acquittement de ladite fomme de trois cent mille livres pendant la premiere année de fon entreprife, Sa Majefté s'engage de faire pour les travaux de ladite année des fonds fuffifans pour que ledit adjudicataire ait lieu de confommer en matériaux au moins ladite fomme de trois cent mille livres.

Pour le furplus de ladite créance formée du prix des matériaux propres à l'emploi, Sa Majefté fe réferve de s'en faire rembourfer fur le prix des ouvrages à faire par la fuite, à mefure de la confommation des matériaux dont il s'agit : entendant Sa Majefté que la valeur de tout ce dont l'adjudicataire fe trouvera redevable à cet égard, à quelqu'époque que fe foit des travaux, fe trouve dans les chantiers, carrieres & magafins uniquement en matériaux propres à entrer dans la confection des ouvrages.

Quant à la feconde partie de la créance du nouvel adjudicataire, formée du prix des objets, autres que les matériaux propres à l'emploi, Sa Majesté accorde audit adjudicataire trois années non compris la premiere pour s'en liberer : enforte que fur le toifé des fonds accordés pour la feconde année des travaux, l'adjudicataire éprouvera la retenue du premier tiers de ladite fomme & ainfi de fuite jufqu'à parfait acquittement.

Conféquemment à ces difpofitions, les Officiers du Corps du Génie chargés de dreffer les états apoftillés fur lefquels il fera délivré à l'adjudicataire des acomptes de payemens, aux termes de l'article XLV du préfent devis, régleront ces acomptes, en déduifant du prix des ouvrages faits à chaque époque, celui des matériaux confommés par lefdits ouvrages, lequel fervira à l'acquittement de l'adjudicataire.

S'il arrivoit qu'en vertu des ordres donnés par écrit à l'adjudicataire par les Officiers chargés de la conduite des travaux, il eût été obligé de fe procurer des matériaux autres que ceux à lui abandonnés par Sa Majefté, le prix de ces matériaux fera employé dans les états apoftillés en augmentation des acomptes à délivrer audit adjudicataire.

Toutes & quantes fois qu'il fera néceffaire de déterminer la valeur des matériaux exiftans aux atteliers, carrières & magafins, le prix de chaque nature d'objets fera évalué d'après l'eftimation qui aura fervi à fixer les prix des approvifionnements repris aux anciens entrepreneurs.

V I I I.

12. L'INTENTION de Sa Majefté étant que les travaux du Fort de Querqueville éprouvent le moins poffible de retard & d'interruption du préfent renouvellement d'adjudication, auffi-tôt après le récenfement fait fur chaque point des objets à reprendre par le nouvel adjudicataire, le travail reprendra de la même maniere qu'auparavant ; & pour cet effet, tout commis & tous ouvriers, foit à la tâche, foit à la journée, les charretiers, & les gabarriers repris par le nouvel adjudicataire, exécuteront avec lui les conventions qu'ils avoient faites avec les anciens entrepreneurs. Tous marchés paffés par lefdits anciens entrepreneuts, auront leur effet envers le nouvel adjudicataire, & ce, pendant le tems de quinze jours, à compter de la fin du récenfement ci-deffus prefcrit ; pendant lefdits quinze jours, le nouvel adjudicataire fera tenu de faire en fon propre nom, les marchés & couventions qui feront néceffaires pour remplacer, fans

interruption ,

interruption, ceux paſſés par les anciens entrepreneurs, lors de la diſſolution de ces marchés, qui aura lieu à l'expiration des ſuſdits quinze jours.

I X.

13. Pour mettre le nouvel adjudicataire à portée de ſe procurer, par la ſuite, les approviſionnemens de pierres de taille néceſſaires pour la continuation des travaux, il lui ſera donné, dans les diſtricts de Fermanville, Cocqueville, Gatteville & Montfarville, un nombre de carrieres proportionné aux beſoins du travail, en laiſſant aux anciens entrepreneurs celles qui leur ſeront indiſpenſables pour l'achevement des Forts Royal & d'Artois ; leſdites carrieres, affectées au nouvel adjudicataire, ſeront choiſies de préférence dans les parties où ſe trouveront les pierres, qui auront été attribuées ſpécialement aux approviſionnemens deſtinés pour les travaux de Querqueville, ainſi qu'il ſe verra dans l'état cotté *A.*

Cette diſtribution ſera faite par l'Officier du Corps Royal du Génie, chargé des approviſionnemens, ſous l'autorité de l'Officier ſupérieur dudit Corps.

Le nouvel adjudicataire fera, dans les ſuſdites carrieres qui lui feront attribuées, toutes les extractions néceſſaires à ſon ſervice, ayant ſoin de faire marquer les pierres, ainſi qu'il étoit preſcrit aux anciens entrepreneurs par le réglement du 17 Décembre 1787, auquel il ſera tenu de ſe conformer en tout ; il ajoûtera de plus ſur leſdites pierres une marque propre à les faire diſtinguer de celles appartenantes aux anciens entrepreneurs ; il aura pour ce ſervice, ſes commis, fendeurs, voituriers & navires particuliers, avec leſquels il paſſera tous marchés néceſſaires & en la forme preſcrite par le ſuſdit réglement ; mais il lui ſera loiſible de paſſer quelques uns deſdits marchés, avec des perſonnes engagées d'ailleurs avec les anciens entrepreneurs, autant qu'il ſera reconnu par l'Officier chargé des approviſionnemens, que leſdits engagemens doubles, contractés par les mêmes perſonnes, n'auront rien d'incompatible, ou de nuiſible au ſervice, ce qui ſera conſtaté par ſon viſa mis au bas deſdits marchés, au termes du ſuſdit réglement.

14. Les embarcadaires, à portée des carrières attribuées au nouvel adjudicataire, ſeront de même à ſa diſpoſition, en communauté avec les anciens entrepreneurs, pour les points qui l'exigeront ; il lui eſt ſeulement preſcrit d'y faire dépoſer les pierres par ſes voituriers, de manière à éviter, autant qu'il ſera poſſible, le mélange deſdites pierres avec celles des anciens entrepreneurs, afin de faci-

liter l'embarquement des unes & des autres par les gabarres refpectives ; il fera donné un réglement particulier pour la police & l'accord entre les deux efpèces d'entrepreneurs, & en cas de conteftation, il en fera décidé par l'Officier chargé des approvifionnemens.

15. Il fera du refte loifible, tant aux anciens qu'au nouvel entrepreneur, de faire entr'eux tous traités qu'ils jugeront convenables, concernant les pierres exiftantes fur les carrières, autres que celles qui feront fpécialement attribuées à l'approvifionnement pour Querqueville, en vue d'affecter entiérement certains diftricts des carrières, ou même leur totalité au fervice du nouvel adjudicataire ; à la charge par lui, dans ce dernier cas, de céder aux anciens entrepreneurs, à fur & mefure de leur befoin, les pierres qu'ils auroient à faire venir encore pour le Fort Royal & le Fort d'Artois, aux prix & conditions qui feroient convenus entr'eux : mais ces traités feront entierement libres de part & d'autre, tant pour l'efpèce & quantité des pierres qui pourroient être cédées ainfi, que pour le prix & autres conditions de ladite ceffion.

16. Dans tous les cas prévus ci-deffus, le nouvel adjudicataire fuivra, pour les indemnités, les marchés avec les divers employés aux carrières, leurs payemens, & la police defdites carrières, la marche prefcrite, & tiendra les regiftres ordonnés par le réglement du 17 Décembre 1787, devant en général fe conformer à toutes les difpofitions énoncées audit réglement.

17. L'entrepreneur fera directement foumis, à tous ces égards, à l'autorité coercitive & provifoire de l'Officier du Génie chargé des approvifionnemens, tant pour le payement des falaires dûs par ledit entrepreneur, que pour toutes autres difpofitions, fauf le compte à rendre par cet Officier, à l'Officier fupérieur du Corps, envers qui il eft refponfable de ce fervice.

X.

18. La carrière des Fourches étant jufqu'ici celle qui fournit le moellon le plus propre à la conftruction des voûtes, il fera remis au nouvel adjudicataire des travaux de Querqueville, une partie de ladite carrière des Fourches, laquelle fera démarquée & limitée par l'Officier du Corps Royal du Génie, chargé des approvifionnemens, pour cette démarcation avoir lieu jufqu'à ce que les perfonnes chargées de la fourniture des Forts Royal & d'Artois aient completté leurs engagemens : le nouvel adjudicataire reprendra les

outils rendus inutiles aux anciens entrepreneurs , par cette division de la carrière , ainsi qu'il a été expliqué en l'état cotté *A*.

Ne sera assujetti le nouvel adjudicataire à aucun payement réclamé par les anciens entrepreneurs pour frais de découverte , indemnité , ou autres frais faits antérieurement par eux , pour ce qui regarderoit spécialement la portion de ladite carrière démarquée & affectée à la fourniture des travaux de Querqueville ; le prix de ces sortes de dépenses devant être compris , s'il y a lieu , par les experts , dans celui qu'ils assigneront à la pierre des Fourches en approvisionne-mens sur les chantiers de Querqueville , laquelle sera prise par le nouvel adjudicataire.

Tous marchés concernant ladite carrière , lesquels ont été précédemment passés relativement à l'entreprise des travaux de Querqueville en particulier , feront & demeureront nuls.

19. Le nouvel adjudicataire pour les travaux de Querqueville & les anciens entrepreneurs des Forts Royal & d'Artois , contribueront à l'entretien du chemin conduisant de la carrière des Fourches au grand chemin de Querqueville , en proportion des quantités de pierres qu'ils tireront respectivement de cette carrière , (sauf les réparations nécessaires pour mettre ladite route en bon état au moment de la présente adjudication , sur lesquelles il sera statué d'après les Devis précédens ,) pourquoi ils s'entendront pour l'espèce & l'époque desdites réparations.

20. Au cas où les uns & les autres négligeroient ladite réparation , l'Officier du Corps Royal du Génie , chargé des approvisionnemens , pourra l'ordonner & la faire payer par mandats sur le trésorier aux frais desdits entrepreneurs , suivant la répartition ci-dessus indiquée ; enfin il jugera des contestations qui pourroient survenir entr'eux pour le fait du susdit entretien.

21. Les baraques de paille & la cuisine , construites aux frais du Roi au-dessus de ladite carrière , feront mises à la disposition de l'adjudicataire de Querqueville , pendant la durée desdits travaux , à la charge par lui de les entretenir & conserver en état de loger au besoin 250 hommes soldats-travailleurs , & de fournir les planches à pain , rateliers d'armes , & autres ustensiles requis pour logement de troupes. Hors le cas du susdit logement de soldats travailleurs , l'entrepreneur fera desdites baraques & cuisine tel usage qu'il jugera convenable ; mais , le cas arrivant , si l'adjudicataire n'avoit pas maintenu les baraques dans l'état requis , l'Officier chargé des approvisionnemens y feroit faire promptement les réparations nécessaires aux frais dudit entrepreneur , & pourvoiroit au payement ,

comme dit eft ci-deffus. Il en fera de même de la fourniture de la paille néceffaire pour maintenir sèchement le coucher defdits foldats, laquelle fera renouvellée tous les mois.

L'entrepreneur eft, du refte, autorifé à conftater & faire payer toutes dégradations faites par lefdits foldats, comme il fe pratique pour les cazernes & bâtimens de Sa Majefté.

Le fufdit entrepreneur fera affujetti au payement de l'indemnité annuelle du terrein occupé par la cuifine, & fix defdites baraques, comme il fera expliqué en l'état cotté *A*.

X I.

22. L E nouvel adjudicataire fera mis entièrement en poffeffion de la carrière dite de Barbençon, ainfi que des outils fervans à fon exploitation, à la charge par lui de payer aux anciens entrepreneurs les frais des objets relatifs à cette carrière, qui font portés en l'état cotté *A*, & fuivant les eftimations qui feront faites après l'adjudication, comme il a été dit.

23. Moyennant ledit payement, l'adjudicataire entrera également en poffeffion des pierres déjà extraites dans la carrière de Barbençon & qui exiftent fur ladite carrière.

24. Ledit adjudicataire fera tenu d'acquitter toutes indemnités qui feroient encore dues pour le fait de la fufdite carrière de Barbençon, & deviendra perfonnellement chargé de tous engagemens contractés précédemment à cet égard par les anciens entrepreneurs : lefdites fommes reftantes à payer, & les claufes d'engagemens à obferver par l'adjudicataire, feront rappellées dans l'état cotté *A*.

L'adjudicataire fera tenu de plus, d'entretemir à fes frais le chemin conduifant de ladite carriere au Fort de Querqueville.

25. L'adjudicataire n'emploiera les pierres de la fufdite carriere, que pour les paremens de quelques maçonneries feulement, dans le cas où il en recevra l'ordre des Officiers du Génie employés fur l'attelier ; il s'approvifionnera en conféquence defdits ordres ; les paremens faits de cette pierre lui feront payés à part fur une épaiffeur fixe, & leur cube fera déduit de celui de la maçonnerie pour payer celle-ci d'après fa valeur réelle.

X I I.

26. L'ADJUDICATAIRE général jouira des établiffemens & logemens des travailleurs, ainfi que des magafins qui ont été conf-

truits

truits à Querqueville en 1787 aux frais de Sa Majesté, à l'exception des logemens militaires & de trois chambres qui doivent
servir de magasins pour les effets du Roi, & de logemens pour
ses commis.

Ledit adjudicataire général sera tenu d'entretenir ces bâtimens
à ses frais, & s'il ne les juge pas suffisans, il pourra en construire
de nouveaux à son compte ; il jouira de tous ces établissemens &
logemens jusqu'à entière perfection des ouvrages, qu'il les remettra pour être vendus au profit du Roi, à l'exception toutefois des
bâtimens qu'il auroit fait construire ou repris des anciens entrepreneurs, & dont il sera tenu de faire place nette au bout d'un an,
à moins que le Roi ne veuille en faire l'acquisition.

27. Aucun établissement ne pourra être fait par l'adjudicataire
sur le terrein du Roi, & jusqu'à deux cents cinquante toises des
limites, sans l'approbation des Officiers du Génie de l'attelier, con-
firmée par le Directeur des Fortifications.

X I I I.

28. Ledit entrepreneur dédommagera les Princes, Seigneurs,
Villes, Communautés & autres propriétaires des héritages dans
lesquels il extraira, passera ou déposera momentanément ses matériaux, établira ses chantiers, ou pratiquera des chemins pour son
service.

Ne pourra toutefois le susdit entrepreneur user desdits terreins
qu'au préalable il n'ait la permission des Officiers du Génie, soit
ceux de l'attelier de Querqueville, ou celui chargé de la partie des
approvisionnemens.

Il ne pourra de plus se dispenser de prévenir lesdits propriétaires, & de constater par écrit avec eux la valeur & l'état présent de
leur terrein, soit à l'amiable, soit à dire d'experts respectifs, l'un
& l'autre aux frais de l'entrepreneur, de manière que les dégâts qui
pourroient y être faits, soient facilement reconnoissables par la suite.

29. Au cas où un propriétaire refuseroit son consentement, tant
pour laisser l'entrepreneur entrer sur son terrein, que pour en constater l'état, soit à l'amiable, soit par experts ; le Subdélégué de M.
l'Intendant, sur la demande de l'entrepreneur, visée par les Officiers de l'attelier ou des approvisionnemens, nommera l'expert pour
le propriétaire, & nonobstant la contestation, l'entrepreneur muni
du procès-verbal de l'expertage, pourra faire extraire, ou voiturer
des matériaux sur ledit terrein.

E

(18)

30. L'entrepreneur pourra convenir d'avance de gré à gré avec le propriétaire, du prix de l'indemnité à lui payer, en fpécifiant toutefois le tems de la non-jouiffance, à laquelle ledit propriétaire fera affujetti.

31. Ces conventions ne feront valables, qu'autant qu'elles auront été vifées fous huitaine par les Officiers ci-deffus défignés; faute de quoi l'entrepreneur, nonobftant toute convention, feroit tenu de payer tout ce que le propriétaire voudroit exiger.

32. Dans le cas où le propriétaire ne voudroit entendre à aucune convention fur le prix de l'indemnité qui doit lui revenir, elle fera conftatée à la fin de l'exploitation, à dire d'experts nommés tant par l'entrepreneur que par le propriétaire, lefquels prendront pour bafe le premier expertage qui aura fervi à fixer l'état & la valeur du terrein lors du commencement de l'exploitation. Pour les exploitations qui dureront plus d'une année, l'eftimation des dommages & leurs payemens, feront faits à la fin de chaque campagne.

33. Il fera, du refte, donné un réglement particulier, pour le fervice & la police des diverfes carrières & autres établiffemens relatifs aux approvifionnemens, dans le même efprit, & fuivant les mêmes principes que le réglement donné le 17 Décembre 1787, pour les carrières de Granit.

34. L'entrepreneur ne payera rien des terreins qui bordent la mer dans les grèves de Fermanville, Cocqueville, Gatteville & Monfarville, où il fera fendre les roches convenables, réfervant celles qui ferviront d'amerres aux navires, ou qui étant ôtées cauferoient un tort notable aux terreins qu'elles avoifinent.

Ne pourra en conféquence ledit entrepreneur entamer aucune roche nouvelle au-deffous du niveau de la haute mer, fans l'approbation de l'Officier chargé des approvifionnemens, fous peine de réparer les dommages, ou de conftruire à fes frais des défenfes capables de fuppléer aux roches qui garantiffoient les terreins, mais l'entrepreneur fera tenu de ftater l'extraction de toute roche nouvelle fur la fimple réclamation d'un particulier, & ne pourra reprendre ledit travail, que lorfque l'Officier chargé des approvifionnemens, lui en aura donné de nouveau la permiffion, après avoir pris l'avis de la communauté des habitans du lieu.

Il ne paiera rien non-plus des moellons qu'il pourroit tirer des Bords de la mer dans les environs du Fort de Querqueville, aux endroits qui lui feront indiqués par les Officiers du Génie, comme ne devant caufer aucun préjudice à la côte, & reconnus de là meilleure qualité ; mais ces extractions feront également ftatées fur la réclamation d'un particulier, & ne pourront être reprifes que quand la communauté des habitans aura été confultée par les Officiers employés fur l'attelier.

35. Dans le cas où, pour des remblais confidérables de terre, on feroit obligé de prendre quelque portion d'héritage des particuliers, & où l'enlèvement defdites terres mettroit le fonds en queftion hors d'état d'être jamais en culture, l'acquifition en feroit faite au compte du Roi, par M. l'Intendant, pourvu toutefois que les Officiers du Corps Royal du Génie aient reconnu la néceffité de ces déblais, & en aient donné la permiffion par écrit : ce feul cas excepté, tous les autres dédommagemens feront à la charge de l'entrepreneur, comme il a été dit précédemment.

XIV.

36. L'ENTREPRENEUR ne fera tenu ni fujet d'aucun droit de péage, paffage, entrée, fortie, ni autres, pour les matériaux néceffaires à la conftruction des ouvrages du Roi, fi aucuns étoient à payer à des Princes, Seigneurs, Villes, Communautés ou particuliers ; & à cet effet M. l'Intendant fera prié de faire fournir des paffeports pour tous les endroits des Fermes du Roi, péages & autres bureaux établis ou à établir, pour le bois, fer, plomb & autres matériaux que l'entrepreneur pourra faire venir des autres provinces & des pays étrangers, relativement aux ouvrages de fon entreprife. En conféquence, l'entrepreneur expofera par écrit l'efpèce & la quantité de matériaux pour lefquels il demande des paffeports, laquelle demande doit être vifée par les Officiers du Génie employés fur l'attelier, ou par celui des approvifionnemens, & approuvée par l'Officier Supérieur dudit Corps.

37. Quant aux objets néceffaires pour la nourriture des beftiaux & équipages employés à la conftruction defdits ouvrages du Roi, pour lefquels l'entrepreneur doit auffi être exempt de tous droits, il fera également fa demande par écrit, pour obtenir de M. l'Intendant les paffeports néceffaires, & ladite demande devra auffi être vifée & approuvée des Officiers ci-deffus défignés ; mais ces vifa & approbations ne vaudront que comme certificats du nombre d'hommes ou de chevaux, pour lefquels lefdits objets comeftibles feront deftinés ; & M. l'Intendant n'accordera les paffeports demandés, qu'autant qu'il jugera la quantité defdits objets proportionnée aux fufdit nombre d'hommes & de chevaux, & au tems

pour lequel l'entrepreneur affignera ces approviſionnemens , tous détails qu'il devra ſpécifier dans ſa demande.

38. À l'égard des droits d'Amirauté , l'entrepreneur ne ſera tenu qu'à prendre une expédition par an du Receveur de Monſeigneur l'Amiral , pour chacune des gabarres ou bateaux de tranſport qu'il emploiera pour le ſervice de ſon entrepriſe , & qu'il paiera à ſes frais.

39. Les ſous-entrepreneurs jouiront des mêmes privilèges & aux mêmes conditions , leſquelles ont pour but de juſtifier que les matériaux qu'ils font venir , ſont deſtinés aux ouvrages & ſervice du Roi; mais leurs demandes devront être ſignées par l'entrepreneur général avant d'être viſées par les Officiers du Corps-Royal du Génie ci - deſſus déſignés.

40. L'entrepreneur , ainſi que ſes commis & ouvriers , jouira d'ailleurs pendant la durée de ſon entrepriſe , comme étant cenſé faire partie de l'état militaire & de la garniſon , de tous les privilèges accordés aux entrepreneurs des ouvrages du Roi, ſuivant qu'il ſera jugé convenable par M. l'Intendant , & ordonné par le Miniſtre.

X V.

41. DANS le cas d'une déclaration de guerre durant le cours de l'entrepriſe dudit entrepreneur, le Miniſtre ſera ſupplié , quand il le jugera néceſſaire pour le bien du ſervice , d'ordonner qu'il lui ſoit donné, ainſi qu'à ſes ſous - traitans ou commis , les eſcortes néceſſaires pour la ſûreté du tranſport des matériaux pour la conſtruction des ouvrages & la conſervation des beſtiaux employés à les voiturer ; que s'ils viennent à être pris avec les eſcortes, il en ſoit indemniſé ſuivant leur juſte valeur ; & que pareillement ledit entrepreneur & ſes commis venant à être faits priſonniers par les ennemis , en faiſant le ſervice du Roi, leur rançon ſoit payée par Sa Majeſté.

X V I.

42. L'ADJUDICATAIRE général ſera tenu d'exécuter tous les ouvrages , ſuivant les plans , profils , tracés , pentes , & inſtructions générales & particulières , qui lui ſeront donnés par les Officiers du Génie de l'attelier , ſoit au commencement d'une campagne , ſoit ſucceſſivement , ſuivant les époques du travail , & d'y employer les moyens qui lui ſeront indiqués , leſdits Officiers

étant les feuls chargés de lui tranfmettre les ordres du Directeur des Fortifications, & du chef de diftrict.

X V I I.

43. Les Officiers du Génie de l'attelier ayant reçu les ordres de l'Officier fupérieur, feront toujours en droit de faire aux ouvrages annoncés à l'entrepreneur les changemens que les circonftances pourront amener, fans que ledit entrepreneur puiffe prétendre aucune indemnité, à moins que lefdits changemens ne lui caufent une augmentation de dépenfe, auquel cas il lui en fera tenu compte.

X V I I I.

44. S'il plaifoit au Roi de fupprimer quelques-uns des ouvrages annoncés au préfent Devis, l'entrepreneur ne pourra prétendre aucune indemnité, fous prétexte qu'il auroit moins d'ouvrages à faire qu'il ne comptoit ; à moins qu'en conféquence des ordres par écrit qui lui auroient été donnés, il n'eût fait quelqu'amas de matériaux ou autres préparatifs qui deviendroient inutiles & à fa charge : alors il feroit fait un état de ces matériaux de toute efpèce, pour en faire compte audit entrepreneur, au prix coûtant.

X I X.

45. Ne pourra ledit entrepreneur commencer aucun ouvrage qu'il ne lui ait été prefcrit & tracé par les Officiers du Génie de l'attelier, & qu'ils ne l'aient reconnu pour y prendre des repaires de tracés & de nivellement, & défigner les lieux où feront réfervés les témoins néceffaires aux toifés ; & afin d'éviter les malfaçons, ledit entrepreneur ne pourra faire travailler aux ouvrages qu'aux heures qui lui feront indiquées par les Officiers du Génie employés fur l'attellier.

X X.

46. L'entrepreneur ne fera pas plus d'ouvrages qu'il n'en fera marqué, lefquels il exécutera en profitant de toutes les marées & journées, fans en perdre aucune, même des marées de nuit, s'il eft jugé néceffaire. Il fournira à cet effet une quantité fuffifante de feux, flambeaux, lanternes, & même l'huile & la chandelle pour éclairer les chambres des foldats travailleurs logés fur l'attelier,

audit cas de marées de nuit ; defquels objets il lui fera tenu compte par le Roi. Et fi par négligence, ou pour n'avoir pas pris toutes les précautions ordonnées par les Officiers du Génie, l'ouvrage étoit retardé ou endommagé par la mer, il feroit rétabli aux frais dudit entrepreneur.

X X I.

47. S'il furvenoit quelques circonftances non prévues par le préfent Devis, pour quelques fortes de conftruction que ce foit, ou s'il arrivoit quelque difficulté au fujet de quelques-unes des difpofitions qui y font portées, les Officiers du Corps du Génie employés fur l'attelier feroient fans retard les règlemens nouveaux qui y feroient néceffaires, d'après la décifion dudit Officier fupérieur dudit Corps, & l'entrepreneur fera tenu de s'y conformer.

X X I I.

48. L'entrepreneur aura à fes dépens, & en nombre fuffifant, de bons appareilleurs, commis & piqueurs intelligens, capables de l'aider dans la conduite & le toifé des ouvrages, les difpofitions & arrangemens des atteliers ; & il fe fournira de bons maîtres maçons, roceurs, maîtres charpentiers, forgerons, ferruriers, gazonneurs, & autres ouvriers expérimentés, pour la bonne exécution des ouvrages ordonnés ; en forte que, dès que le marché fera paffé, il puiffe faire travailler promptement & fans interruption ; à faute de quoi les Officiers du Génie chargés dudit travail, feront en droit de mettre des ouvriers aux frais dudit entrepreneur, à tel prix que ce puiffe être ; &, afin qu'on puiffe juger fi le nombre des ouvriers eft fuffifant, il aura foin d'en tenir un regiftre, dont les Officiers du Génie prefcriront la forme, & qui leur fera communiqué toutes les fois qu'ils l'exigeront.

Ledit regiftre cotté & paraphé à toutes les pages, par l'Officier chargé en chef de la conduite de l'attelier, & dont le nombre total des pages fera certifié à la fin par l'Officier fupérieur du Corps royal du Génie, contiendra, outre le nom de tous les employés aux travaux, l'état de leurs journées ou tâches, & il en fera fait lecture aux ouvriers, en préfence d'un des Officiers du Corps du Génie, lors de chaque paiement ; le compte de chaque quinzaine, infcrit fur le regiftre, fera vifé par le fufdit Officier.

49. L'entrepreneur fera de plus obligé, quand l'ouvrage à faire

le permettra, d'employer les tailleurs de pierres & les maçons pofeurs que les Officiers du Génie lui indiqueront, pour avoir éprouvé
leur intelligence dans les conftructions précédentes, à moins que
lefdits ouvriers ne foient engagés ailleurs.

X X I I I.

50. N'EMPLOYERA ledit entrepreneur aucun ouvrier, fans lui
donner un billet qui juftifie du prix convenu, foit à la tâche, foit
à la journée; & en outre, pour ce qui regarde les ouvriers bourgeois, du tems pendant lequel il fe feront engagés de ne point
quitter le fervice de l'attelier, à moins d'être renvoyés; ces billets
feront vifés des Officiers de l'attelier, faute de quoi, en cas de conteftation, l'ouvrier fera payé comme le plus cher de fa claffe.

X X I V.

51. POUR éviter la défertion des ouvriers, l'entrepreneur pourra
retenir à chacun d'eux ce qu'on appelle *la femaine en arrière*, & il
en fera fait mention dans le billet ci-deffus, ainfi que de la
claufe qui attribue cette retenue au profit de l'entrepreneur, dans
le cas où l'ouvrier s'abfenteroit quatre jours de fuite, fans la permiffion dudit entrepreneur, ou des Officiers de l'attelier, pendant
la durée de fon engagement.

52. La femaine en arrière ne pourra être retenue qu'en deux fois
favoir; trois jours fur la première quinzaine, & trois jours fur la
feconde.

X X V.

53. L'ENTREPRENEUR ne pourra renvoyer aucuns ouvriers d'art,
tels que les tailleurs de pierre, & les maçons pofeurs de pierres de
taille, moellon bleu ou brique, fans la permiffion des Officiers
du Génie; il fera libre de renvoyer tous les autres journaliers, après
en avoir prévenu lefdits Officiers, pourvu que le chantier ne foit
pas plus de deux jours fans être au complet demandé.

54. La forme des congés à donner aux ouvriers fera déterminée
par les Officiers de l'attelier, & ces congés feront fignés par eux,
& vifés par le chef du diftrict.

X X V I.

55. L'ENTREPRENEUR ne pourra impofer aucune amende pécuniaire aux ouvriers ; s'il a juftement à fe plaindre de ceux qu'il ne
pourra renvoyer, les Officiers du Génie de l'attelier fe chargeront
de la punition, qui ne pourra jamais être pécuniaire : s'il a juftement
à fe plaindre des autres, il aura le droit de les renvoyer, ou de demander leur punition aux fufdits Officiers.

X X V I I.

56. L'ENTREPRENEUR ne pourra pas exiger des ouvriers à la
journée plus de douze heures de travail entre le premier Mai & le
quinze Août ; plus de onze heures pendant le mois d'Avril, & du
quinze Août au premier Septembre ; ni plus de dix heures pendant le
refte de l'année.

X X V I I I.

57. LES payemens ne pourront être faits aux créanciers d'aucuns
ouvriers, l'intention du Roi étant que l'argent gagné aux ouvrages
de Sa Majefté foit directement payé & fans aucune retenue à ceux
qui l'ont gagné.

Pour ce qui regarde en particulier les foldats détachés aux travaux, leurs Sergens ou Officiers ne pourront leur faire de retenue
fur le prix de leur travail, que pour les avances faites auxdits foldats, pour fournir à leur dépenfe, nourriture & entretien, comme
travailleurs. Ladite retenue ne pourra monter au-delà de dix-huit
livres par mois, ou douze fols par jour ; & lors de chaque paiement,
le Sergent auquel les foldats travailleurs feront fubordonnés, dreffera un état nominatif des retenues à faire à chaque homme, & de
leur emploi, lequel il fera vifer par l'Officier du Corps du Génie
chargé de la conduite de l'attelier. L'entrepreneur remettra audit
Sergent le montant de la retenue portée audit état, & payera enfuite
à chaque ouvrier foldat le furplus de ce qui lui reviendra fur le
prix de fon travail.

X X I X.

58. L'INTENTION de Sa Majefté étant que toutes conteftations
qui furviendroient fur les atteliers, ou pour raifon des travaux qui
s'y

s'y exécuteront, foient jugées par les Officiers du Corps Royal du Génie, fous l'autorité du Directeur des Fortifications, du Commandant de la province & du Miniftre de la guerre.

59. Tous employés aux travaux, qui prendroient entr'eux les voies judiciaires, pour décider les différends relatifs à leur travail, ou ceux qui pourroient furvenir entr'eux & l'entrepreneur, feront exclus des travaux de la Fortification.

60. Ne pourra réciproquement l'entrepreneur attaquer en Juftice civile aucuns commis, ouvriers ou fous-traitans, pour aucune conteftation relative aux travaux, fous peine d'indemnifer lefdites perfonnes attaquées par lui, des fommes auxquelles elles pourroient être condamnées ; ce à quoi ledit entrepreneur fera contraint par la délégation qui fera faite defdites fommes fur le tréforier des travaux, par les Officiers chargés de la conduite de l'attelier.

61. Les Officiers du Corps Royal du Génie compofant l'attelier de Querqueville, & celui chargé des approvifionnemens, auxquels pourront être adjoints au befoin d'autres Officiers dudit Corps, informeront par écrit les affaires & conteftations dont l'importance l'exigera, pour en faire le rapport au Directeur des Fortifications, en y joignant toutes les informations, témoignages, ou autres pièces à l'appui.

Suivant l'exigence des cas, le Directeur des Fortifications fera paffer lefdits rapports & conclufions au Miniftre de la guerre, afin d'avoir fon approbation.

62. Les fommes dues, foit par l'entrepreneur, foit par les employés aux travaux, d'après les fufdites conclufions, feront payées foit par le tréforier des travaux pour le compte de l'entrepreneur, d'après la délégation qui fera faite de ces fommes fur ledit tréforier, foit par les retenues que l'entrepreneur fera autorifé de faire fur le paiement des divers employés aux travaux.

63. Au cas où les retenues qui viennent d'être indiquées ne pourroient procurer les paiemens dûs par les commis, ouvriers ou fous-traitans condamnés, le Directeur des Fortifications en rendra compte au Miniftre de la guerre, pour le ptier de procurer l'intervention de M. l'Intendant, néceffaire pour faire effectuer lefdits paiemens.

64. Quant aux conteftations qui pourroient furvenir entre l'entrepreneur & les marchands & fourniffeurs des diverfes matières néceffaires aux approvifionnemens des travaux de Querqueville, & notamment de celles que l'entrepreneur pourra faire venir des autres provinces, nulle ne pourra être jugée, qu'au préalable il n'ait été

informé fur les lieux par les Officiers du Corps Royal du Génie de tout ce qui a rapport, foit à la quantité, foit à la qualité defdits matériaux livrés, pour lefdites informations être communiquées par le Miniftre de la guerre au Confeil de Sa Majefté, lequel juge en dernier reffort les affaires de ce genre.

X X X.

65. Pour éclaircir les différentes conteftations qui pourroient fur-venir entre l'entrepreneur & tous les fourniffeurs, fous-traitans, ou-vriers ou employés quelconques aux travaux ; outre les quittances, reçus & autres pièces juftificatives, que l'entrepreneur devra tirer de toutes perfonnes auxquelles il délivrera des paiemens quelcon-ques pour les produire au befoin, il lui eft prefcrit de tenir un regiftre cotté & paraphé à toutes les pages par l'Officier chargé en chef de la conduite de l'attelier, & dont le nombre total des pages fera certifié à la fin par le chef du diftrict, fur lequel regiftre il infcrira généralement tous paiemens & dépenfes quelconques qu'il fera concernant les travaux de Querqueville, ainfi que toutes les fommes qu'il recevra, & ce, fans aucune interruption, lacunes ni ratures, & fuivant l'ordre des tems où lefdits paiemens ou recette auront lieu.

66. Ledit regiftre, ainfi que celui prefcrit par l'article XXII. pour tenir l'état des différens ouvriers & de leurs payes, devra être communiqué aux Officiers chargés d'informer une conteftation quelconque, lorfqu'ils le jugeront néceffaire ; & faute par l'en-trepreneur d'avoir tenu lefdits regiftres avec l'exactitude & l'ordre néceffaire, toute réclamation faite avec quelque apparence de vérité, que cette omiffion rendroit impoffible à éclaircir, fera décidée en faveur des plaignans, & l'entrepreneur affujetti à payer la tota-lité des fommes réclamées.

X X X I.

67. En cas que l'entrepreneur ne puiffe avoir, de gré à gré, dans la garnifon, des foldats en fuffifance pour former les atte-liers néceffaires au mouvement des terres, ou pour les journaliers à employer aux autres ouvrages, ou qu'ils veuillent exiger plus que les prix courans, le Commandant de Cherbourg fera prié, par l'Officier fupérieur du Corps Royal du Génie, d'en faire com-mander avec des Officiers ou Sergens pour les contenir.

68. Pareillement, au défaut ou par foibleffe de garnifon, &
dans le cas où ledit entrepreneur ne pourroit avoir des terraffiers,
maçons, charpentiers, tailleurs de pierre, ou autres ouvriers dans
le pays, ou qu'à des prix excédant les prix courans ; & femblable-
ment au cas qu'il ne puiffe avoir des voituriers à prix d'argent, de
gré, ou que les laboureurs veuillent exiger de lui un prix trop
haut, M. l'Intendant fera prié, par le Directeur du Corps Royal
du Génie, d'y pourvoir, & de donner fes ordres pour qu'il en foit
fourni aux prix ordinaires.

X X X I I.

69. Dans les cas où il fera néceffaire de faire commander des
foldats ou des ouvriers bourgeois aux termes de l'article précédent,
l'entrepreneur fera tenu de faire connoître & conftater, aux Officiers du Génie de l'attelier, les difficultés qu'il éprouve pour fe
procurer des ouvriers de gré à gré, & ce, affez à tems, pour que
l'on puiffe en commander avant le moment du befoin ; faute de
quoi, & dans le cas où le service souffriroit par le défaut d'ouvriers, les Officiers, chargés de la conduite de l'attelier, en prendroient fur-le-champ aux frais de l'entrepreneur, comme il a été
dit art. XXII.

X X X I I I.

70. Lorsqu'il fe fera des tirages pour la milice, les canonniers
gardes-côtes, canonniers-matelots, ou autres, les Officiers du Génie
drefferont l'état des commis ou ouvriers d'art, employés aux travaux de Querqueville, lefquels feroient dans le cas de tirer, &
feront cependant jugés indifpenfables auxdits travaux. Cet état fera
adreffé au Miniftre de la Guerre, à M. l'Intendant & au Commiffaire
chargé de la levée, pour qu'au cas où le tranfport defdits commis
ou ouvriers au lieu du tirage exigeroit leur abfence pendant plus
de trois jours, ils foient exempts de s'y rendre perfonnellement,
& autorifés à faire tirer pour eux par un repréfentant. Il eft arrêté
de plus, que fi quelqu'un defdits commis ou ouvriers tomboit au
fort, il ne pourroit être affujetti à quitter lefdits travaux, qu'en
vertu d'un ordre du Miniftre, adreffé au Directeur des Fortifications : le tout fans préjudice des priviléges & exemptions ftipulés
dans les Ordonnances du Roi.

Le Directeur des Fortifications adreffera au Miniftre, au commencement de chaque campagne, l'état des miliciens, ou autres

fujets à marcher, qui feront employés fur les travaux, & jugés indifpenfables.

X X X I V.

71. Tous les ouvriers, autres que les foldats, qui feront bleffés aux travaux, feront traités, ainfi que les foldats, dans les hôpitaux, & aux frais du Roi, fur les certificats des Officiers du Génie de l'attelier & des carrières, & vifés par l'Officier fupérieur dudit Corps : & afin que les fufdits ouvriers puiffent recevoir en tout tems des fecours auffi prompts qu'efficaces, il fera nommé par le Directeur des Fortifications, ou en fon abfence, par l'Officier fupérieur du Corps Royal du Génie, un Médecin & Chirurgien, qui feront tenus d'aller fur l'attelier toutes les fois qu'ils en feront requis par les Officiers du Génie, pour porter les premiers fecours de leur art aux bleffés & aux malades, & feront même tenus de foigner chez eux ceux à qui il fera permis de ne pas aller à l'hôpital ; ces Médecin & Chirurgien feront payés par le Roi.

X X X V.

72. L'ENTREPRENEUR fera obligé de fe pourvoir à fes frais de chevaux, voitures, gabarres, bateaux, matériaux de toute efpece, outils, brouettes, hottes, rampes & ponts, tant en charpente, que de toute autre nature, échafaudages, grues & autres machines, triqueballes, pièces à l'eau, bariques, &c., tels qu'ils feront jugés néceffaires par les Officiers chargés du travail, & conformément aux états qui feront dreffés par les fufdits Officiers, & celui chargé des approvifionnemens, pour régler les matériaux & moyens néceffaires à chaque époque de la campagne pour l'avancement des ouvrages ; & en conféquence, l'entrepreneur aura foin de remettre auxdits Officiers un détail exact de fes matériaux à mefure qu'il les fera venir, ainfi que celui de fes gabarres, chevaux, & autres moyens employés par lui, afin qu'on puiffe voir s'il n'a rien négligé, & fi fes approvifionnemens & difpofitions fuffifent, pour exécuter en tems convenable les ouvrages qui doivent être faits chaque année : en cas de négligence de l'entrepreneur, les Officiers du Génie, chargés du travail & des approvifionnemens, feront en droit de prendre des chevaux, voitures & bâtimens de mer pour le tranfport des matériaux néceffaires, & ce, aux frais dudit entrepreneur, à quelque prix que

ce

ce puiſſe être, ainſi qu'il a été dit pour les ouvriers en particulier, en l'article XXII du préſent Devis.

XXXVI.

73. L'ENTREPRENEUR fournira tous les grands & petits piquets, tant en bois qu'en fer, baliveaux, toiſes, chaînes d'arpenteurs, cordeaux, règles, équerres, beuveaux, niveaux, maillets, ſondes, paneaux, modèles & manœuvres, dont les Officiers auront beſoin pour les différentes opérations qu'il faudra faire pour le tracé, pour le toiſé & pour le lever des ouvrages.

XXXVII.

74. L'ENTREPRENEUR ne fournira & n'emploiera aux ouvrages de ſon entrepriſe, que des matériaux de la meilleure qualité, bons, loyaux, & marchands, ſans défaut, travaillés & mis en œuvre par de bons ouvriers.

XXXVIII.

75. L'ENTREPRENEUR ſera garant & reſponſable de tous tranſports de terre ou matériaux faits mal-à-propos.

76. Les Officiers du Génie feront démolir tous les ouvrages, de quelque nature que ce ſoit, qui ſeroient mal façonnés, ou dont les dimenſions ſeroient plus fortes ou plus foibles que les dimenſions ordonnées : excepté toutefois le cas où il ſeroit reconnu par eux que, malgré l'erreur commiſe dans les dimenſions des ouvrages, il n'y auroit pas d'inconvénient à les laiſſer ſubſiſter ; mais alors ceux dont les dimenſions ſeroient trop fortes, ne ſeront toiſés que ſuivant les dimenſions preſcrites ; & l'on ne toiſera au contraire, que ſuivant les dimenſions effectives, ceux qui ſeroient plus foibles qu'il n'a été ordonné.

XXXIX.

77. S'IL étoit reconnu que les contraventions au Devis fuſſent des infidélités de la part de l'entrepreneur, & faites par lui à deſſein de ſe procurer des bénéfices plus conſidérables, ſoit ſur la doſe des mortiers, ſoit ſur la fourniture de matériaux d'échantillon foibles ou de mauvaiſe qualité, &c., les Officiers du Génie dé-

H

nonceront ces délits au Directeur des Fortifications, pour qu'aux termes de l'article 24 du titre V de l'Ordonnance du 31 Décembre 1776, concernant le Corps Royal du Génie, il en fasse part au Secrétaire d'Etat au département de la Guerre, & demande ses ordres pour la résiliation du marché. Pourront de même, les susdits Officiers, renvoyer des travaux tous commis, sous-traitans ou ouvriers, soit pour cause de désobeïssance ou infidélité, dans quelque partie du travail que ce puisse être, soit pour celle d'incapacité reconnue.

78. Pourront, suivant les cas, être infligées d'autres peines moindres à l'entrepreneur, soit pour des infidélités dans l'exécution de l'ouvrage, soit pour toute contravention quelconque aux ordres qui lui seront donnés; & l'adjudicataire, ainsi que ses commis, sous-traitans & ouvriers, seront soumis en tout point à l'autorité militaire des Officiers du Corps Royal du Génie, suivant toutes les règles prescrites par les Ordonnances de Sa Majesté, concernant la subordination de tout militaire envers ses supérieurs.

X L.

79. S'il se trouve dans l'exécution, quelque nature d'ouvrage dont les prix n'aient pas été fixés à l'adjudication, les Officiers du Génie, composant l'attelier de Querqueville, & celui chargé des approvisionnemens, feront le détail des différentes espèces d'approvisionnemens & main-d'œuvres nécessaires pour la construction dudit ouvrage de nature imprévue, desquelles ils détermineront le prix d'après ceux des marchés, polices, ou sous-traités déjà passés par l'entrepreneur, qui auront rapport aux susdits approvisionnemens & main-d'œuvres : ils feront d'ailleurs faire, sous leurs yeux, les expériences nécessaires pour connoître ce que la nature d'ouvrage, dont il s'agit, présenteroit d'étranger aux constructions usitées, & formeront, de tous ces élémens, la partie certaine, & nullement arbitraire, du prix qu'il s'agit de déterminer ; on nommera ensuite, en la forme accoutumée, des experts, tant au nom du Roi qu'au nom de l'adjudicataire général, lesquels arbitreront ce qu'il convient d'ajouter au prix rigoureux, résultant du travail des Officiers du Génie, pour tenir compte des faux-frais, dépenses d'administration, & autres élémens sujets à discussion ou contestation. Le prix total ainsi formé, étant approuvé du Ministre & de M. L'Intendant, l'entrepreneur sera tenu de s'en contenter.

X L I.

80. Les Officiers du Corps du Génie, chargés de la conduite de l'attelier ou des approvisionnemens, nommeront, s'il est nécessaire, tant sur l'attelier du Querqueville que sur les différentes carrières, un, ou plusieurs commis payés par le Roi, destinés à surveiller les différentes main-d'œuvres, comme la façon des mortiers & cimens, ou les ouvrages qui ne seront point susceptibles d'être toisés, & généralement l'exécution des ordres donnés par les susdits Officiers ; & l'entrepreneur & ses préposés seront tenus d'avoir égard aux représentations de ces commis, jusqu'à ce que les Officiers soient à portée de prononcer.

X L I I.

81. L'entrepreneur ne pourra faire aucun sous-traité relatif à l'ouvrage, sans le consentement des Officiers du Génie de l'attelier, ou de l'Officier chargé des approvisionnemens ; & ces marchés n'auront de valeur, qu'autant qu'ils seront visés sous huitaine par lesdits Officiers, & approuvés par le Chef de district. Il ne pourra jamais être permis à l'entrepreneur, de sous-traiter pour la main-d'œuvre des maçonneries ou de la charpente, ni pour la fabrication des mortiers, & dans tous les cas, les marchés passés pour tels objets seroient nuls.

82. L'entrepreneur sera seul responsable pour ses sous-traitans, & le visa des Officiers du Corps du Génie, ne donnera à ces derniers nul droit quelconque d'entrepreneur envers le Roi, le susdit visa n'ayant pour effet que d'accorder à l'entrepreneur général de passer tel ou tel marché, dans le cas où il sera reconnu qu'ils ne sont pas nuisibles au service.

83. Tous marchés, dénués du visa prescrit ci-dessus, seront donc nuls pour l'entrepreneur général, en tant qu'il ne pourra prétendre, en vertu desdits marchés aucune obligation contre les sous-traitans qui les auront passés : mais, attendu le peu de connoissance que la plupart des ouvriers & autres particuliers auront du présent Devis, le défaut du visa qui y est ordonné, n'emportera pas la nullité des obligations contractées envers eux par l'entrepreneur ; & à cet égard, les traités, polices & marchés destitués de visa, seront réputés obligatoires pour l'entrepreneur, comme toutes obligations passées sous seing-privé entre particuliers.

X L I I I.

84. Quelque liberté que les Officiers du Génie de l'attelier ou des approviſionnemens aient pu donner à l'entrepreneur pour ſous-traiter quelque partie d'approviſionnemens ou de matériaux, il ne pourra en aucun cas, ſous prétexte de ſociété, ou autrement, rétrocéder ſon entrepriſe, ou partie d'icelle, à qui que ce ſoit ; & il en reſtera, juſqu'à la fin d'icelle, en ſon nom, entrepreneur, garant & reſponſable, ſolidairement avec ſa caution.

X L I V.

85. Il ſera dépoſé dans le cabinet de travail des Officiers du Génie de l'attelier, un grand livre in - folio, cotté & paraphé à toutes les pages par l'Officier du Corps Royal du Génie, chargé en chef de la conduite de l'attelier ; le nombre des pages ſera certifié par le chef de diſtrict, & viſé par le directeur. Sur ce livre ſeront enregiſtrés les attachemens généraux, de toutes eſpèces d'ouvrages & de dépenſes, de la manière la plus intelligible, en y joignant, s'il eſt néceſſaire, des plans & profils tracés à la main ; ces attachemens ſeront ſignés par les Officiers qui les auront pris, & par l'entrepreneur ou ſon prépoſé.

86. Ce regiſtre ſervira à dreſſer le toiſé & compte définitif des ouvrages qui ſeront payés à l'entrepreneur aux Prix qui ſeront fixés à l'adjudication ; ce toiſé ſera dreſſé & ſigné par les ſuſdits Officiers, arrêté par le chef de diſtrict, & viſé par le Directeur, pour parfait paiement être fait à l'entrepreneur en vertu de l'ordonnance de M. l'Intendant.

X L V.

87. Il ſera fait pendant le courant de chaque campagne, par les Officiers du Génie employés ſur l'attelier de Querqueville, & par celui chargé des approviſionnemens, des états apoſtillés de la ſituation actuelle des travaux & approviſionnemens, & de leurs progrès depuis l'état apoſtillé précédent, c'eſt-à-dire, de la valeur des ouvrages faits, & de celle ſeulement des matériaux propre à entrer dans la conſtruction des ouvrages, leſquels auront été approviſionnés par l'entrepreneur en vertu des ordres qui lui auront été donnés aux termes de l'article xxxv, deſquels

matériaux

matériaux la valeur fera déterminée d'après les eſtimations qui auront ſervi à fixer celles des matériaux primitivement remis à l'adjudicataire, ainſi qu'il a été dit article VII. Au pied de ces états, ſera expédié le certificat de l'Officier ſupérieur du Corps Royal du Génie, en vertu duquel ſeront remis à l'entrepreneur des à-comptes de paiement, en proportion de l'avancement des ouvrages & des approviſionnemens.

88. S'il arrivoit un retard de deux mois dans la remiſe des fonds ordonnés par le Roi, l'entrepreneur pourra être autoriſé par le Directeur du Corps Royal du Génie de ſtater l'ouvrage, pourvu toutefois que, d'après les états apoſtillés, preſcrits ci-deſſus, il ſoit conſtaté que l'entrepreneur eſt en avance des fonds ordonnés pour leſdits deux mois.

89. Il ſera de même dreſſé par les ſuſdits Officiers des états apoſtillés de la valeur des matériaux approviſionnés & ouvrages faits par l'entrepreneur ſuivant qu'il lui aura été ordonné depuis le 15 Novembre, époque qui terminera la campagne d'été de chaque année, juſqu'à l'ouverture de la ſuivante; & aux pieds de ces états ſeront les certificats de l'Officier ſupérieur du Corps Royal du Génie, en vertu deſquels il ſera remis des à-comptes à l'entrepreneur, en proportion deſdits approviſionnemens & ouvrages.

X L V I.

90. A la fin de chaque campagne, on dreſſera le toiſé défi-nitif des ouvrages exécutés pendant ladite campagne, lequel ne doit comprendre que les parties d'ouvrages qui ſeront terminées, ou qui ſeront ſuſceptibles d'être toiſées exactement & ſans aucun apperçu.

X L V I I.

91. L'ENTREPRENEUR fera à ſes frais toutes les copies de Dévis, procès-verbaux de ſon marché, & du toiſé définitif de chaque année, & généralement de toutes les pièces relatives au travail, qu'il devra remettre aux Officiers du Génie, & il en fournira les expéditions néceſſaires, tant au Directeur de Fortifi-cations & à l'Officier ſupérieur du Corps Royal du Génie, qu'aux ſuſdits Officiers, ſuivant le cas.

XLVIII.

92. L'ENTREPRENEUR fera tenu de payer les quatre deniers pour livre du montant de fon toifé général, & de toutes les fommes qui lui feront dues par Sa Majefté, pour ouvrages faits, en vertu du préfent marché, ainfi qu'il fe pratique pour les fonds provenans de l'extraordinaire des guerres.

XLIX.

93. L'ENTREPRENEUR fera tenu de faire l'avance des mandats donnés par les Officiers du Génie de l'attelier, par les Officiers fupérieurs, & celui des approvifionnemens pour les dépenfes relatives à la conftruction du Fort de Querqueville, telles que les honoraires des Médecin & Chirurgien, les journées de commis & d'ouvriers employés au compte du Roi, pour l'exécution des ouvrages qui ne peuvent être toifés, les petites gratifications données aux ouvriers bleffés, & à ceux dont le foin & l'attention doivent être encouragés, &c. Ces différens mandats feront portés dans le regiftre des attachemens, & compris en toutes lettres dans le toifé qui fera délivré à la fin de l'année à l'entrepreneur, en y ajoutant fix pour cent en raifon de ladite avance, & les quatre deniers pour livre qui lui feront retenus, ainfi qu'il a été dit précédemment.

L.

94. A l'exécution de toutes lefquelles claufes, charges & conditions ci-deffus mentionnées, l'entrepreneur & fa caution feront contraints par toute voie qu'il appartiendra, comme pour les propres affaires de Sa Majefté : pareillement les fous-entrepreneurs, carriers, voituriers & tous autres, tant ouvriers que marchands, en cas de retardement, mauvaife fourniture &c., fans préjudice de la difcipline & fubordination militaire, à laquelle l'entrepreneur & tous employés aux travaux font foumis, aux termes de l'article XXXIX ci-deffus.

L I.

95. L'ENTREPRENEUR acceptant les conditions du préfent Devis, donnera bonne & fuffifante caution, tant pour la fûreté des deniers

du Roi, que pour la garantie de ſes ouvrages, qui ſeront ſujets à réception, & dont il répondra pendant un an & jour, à compter de leur achevement, à l'exception de la partie de l'enveloppe, qui étant expoſée à la mer, peut être ſuſceptible de recevoir pendant ſa conſtruction, des avaries qui ne proviendroient point de la malfaçon des ouvrages ; l'entrepreneur ſera ſeulement tenu de réparer leſdites avaries ; mais ledit ouvrage de l'enveloppe une fois terminé, l'entrepreneur en répondra également pendant un an & jour.

L I I.

96. Aucune perſonne ne ſera admiſe à faire des rabais ſur les ouvrages qui viennent d'être expoſés, qu'auparavant elle n'ait juſtifié à M. l'Intendant de ſes facultés & de celles de ſa caution, laquelle doit répondre juſqu'à la concurrence de la ſomme de
mais pour ce qui regarde l'acquit & les talens en l'art de bâtir, l'entrepreneur ſera tenu d'avoir ſur l'ouvrage des commis entendus, au jugement des Officiers du Génie.

L I I L

97. Pour préparer à l'adjudication, il ſera dreſſé & annexé au préſent Devis, ſous la cotte *D*, un apperçu des quantités de maçonnerie ordinaire, maçonnerie en ciment, pierres de taille, charpente, déblais, & généralement de chacun des articles réputés principaux des ouvrages qui reſtent à faire aux Fortifications de Querqueville.

On dreſſera pareillement, à la ſuite du précédent apperçu, celui des quantités de chacun des articles réputés acceſſoires qui entreront dans les ſuſdits travaux, & on y joindra la ſomme totale à laquelle ces objets monteroient, d'après les prix qui leur ſont attribués par le marché paſſé le 4 Juin 1787, ou le bordereau détaillé.

98. Lors de l'adjudication, on débattra ſéparément & ſucceſſivement chacun des articles principaux ; il ne ſera donné pour leſdits articles aucune eſtimation préliminaire, & pour les mettre au rabais, on ne partira d'aucun prix primitivement réglé.

99. Les enchériſſeurs mettront eux-mêmes le premier prix à chacun de ces articles, pour y faire enſuite les diminutions qu'ils jugeront convenables.

100. Tout prix propoſé par chacun des enchériſſeurs, pour quelqu'article que ce ſoit, ſera incontinent écrit ſur un tableau

viſible pour tous , lequel ſera diviſé en autant de colonnes qu'il y
aura d'enchériſſeurs , & en marge duquel feront inſcrits les différens articles principaux qui doivent être adjugés : chacun ſera libre
de diminuer les prix par lui précédemment propoſés, juſqu'à ce
qu'un feu allumé pour chaque nature d'objets ſe ſoit éteint ; & à
chaque nouvelle propoſition de l'un quelconque des enchériſſeurs,
on effacera le prix précédemment offert par lui , pour y ſubſtituer
celui nouvellement propoſé, en ſorte que le tableau qui vient d'être
indiqué préſente toujours la derniere offre de chacun.

101. Pour faire une nouvelle propoſition , il ne ſera pas néceſſaire qu'aucun enchériſſeur propoſe un prix inférieur à ceux offerts
par ſes concurrens ; il ſuffira ſeulement qu'il diminue le prix dernièrement fait par lui-même, & ce prix ſera ſubſtitué au précédent,
lequel ſera effacé ſur le tableau viſible de tous les enchériſſeurs,
comme il a été dit.

102. Auſſitôt le feu éteint pour une nature quelconque d'ouvrage , on paſſera au ſuivant article , lequel ſera débattu ſuivant
les mêmes formes qui viennent d'être preſcrites, juſqu'à l'extinction
du feu allumé pour cet article.

103. S'il arrivoit que quelqu'un des enchériſſeurs n'eût pas mis
de prix à quelques objets , dès qu'il mettra un prix à un article, il
ſera tenu d'admettre & de prendre pour lui le plus haut des prix faits
pour chacun des articles précédens qu'il auroit laiſſé paſſer ſans y
mettre de prix , & leſdits plus hauts prix ſeront inſcrits dans la
colonne dudit enchériſſeur , comme s'il les eût propoſés lui-même.

104. Lorſque tous les articles principaux auront été ſucceſſivement débattus, l'on débattra en une ſeule fois tous les articles
acceſſoires , en partant, pour prix primitif , de la ſomme à laquelle
leur totalité ſe trouve appréciée à la fin de l'état cotté *D.*

Les ſommes propoſées par chacun des enchériſſeurs, pour la
totalité des objets acceſſoires , ſeront inſcrites comme les autres prix
ſur le tableau précédemment déſigné , dans la colonne dudit concurrent , & vis-à-vis le titre des objets acceſſoires inſcrits en marge
dudit tableau , & à chaque nouvelle propoſition de l'un des enchériſſeurs, l'on effacera la ſomme dernierement propoſée par lui, pour
y ſubſtituer celle préſentement offerte.

105. Il ne ſera pas néceſſaire qu'aucun enchériſſeur mette plus
bas que ſes concurrens pour cet article des objets acceſſoires ; il
ſuffira que chacun diminue ſes propres offres, & cette liberté aura
lieu juſqu'à l'extinction du feu allumé pour cet article , comme il a
été dit pour les autres objets.

106.

106. Chacun des articles ayant été ainſi débattu, l'on appliquera les derniers prix propoſés par chaque concurrent, à la quantité des mêmes objets portée ſur l'apperçu annexé au préſent Devis ſous la cotte D ; & le prix total dudit apperçu étant calculé en conſéquence, d'après les offres de chaque concurrent, l'on reconnoîtra celui de tous qui aura fait la condition du Roi la meilleure, & il en ſera fait part à tous les enchériſſeurs.

107. Il ſera pour lors allumé ſucceſſivement trois feux, pendant la durée deſquels, chacun aura la liberté de demander que l'adjudication ſoit encore continuée en déſignant les articles qu'il déſire débattre encore.

108. Les articles dont le rabais aura été ainſi demandé, ſeront ſucceſſivement débattus en la forme ci-deſſus preſcrite, juſqu'à l'extinction du feu allumé pour chacun d'eux, & les offres nouvelles faites par chaque concurrent feront ſubſtituées ſur le tableau précédemment indiqué, à la place de celles antérieurement faites.

109. L'on fera enſuite de nouveau le calcul du prix total auquel s'élévera l'apperçu cotté D, d'après les dernières offres de chaque enchériſſeur; & celui qui aura fait pour lors la condition du Roi la meilleure, ayant été annoncé, on allumera encore trois feux, pendant la durée deſquels, chaque concurrent aura la liberté de demander de nouveau que l'adjudication ſoit continuée, en déſignant les articles ſur leſquels il déſire diminuer encore ſes offres.

110. Leſdits articles ſe débattront, comme il vient d'être dit, & pour la dernière fois, & celui des concurrens dont les offres feront monter la totalité de l'apperçu ci-deſſus annoncé, à la moindre ſomme, ſera ſeul adjudicataire reconnu pour les travaux du Fort de Querqueville. S'il arrivoit que les dernières offres de deux, ou un plus grand nombre d'enchériſſeurs euſſent fait monter la totalité de l'apperçu ci-deſſus déſigné, préciſément à la même ſomme, ſans qu'aucun voulût faire de nouvelles diminutions pour avoir l'avantage ſur ſes concurrens, & que ladite ſomme fût moindre que toutes celles formées des offres des autres enchériſſeurs, il feroit tiré au ſort entre leſdits enchériſſeurs égaux, pour décider lequel devroit être adjudicataire reconnu.

111. Les prix auxquels les objets acceſſoires devront être payés audit adjudicataire, feront réglés d'après ceux du marché du 4 Juin 1787, diminués au marc la livre dans le rapport de la ſomme totale inſcrite en l'apperçu précédemment cité, avec la dernière ſomme offerte par ledit adjudicataire reconnu.

K

112. Au cas d'interruption de la féance avant l'entière exécution
des formes ci-deffus prefcrites, chacun des concurrens fignera la
copie du tableau contenant les dernières offres de tous, & il fera
dreffé un procès verbal du point où en eft l'adjudication, pour
déterminer ce qui refteroit à faire à la féance fuivante.

L I V.

113. L'ADJUDICATAIRE fera fa réfidence à Cherbourg ou à
Querqueville, & ne pourra s'abfenter de Cherbourg, même pour
les affaires de fon entreprife, fans le confentement de l'Officier
fupérieur du Génie.

L V.

114. QUAND l'adjudicataire ne fera point à Querqueville, il
aura fur cet atelier un prépofé revêtu de fon plein-pouvoir, pour
exécuter les ordres des Officiers du Génie avec autant de prompti-
tude que le pourroit faire l'entrepreneur lui-même.

L V I.

115. POUR conftater l'état tant dudit prépofé que des autres
commis employés par l'entrepreneur, il leur délivrera un écrit qui
les autorife à procéder en fon nom fur les atteliers, chacun dans
la partie qui lui fera affignée, & cet écrit portera les conventions
faites entre l'entrepreneur & lefdits commis pour régler leur falaire
& la durée de leurs engagemens.

L V I I.

116. LE préfent Devis fera imprimé aux frais du Roi, avant
l'adjudication; & il en fera dépofé des exemplaires chez le Subdélégué de M. l'Intendant à Cherbourg, pour être diftribués aux
perfonnes qui défireront connoître les conditions de la préfente entreprife. Il en fera de même dépofé des exemplaires dans les bureaux de M. l'Intendant de Caen, pour être envoyés dans les lieux
de la généralité, & diftribués fuivant qu'il le jugera convenable.
Le bordereau des pris adjugés fera imprimé à part après l'adjudication, auffi aux frais du Roi.

LVIII.

117. LA préfente adjudication fe paffera à Cherbourg ; elle fera annoncée dans des placards imprimés, lefquels feront affichés dans les villes principales de la généralité ; & par-tout où il fera jugé convenable. Le jour fixé pour l'adjudication fera annoncé dans lefdits placards ; on y annoncera également l'époque de la publication du préfent Devis, laquelle doit précéder l'adjudication de quatre jours au moins.

CONDITIONS PARTICULIERES.

ART. Ier. ==== *Déblais.*

118. D'APRÈS les excavations déjà faites dans le fol de Querqueville, les déblais que l'on aura à y faire feront de trois claffes principales, *Savoir :*

1°. De la terre qui occupe la fuperficie, fur une épaiffeur d'environ cinq pieds.

2°. Du roc feuilleté, ou fchifte tendre, qui vient enfuite, & dont l'épaiffeur moyenne eft auffi d'environ cinq pieds.

3°. Enfin du fchifte compacte, dans lequel fe fera le refte des excavations.

Ces trois différentes efpèces de matières fe diftinguent affez facilement, pour écarter toute réclamation de la part de l'entrepreneur, lequel fera toujours tenu de fe foumettre à cet égard à la décifion des Officiers du Corps du Génie.

119. Les déblais fe payeront à l'entrepreneur d'après le toifé qui fera fait féparément de la partie de chacune de ces couches, qui aura été comprife dans chaque déblai.

120. Pour cet effet on déterminera par le moyen du nivellement les côtes des furfaces fupérieures & inférieures de chaque couche, & l'on en conclura l'épaiffeur moyenne ; la furface entière du déblai fera mefurée pour chaque couche fur le plan fervant à régler le tracé des ouvrages, & fuivant les dimenfions prefcrites pour lefdits ouvrages ; & cette furface multipliée par l'épaiffeur moyenne déterminée, comme il vient d'être dit, donnera le volume entier du déblai qui fera paffé à l'entrepreneur pour chaque nature de terrein ou de roc.

121. Le Roi payera féparément à l'entrepreneur la fouille de chaque nature de déblai, à la toife cube, & au prix qui aura été réglé à l'adjudication pour chacune des trois efpèces fpécifiées plus haut.

122. Pour aider les enchériffeurs à régler les prix qu'ils voudront mettre à ces différentes fortes de déblais, ils font prévenus que la première couche, compofée de terre ordinaire, exige depuis deux jufqu'à quatre fouilleurs, pour entretenir continuellement un brouetteur tranfportant ladite terre à quinze toifes de diftance horizontale.

Le fchifte tendre qui vient enfuite, demande depuis cinq jufqu'à neuf fouilleurs, pour entretenir un brouetteur tranfportant ledit déblai à quinze toifes de diftance horizontale.

Enfin le fchifte compacte exige communément depuis dix jufqu'à quatorze fouilleurs pour entretenir un brouetteur tranfportant la totalité du déblai à la diftance horizontale de quinze toifes.

Pour mettre les perfonnes qui voudroient fe préfenter pour la préfente adjudication à portée de connoître par elles-mêmes les différentes natures de roc qui fe rencontreront dans les excavation du Cap de Querqueville, il fera fait avant l'adjudication, en divers endroits dudit terrein, des fouilles ou fondes de quinze pieds au moins de profondeur, dans l'intérieur defquelles on verra à nud les différentes couches dont le fol eft compofé; on leur communiquera de plus les plans du projet.

123. Dans les cas où la terre fera mife en dépôt, & où on devra la reprendre enfuite, elle n'exigera pour-lors qu'un ou deux fouilleurs pour entretenir un brouetteur; & il doit être fait un prix particulier pour la toife cube de la terre, ainfi chargée de nouveau.

124. Pour régler le prix de tranfport des différentes efpèces de déblais, il eft d'abord fpécialement arrêté que les Officiers du Corps du Génie employés fur l'attelier ne donneront jamais à l'entrepreneur aucune excavation à faire, fans lui faire connoître en même tems l'emploi dudit déblai, & le lieu où doit être tranfporté ce qui proviendra de chacune des couches dont il fera compofé.

125. Le centre de volume de chaque couche compofant un déblai particulier, fera déterminé d'après les opérations indiquées ci-deffus pour en connoître le cube.

126. On déterminera pareillement le centre de volume du remblai qui fera provenu de ladite couche ou portion de déblai.

127.

127. Enfin l'on déterminera par le moyen du nivellement la différence de hauteur entre ces deux centres de gravité.

128. D'après ces opérations, on aura la distance de transport payable à l'entrepreneur, en ajoutant à la distance horizontale & en ligne droite des deux centres de volumes ci-dessus indiqués, dix fois la différence de niveau dont le centre du déblai sera au-dessous du centre du remblai ; cette augmentation à la distance réelle étant nécessaire pour tenir compte à l'entrepreneur des détours & de la difficulté du roulage en montant, & de ses frais de rampe.

129. S'il arrivoit que quelque point de la route comprise entre le déblai & le remblai fût plus élevé que le centre du remblai, on prendra ce point, au lieu du centre du remblai, pour ajouter dix fois son élévation au-dessus du centre du déblai, à la distance horizontale & en ligne droite entre les deux centres du déblai & du remblai.

130. Si quelque obstacle insurmontable obligeoit de faire passer les remblais par quelque point éloigné de la route directe, entre les centres du déblai & du remblai ; alors, au lieu de la distance en ligne droite entre les deux centres, on employera la somme des distances horizontales & en ligne droite du point dont il s'agit, à chacun des deux centres du déblai & du remblai.

131. Lorsque l'on reprendra des terres mises précédemment en dépôt, ou dans toute autre circonstance, s'il arrivoit que le centre du déblai fût plus élevé que celui du remblai, on employera uniquement, comme distance payable à l'entrepreneur, celle mesurée horizontalement & en ligne droite entre les deux centres, sans y rien ajouter ou soustraire.

132. De quelque manière que la distance payable à l'entrepreneur ait été déterminée suivant les différens cas qui viennent d'être prévus, il lui sera compté autant de relais qu'il y aura de fois quinze toises dans ladite distance ; & s'il se trouve un reste, il sera tenu compte à l'entrepreneur de la fraction de relais correspondante.

133. Lors de l'adjudication, le prix du transport de la toise cube de terre, à quinze toises de distance horizontale, sera débattu & fixé au rabais, & donnera le prix du relais pour la terre, lequel sera employé comme il vient d'être dit.

134. Pareillement, le prix du transport de la toise cube de déblais de roc de toute nature, sera débattu & fixé au rabais : il sera le même pour le schiste tendre, qui foisonne plus que le schiste compacte, en même tems qu'il est moins lourd, que pour le schiste compacte, pour lequel existe en sens contraire pareille compensation ;

L

& ce prix formera celui du relais pour le roc de toute nature , lequel fera employé comme il a été dit ci-deſſus.

135. Le moellon provenant des excavations , & qui fera reconnu
propre aux maçonneries , par les Officiers du Génie , fera entoiſé à
meſure dans leſdites excavations , aux frais de l'entrepreneur.

136. Lorſque la diſtance du tranſport du déblai n'excédera pas
deux relais , ſon tranſport total fera compté à l'entrepreneur , quoique le moellon mentionné ci-deſſus n'ait pas été tranſporté avec le
reſte du déblai , & ce pour compenſer les frais de l'entoiſé dudit
moellon , & l'indemnité que l'entrepreneur devra aux ouvriers ,
pour l'embarras que ce moellon & le mouvement des voitures deſti-
nées à l'enlever , pourront cauſer dans leſdites excavations.

137. Si , au contraire, le tranſport du déblai ſe fait à une diſtance
qui excède deux relais , le tranſport du ſuſdit moellon au-delà de
ces deux relais , fera déduit à l'entrepreneur, en évaluant, d'après
l'expérience , qu'une toiſe trois quarts de moellon répond à une toiſe
de déblai.

138. Ce moellon appartiendra au Roi , & l'entrepreneur fera
obligé de l'employer dans les maçonneries , de préférence à tout
autre.

139. Le prix auquel l'entrepreneur payera une toiſe cube de ce
moellon , fera débattu & fixé à l'enchère lors de l'adjudication.

140. Lorſque le moellon provenant des excavations ne pourra
pas y demeurer juſqu'à ce qu'il ſoit employé dans les maçonneries ,
il fera voituré , mis en dépôt & entoiſé aux endroits déſignés par
les Officiers du Génie , le tout aux frais de l'entrepreneur.

141. Lors de l'adjudication , il fera débattu & fixé à l'enchère
un prix pour la toiſe cube de ce moellon ainſi mis en dépôt ; prix
auquel l'entrepreneur fera obligé de le reprendre du Roi.

142. Pour prévenir les conteſtations entre l'entrepreneur & les
ouvriers employés aux deblais , ſur-tout les ſoldats , à raiſon de la
grande variété qui peut ſe trouver entre les différentes eſpèces de
déblais , les Officiers du Génie examineront conſtamment avec le
plus grand ſoin , dans les différentes parties où ſe feront les excavations , le nombre de fouilleurs que chaque nature de terre ou
de roc exigera pour entretenir continuellement un brouetteur ,
qui tranſporteroit tous les matériaux provenans du deblai à une
diſtance horizontale de quinze toiſes ; ou, ce qui eſt la même choſe,
le nombre d'hommes néceſſaire pour fouiller en un jour la quantité
de deux toiſes quatre pieds de terre , ou celle de deux toiſes de
roc , que l'expérience a montré qu'un homme pouvoit également

tranfporter en un jour à la diftance fufdite ; & ils feront foigneufement remarquer ces réfultats à l'entrepreneur.

143. Les différentes natures de terre ou de roc étant ainfi
parfaitement connues, de même que toutes leurs divifions, au
cas où il furviendroit une conteftation entre l'entrepreneur & un
attelier pour le prix de la toife cube d'une certaine efpèce de
déblai, les Officiers du Génie affigneront pour lors le nombre de
fouilleurs correfpondant à un brouetteur, qui conviendra pour
ladite efpèce de déblai, & fixeront le prix à payer par l'entrepreneur pour la fouille d'une toife cube, à raifon de $\frac{5}{12}$ du prix de
la journé ordinaire de manœuvre, pour chacun defdits fouilleurs,
dans le cas des déblais de terre, & à raifon des $\frac{7}{12}$ du même prix dans
le cas des déblais de roc ; de manière que fi pour une certaine nature
de roc, il falloit 12 fouilleurs pour fournir continuellement un
brouetteur, le prix de la fouille d'une toife cube de roc devroit
être fept fois celui de la journée ordinaire, & de même à proportion pour d'autres efpèces.

144. Les Officiers du Génie détermineront de même le prix
du tranfport de la toife cube, de manière que chaque relai, dont
la longueur fera fixée comme il fera dit ci-après, foit payé autant
qu'un fouilleur de plus.

145. Les fufdits Officiers fixeront ainfi, dans tous les cas, le prix
de la fouille & celui du tranfport, foit que la difficulté du travail
provienne de la confiftance différente du terrein ou du roc, foit
qu'elle provienne de l'eau amaffée dans les excavations, ou de toute
autre circonftance.

146. La longueur des relais que l'entrepreneur fera tenu de payer
aux ouvriers, fera de quinze toifes, tant en terrein horizontal,
que quand les rampes parcourues par les brouettes auront moins
d'un dixieme de pente. Le relai ne fera que de dix toifes, quand
les rampes auront un fixieme ou plus de pente : dans tous les cas
intermédiaires où la pente des rampes fera entre un dixieme & un
fixieme, les Officiers du Génie prononceront fur la longueur du
relai ; mais dans aucun cas la pente des rampes ne pourra excéder
le quart de leur longueur.

147. Dans le cas des difficultés autres que celles provenantes
de la pente des rampes, les fufdits Officiers détermineront la longueur
du relai, de manière qu'un homme ordinaire puiffe tranfporter à
cette diftance deux toifes quatre pieds de terre en un jour, ou deux
toifes de roc.

148. Quelle que foit la longueur du relai, fixée comme il vient

d'être dit, le nombre des fouilleurs qui doit être compté à chaque attelier pour son paiement, sera celui nécessaire pour entretenir constamment un brouetteur transportant le déblai à cette distance; & les Officiers du Génie le décideront d'après leurs expériences, comme il a été dit ci-dessus.

149. Lorsque les ouvriers emploieront de la poudre, le prix qui leur sera fixé pour la fouille de la toise cube sera réglé, comme il a été dit ci-dessus, d'après le nombre de fouilleurs qu'il faudra pour entretenir un rouleur; mais on ajoutera au prix ainsi réglé, celui de la poudre ordinairement employée à la fouille de ladite toise cube, ce dont les Officiers du Génie s'assureront avec soin pour les diverses espèces de roc: la poudre sera conséquemment au compte des ouvriers; mais l'entrepreneur sera tenu de la leur procurer, & même avancer, au prix courant & ordinaire.

150. Si l'entrepreneur se procuroit ou imaginoit des moyens plus prompts & plus économiques que l'emploi des brouettes, tel que celui de cabriolet ou autres machines, alors la longueur du relai sera fixée aux ouvriers, toujours de manière qu'un homme ordinaire transporte, à la distance d'un relai, deux toises quatre pieds de terre en un jour, ou deux toises de roc; de manière que l'entrepreneur profite seul du bénéfice provenant de son industrie.

151. Par la même raison, la longueur générale du relai payable par le Roi à l'entrepreneur, sera toujours fixée à quinze toises de distance horizontale, comme il a été arrêté ci-dessus, pour que l'entrepreneur jouisse entierement des fruits de son industrie.

152. Si, par des moyens particuliers, l'entrepreneur effectuoit le transport des déblais sans y employer de rouleurs, alors le nombre de fouilleurs dont il devroit tenir compte aux atteliers, seroit toujours celui nécessaire pour fouiller en un jour deux toises quatre pieds de terre ou deux toises de roc, & se détermineroit par expérience, comme dans les suppositions précédentes.

153. Pourra toujours néanmoins l'entrepreneur faire de gré à gré avec les ouvriers telles conventions que les uns & les autres trouveront convenables, les regles prescrites ci-dessus n'ayant pour objet que de diriger les Officiers du Génie dans leurs jugemens, au seul cas de contestation, auquel cas l'entrepreneur sera tenu de se soumettre à leur décision.

154. Les rampes & les ponts de rampes seront à la charge de l'entrepreneur, quelle que soit leur élévation, de même que les brouettes, pelles, pioches, épinglettes, barres à mines, & l'entretien de ces outils; mais ledit entrepreneur pourra faire avec les

ouvriers

ouvriers telles conventions qu'ils jugeront mutuellement convenables, à l'effet de charger lefdits ouvriers de l'entretien des outils;
lefquelles conventions n'auront toutefois de valeur, qu'autant qu'elles
auront été vifées fous huitaine par les Officiers du Génie.

I I.

Remblais.

155. PRESQUE tous les remblais proviendront des déblais dont
il vient d'être parlé; les terres douces feront réfervées pour le
couronnement des ouvrages & la formation des parapets.

156. L'entrepreneur fe tiendra payé defdits remblais par les prix
qui lui font adjugés pour leurs déblais; il fera obligé de les faire
régaler par lits, de les affujettir aux tracés & aux pentes données
par les Officiers du Génie, & de les faire battre de fix pouces en
fix pouces derrière les revêtemens deftinés à les foutenir.

157. Quant aux remblais de fable ou pierrailles qui pourroient
ne pas provenir de déblais payés par le Roi, il en fera fait un prix
particulier. Ces remblais feront pris aux endroits que fixeront les
Officiers du Génie, jufqu'à deux ou trois cents toifes de diftance,
fur le bord de la mer, & non ailleurs.

I I I.

Gazon à queue.

158. LES gazons pour les parapets & autres endroits où l'on en
pourra employer dans le Fort, feront coupés dans les meilleures
prairies des environs, à cinq cents toifes de diftance du centre du
Fort. Si dans cet arrondiffement on ne trouvoit pas des gazons d'une
qualité convenable, l'entrepreneur fera tenu d'en aller chercher à
tous autres endroits qui lui feront indiqués; & dans ce cas, le prix
feroit augmenté d'un trentieme par toife, pour chaque relai de
cinquante toifes au-deffus defdites cinq cents toifes.

159. Lefdits gazons feront coupés, ainfi qu'il a été dit, dans
les meilleures prairies, dont le fonds foit ferme, & où ils fe trouveront le plus herbus, & avoir le plus de confiftance & de racines:
ils auront quinze pouces de queue, & huit à neuf pouces de longueur de tête fur fept pouces de hauteur, leurs lits coupés en
talud. Ils feront pofés l'herbe en deffous, par lits réglés & en liaifon

M

les uns fur les autres , ferrés par les côtés , bien retaupés fur la tête , dreffés d'alignement au cordeau , enfuite recoupés & arrafés par-deffus, en forte que la hauteur de chaque lit foit réduite à cinq pouces au plus. On obfervera de mettre à chaque troifieme lit, à commencer par le bas, des brins de facines , efpacés les uns des autres de deux pouces au plus , le gros bout portant de quatre à fix pouces fur la queue du gazon ; tous lefquels gazonnemens feront remblayés exactement par-derriere avec de la terre douce, battue à la demoifelle du poids de trente livres, & feront enfuite rafés de quatre en quatre lits , & bien dreffés fur leur alignement & taluds prefcrits, auxquels ils auront été affujettis en les pofant à la main, pour éviter d'en trop couper leur longueur de queue devant être confervée de douze pouces au moins.

160. L'entrepreneur fournira les facines , fera obligé à toute main-d'œuvre , indemnifera les particuliers fur le terrein defquels il prendra ledit gazon , ou de gré à gré, ou à dire d'experts, pour la quantité de prairies endommagées, ou autres parties de terrein qu'il pourra dégrader par fes voitures, fans qu'il puiffe prétendre autre chofe que le prix qui lui fera adjugé pour ledit gazon, lequel fera payé à la toife quarrée de paremens, indépendamment du cube que ledit gazon occupera dans le parapet.

161. Il eft à obferver que le gazon ne réuffiffant nulle-part fur le bord de la mer , on n'en fera ufage que dans les cas d'une nécef-fité indifpenfable, & avec la permiffion du Directeur.

I V.

De la compofition & qualité des Mortiers.

162. LA chaux fera faite de pierres dures & non fablonneufes , bien cuites au charbon de terre, fans bifcuits ; elle fera tirée des environs de Valognes, Saint-Germain , Surtainville , ou tout autre endroit, où elle fera jugée bonne par les Officiers, à la charge par l'entrepreneur de juftifier du lieu d'où il fera venir fes différens approvifionnemens de chaux. Il fera fixé , lors de l'adjudication, un prix pour le pied cube de chaux vive que l'entrepreneur pourra fournir au Roi. Cette chaux fera éteinte au plus tard trois jours après être fortie du four, dans des baffins armés de grilles, dont les ouvertures foient de dix lignes au plus, pour empêcher les rigauds de tomber dans ces baffins.

163. L'entrepreneur fera tenu d'éteindre à l'eau douce toute la

chaux deſtinée au mortier & ciment, de parement ſeulement des maçonneries des logemens. La chaux éteinte ne ſera employée que quand les Officiers du Génie jugeront qu'elle a acquis aſſez de conſiſtance.

164. Il ſera fixé un prix pour le pied cube de chaux éteinte à l'eau douce, & un autre pour celui de la chaux éteinte à l'eau de mer.

165. L'entrepreneur ſera tenu de n'employer aux paremens de maçonneries des logemens que du ſable de terre, reconnu de bonne qualité, ou du ſable de mer approviſionné un an d'avance, ſur une épaiſſeur d'un pied au plus, afin qu'il ait été lavé & deſſalé par les pluies d'hiver.

Lorſque les Officiers du Génie l'ordonneront, on fera les mortiers avec de la chaux vive, l'éteignant dans le ſable au même moment de la fabrication du mortier. On pourra auſſi quelquefois faire uſage d'une portion de chaux vive en poudre dans les mortiers & cimens, ſuivant les circonſtances où on le jugera néceſſaire. La chaux vive en poudre, ainſi employée, ſera payée à l'entrepreneur au prix fixé pour le pied cube de chaux vive, le foiſonnement devant tenir compte de la main-d'œuvre par laquelle on pulvériſera cette matiere ; mais le mortier fait entierement à la chaux vive, comme il vient d'être dit au commencement de cet article, ainſi que les maçonneries où il ſera employé, ſeront payés aux prix fixés en général pour ces objets ; les prix qui ſeront fixés à l'adjudication pour le pied cube de chaque eſpèce de mortier ne pouvant être employés que dans le cas où l'entrepreneur en fourniroit pour des ouvrages non-ſuſceptibles d'être toiſés, ou qui ne ſeroient pas compris dans le bordereau de la préſente adjudication.

166. Les mortiers qui ſeront employés pour les maçonneries ſeront diſtingués en ſix eſpèces, en y comprenant une eſpèce de maſtic & un ciment fait avec de la pozolanne.

167. La premiere eſpece, appellée gros mortier, pour les maçonneries en moëllons des gros murs, tant de l'enveloppe que de l'intérieur du Fort de terre & de celui de mer, ſera compoſée de deux tiers de ſable non terreux & criant à la main, & d'un tiers de chaux coulée, corroyé & battu avec peu d'eau & à force de bras, & rebattu avant de s'en ſervir ; obſervant, s'il n'eſt pas mis auſſitôt en œuvre, d'obliger l'entrepreneur de le faire rebattre très-ſouvent, de peur qu'il ne durciſſe & ſe réduiſe en pierre, ce qui ſera pareillement obſervé pour les autres eſpèces de mortiers ci-après.

168. La deuxieme efpèce de mortier, appellé mortier fin, fera compofé de deux tiers de fable fin paffé à la claie, & même au tamis, s'il eft néceffaire, & d'un tiers de chaux coulée; ledit mortier battu & corroyé comme ci-deffus à plufieurs reprifes, & avec encore plus d'attention.

169. Il fera fixé à l'adjudication deux prix pour le pied cube de chacune de ces deux efpèces de mortiers, l'un pour le cas où ils feront faits à l'eau-douce & avec du fable exempt de fel de mer, l'autre pour le cas où on y aura employé du fable & de l'eau de mer.

170. La troifieme efpèce de mortier, appellé ciment à pofer, fera compofée de deux parties de tuilots ou de verre, d'une partie de craffe de verre ou craffe de forge, ou de recoupes de pierres de taille, le tout pilé & paffé au tamis de tôle percé de trous d'une ligne & demie de diamètre, & de deux parties de chaux coulée. Ce mortier doit être battu fur des plattes-formes en planches & corroyé à force de bras, avec peu d'eau à plufieurs reprifes, & affez fouvent pour qu'il ne fe durciffe pas avant de le mettre en œuvre.

171. La quatrieme efpèce de mortier, appellé gros ciment, deftiné principalement à garnir la queue des pierres de taille, fera compofée de deux parties de tuilots ou verre, d'une partie de craffe de verre ou craffe de forge, ou recoupe de pierres de taille, le tout pulvérifé & tamifé au tamis de tôle percé de trous de trois lignes de diamètre, & de deux parties de chaux coulée; ce ciment fera fait, battu & corroyé, ainfi que le précédent.

172. Il fera fixé, à l'adjudication, un prix pour le pied cube de chacune de ces efpèces de ciment. Au cas où l'on emploiera du ciment dans les paremens de maçonneries de logemens, il fera fait avec de l'eau douce, & néanmoins payé au même prix que la même nature de ciment, fait à l'ordinaire.

173. Le maftic, pour les jointoyemens de la pierre de taille de l'enveloppe, fera compofé de terraffe de Hollande, cendrée de Boulogne, pouffiere de verre, chaux vive, huile de noix & de limaçon, pourvu toutefois que les circonftances permettent de fe procurer, par mer, de la terraffe de Hollande & de la cendrée de Boulogne; ou fi la guerre y mettoit obftacle, on chercheroit à fuppléer à ces matières, par celle de la meilleure qualité équivalente du pays, & au gré du Directeur des Fortifications; il fera fixé un prix pour le pied cube de ce maftic.

174. On pourra employer de la pozolanne pour un ciment particulier,

ticulier, qui fera compofé de deux parties de pozolanne & d'une partie de chaux, dont le mélange ne doit fe faire qu'au moment de l'employer. Il fera fixé un prix pour le pied cube de ce ciment.

175. Les prix qu'on vient de dire devoir être fixés à l'adjudication pour ces différentes efpèces de mortiers, ne pourront être employés que dans les cas où l'entrepreneur fournira de quelqu'une de ces efpèces de mortier, pour des ouvrages non-fufceptibles d'être toifés.

176. Lorfque, par négligence, l'entrepreneur ou fes commis auront laiffé durcir de la chaux ou de quelqu'efpèce de mortier ou ciment que ce foit, de maniere à ce qu'il ne puiffe plus être employé utilement, lefdits objets détériorés feront jettés à la mer, aux frais de l'entrepreneur.

177. Il eft très-important que les mortiers & cimens foient de la meilleure qualité, & dofés ainfi qu'il eft dit; à cet effet, il eft expreffément défendu à l'entrepreneur d'emmagafiner aucun ciment qu'il pourroit acheter réduit en poudre; il fera tenu de le fournir en groffes maffes, qui feront réduites en poudre dans les magafins du chantier, & dépofés enfuite dans quelqu'endroit fermant à clef, où chaque efpèce fera féparée; les faifeurs de ciment & mortier feront payés à la journée, & ne pourront l'être à la tâche fous quelque prétexte que ce foit; l'entrepreneur n'emploiera que ceux qui feront approuvés des Officiers du Génie, fur l'attelier, en tel nombre qu'ils le jugeront convenable, & ils ne pourront être renvoyés qu'avec l'approbation de ces Officiers.

V.

Maçonneries.

178. On comprend, fous le nom de maçonneries ordinaires, celles compofées de moëllons & de gros mortier, telles que les maçonneries au derriere de la pierre de taille de l'enveloppe du Fort de mer, celles des efcarpes & contre-efcarpes, des murs de fouterreins, cafemates & poternes, façades de bâtimens, piliers de plattes-formes, & généralement de tous ceux dont l'épaiffeur excédera deux pieds.

179. Ces maçonneries feront faites avec le moëllon provenant de l'excavation des foffés, & le prix de la toife cube fera débattu & fixé au rabais à l'adjudication. Dans le cas où l'on emploiera,

N

dans les paremens de maçonneries de logemens , dudit moëllon , tiré des excavations où l'eau de la mer fera entrée , ce ne pourra être que du moëllon mis en dépôt & entoifé depuis long-tems , afin qu'il ait été lavé par les pluies. S'il arrivoit que quelques maçonneries fuffent faites avec des moëllons non-provenus des excavations , le prix de ces maçonneries excédera d'un dix-huitieme celui fixé ci-deffus ; les moëllons feront ferrés les uns contre les autres , arrangés & bien affis fur leur plus belle affiette , frappés du marteau & garnis avec attention dans les joints avec d'autres pierres plus petites ; fur lefquelles on appliquera un bon lit de gros mortier , que l'on fera exactement entrer dans les joints ; après quoi on pofera d'autres pierres frappées auffi du marteau en bain de mortier , foufflant de tous côtés par les joints , puis on appliquera , fur cette maçonnerie , une nouvelle couche de mortier , & on y arrangera des pierres , ainfi qu'il vient d'être dit ; ce qui fera continué jufqu'à hauteur de l'ouvrage , enforte qu'il n'y ait point de mortier fans pierres , ni de pierres fans mortier.

180. Toutes ces maçonneries feront exactement jointoyées par devant , par derriere , & autour des contre-forts ou pieds-droits des fouterreins ; & l'entrepreneur en fera payé à la toife cube.

181. Il fera fixé , à l'adjudication , un prix pour la toife quarrée de parement vu de maçonnerie , que les Officiers du Génie jugeront convenable de faire avec le moëllon provenant de la carrière de Barbençon. Ce parement ne pourra avoir moins de 18 pouces d'épaiffeur & à proportion , & fera toifé à part fur ladite épaiffeur , & l'on déduira fon cube de celui de la maçonnerie , dont il fera partie.

182. La partie des maçonneries de l'enveloppe , qui fera expofée à la mer , fera garnie de chaînes de libages felon le befoin , dans l'épaiffeur des murs & des contre-forts : ces libages feront pofés en liaifon fur leur lit , battus à la maffe de bois , jufqu'à ce qu'ils foient bien affis , & leurs joints feront garnis en moellons & pierrailles , à mortier foufflant ; le cube de ces libages fera toifé à l'entrepreneur , & déduit de celui de la maçonnerie.

183. Le cube , occupé par la pierre de taille , fera déduit de la maçonnerie dont il fera partie ; dans les gros revêtemens , où l'on pratiquera des portes , poternes & embrafures , les vuides en feront déduits pour le toifé & les voûtes , ainfi que le cube & parement des pierres de taille , feront toifés féparément : Il en fera de même pour les fouterreins , galeries & autres voûtes hors de l'épaiffeur des revê-

(51)

temens; foit qu'ils y tiennent ou non, leur vuide entier fera déduit
du toifé.

184. A l'égard de la façade des fouterreins, l'entrepreneur fuivra
de même tout ce qui vient d'être dit pour la conftruction & le
toifé, & le cube de la pierre de taille qui y fera employée pour
pieds-droits de portes & fenêtres, linteaux, appuis, feuils, plinthes,
marches, jambages, manteaux de cheminées & couronnement
de murs, fera toifé féparément, & déduit de celui de la maçonnerie.

185. Lorfque le parement de murs fera en moëllon ordinaire, ce
moëllon fera choifi, bien dreffé en dehors & en dedans, affujetti
aux affifes de pierres de taille des encoignures, pieds-droits & jambages, portes & fenêtres, & élevé bien à plomb, ou avec le fruit
ordonné, & s'il eft néceffaire, recouvert en dehors d'un crépis du
meilleur mortier, bien dreffé & fouetté à la truelle, & le parement
de dedans avec un grifage de mortier doux & blanchi au lait de
chaux & à la colle, s'il eft jugé néceffaire; lefquels paremens, crépis,
grifages & blanchiffages, feront payés & toifés féparément.

186. L'entrepreneur fera tenu de faire arrofer les maçonneries à
mefure qu'elles s'éleveront, auffi fouvent qu'il fera prefcrit pendant
les grandes chaleurs de l'été, & de faire jointoyer à fes frais, exactement & proprement dans la belle faifon, le parement de toutes les
maçonneries, fur lefquelles on ne devra pas appliquer de crépis ou
enduit; en forte que fi le jointoyement fe détachoit, l'entrepreneur
feroit obligé de recommencer au printems. Ne pourra ledit entrepreneur s'établir fur aucune maçonnerie à laquelle on n'auroit pas
travaillé depuis 24 heures, fans la faire balayer & arrofer, & il
aura foin de faire replacer les pierres qui ne feroïent plus bien affifes.

187. Les heuzes & encaftremens pour les crampes qui feront
fcélées dans les pierres de taille, feront payés aux prix qui feront réglés fuivant leur grandeur & difpofition. On les multi-
pliera autant que la folidité de l'ouvrage l'exigera, & il fera tenu
compte à l'entrepreneur des crampons de fer & du plomb pour
les fcéler.

188. Il entrera dans les différens paremens autant de boutiffes
que de pannereffes pofées alternativement, les premières de trois
à quatre pieds de queues & plus s'il eft poffible, & les autres
de deux pieds & demi. On piquera & on dreffera bien les paremens, ainfi que les lits & les joints montans, auxquels on donnera
au moins fept à huit pouces de plein à l'équerre. Les lits ne
feront point démaigris, afin qu'on puiffe affeoir la pierre quarré-
ment & folidement, à bain de mortier de la troifième efpèce;

les pierres feront garnies en moëllons & gros ciment fur trois pieds d'épaiffeur ; les joints auront deux à trois lignes au plus, ils feront ferrés & garnis par derrière avec des éclats de taillage les plus durs ; chaque affife de parement fera dreffée & ragréée avant qu'on pofe la fuivante : enfin on appuyera les panereffes par des boutiffes de tête à queue, dont la hauteur n'excédera pas celle des affifes de paremens.

189. Pour les voûtes, les premières routes portant douelles feront en briques, en moëllon efmillé des Fourches, en moëllon plat, ou en pierre de taille ; les routes fupérieures feront toujours en pierres plattes, ayant peu de longueur de douelle & beaucoup de queue. Ces moëllons feront pofés par affifes réglées d'un bout à l'autre de la voûte, & les joints dégauchis ou dirigés comme il fera prefcrit par les Officiers du Génie.

190. Dans le cas où les routes concentriques d'une voûte fe conftruiront féparément, avant de commencer l'une des routes fupérieures, celle du deffous fera coulée en mortier, arrondie & remplie de manière qu'aucune queue des pierres de cette route inférieure, ne déborde & ne puiffe s'engrener avec celles de la route fupérieure.

191. Les premières routes, lorfqu'elles feront en briques, feront toifées fur huit pouces d'épaiffeur ; les premières routes, en moëllons efmillés des Fourches ou en pierres plattes, feront toifées fur dix-huit pouces, & ne pourront avoir moins ; & celles en pierres de taille fuivant l'épaiffeur réduite qu'elles auront effectivement.

192. Il fera fixé, à l'adjudication, quatre prix pour la toife quarrée de ces quatre efpèces de maçonneries de voûtes.

193. Les premières routes des voûtes des logemens feront conftruites avec tous matériaux entièrement exempts d'eau de mer, mais toujours au même prix fixé pour les mêmes natures de maçonneries.

194. Les routes fupérieures feront payées à la toife cube, & il fera fixé, lors de l'adjudication, un prix particulier pour la toife cube de cette efpèce de maçonneries.

195. Les moëllons plats qui feront employés aux voûtes des fouterreins, auront au moins dix-huit pouces de longueur de queue, feront épincés, taillés & piqués avec foin, un peu plus épais à la queue, qu'à la tête qui formera la douelle, pour pouvoir fe trouver en coupe.

196. Les décharges en brique ou en moëllon brut dans l'intérieur

térieur des maçonneries, ne feront jamais payées comme voûtes :
elles ne le feront que comme les maçonneries dont elles feront
partie.

197. Les ceintres feront fournis par le Roi, & l'on y emploiera
le plus qu'il fera poffible les bois provenants des ceintres des
Forts Royal & d'Artois, lefquels appartiennent au Roi. L'entrepreneur fera tenu de les mettre en place, de les démonter, de
les mettre en magazin, & de les replacer pour conftruire de nouvelles voûtes, toutes fois & quantes que les Officiers du Génie
de l'attelier l'exigeront; il répondra même des fractures ou autres
accidens qui pourroient arriver en les montant, ou les démontant,
par la mal-adreffe, ou par la négligence de fes ouvriers. Cependant lorfqu'il fera jugé néceffaire de changer les dimenfions des
ceintres, il fera payé, au prix qui fera fixé pour le cent de folive
de charpente remaniée, du travail qu'il aura pu faire aux pièces
qui les compofent.

198. Les voûtes ne pourront être déceintrées, que les Officiers
du Génie de l'attelier ne l'aient ordonné; lorfqu'elles le feront,
on les jointoiera proprement.

199. Dans les cas où les Officiers du Génie de l'attelier jugeront néceffaire d'employer dans les maçonneries quelque mortier ou ciment particulier, à la place du mortier qu'on y auroit
employé, on tiendra compte à l'entrepreneur de l'excédent de la
valeur de cette matière.

200. Les maçonneries de moëllon de deux pieds d'épaiffeur
& au-deffous, en mortier de la feconde efpèce, feront élevées avec
les fujétions prefcrites pour les maçonneries ordinaires, & l'entrepreneur en fera payé à la toife quarrée du parement feulement.

201. De quelque endroit que proviennent les briques dont
on fera dans le cas de faire ufage, elles feront de la meilleure
qualité, bien cuites & bien fonnantes, fans gerçure ni bavure, &
la maçonnerie où l'on en emploiera, fera payée à la toife quarrée,
fur une brique boutiffe d'épaiffeur, & au-deffus en proportion;
& la maçonnerie de moëllon qui lui fera liée, fera toifée féparément au cube, quand-même elle fe trouveroit réduite à moins
de deux pieds d'épaiffeur.

202. Lorfque l'on emploiera de la brique pour les paremens
intérieurs des logemens, elle ne fera maçonnée qu'avec du mortier exempt d'eau de mer, mais elle fera néanmoins payée au
prix fixé en général pour cette efpèce de maçonnerie.

O

203. Lorſque les Officiers du génie jugeront néceſſaire de faire couronner d'un pavé de champ les parties de maçonneries qui feront expoſées à la mer, pour prévenir les avaries dans les coups de mer de l'hyver, l'entrepreneur l'exécutera en pierres plattes, ou ardoiſines; poſées à ſec, ſolidement aſſiſes, & d'équerre ſur l'eſcarpe, afin de préſenter moins de priſe à la mer; ce pavé ſera diviſé, ainſi qu'il ſera preſcrit, par des chaînes de libages, diſtinés à lui ſervir d'appui. Les pierres qui compoſeront cette nature de maçonnerie feront fortement ſerrées & emboîtées les unes dans les autres & à coups de marteau redoublés. On inſinuera dans leurs joints d'autres pierres en calles d'un plus foible échantillon, de manière à former un tout inébranlable.

Ce pavé en pierres sèches, nommé pavé de champ, aura pour hauteur, celle de la pierre de taille du parement auquel il ſera appuyé, laquelle ſera fixé à dix-huit pouces réduits, & l'entrepreneur en ſera payé à la toiſe quarrée de ſurface, en en déduiſant la ſurface vue des libages qui y feront employés; il ſera fait un prix pour la toiſe quarrée de ce pavé de champ.

Cette maçonnerie de champ ne ſera que proviſionnelle, & partant elle ſera démontée au moment de la repriſe des travaux, à l'effet d'être remplacée par une maçonnerie ordinaire. Sa démolition ſera aux frais de l'entrepreneur, qui prendra à ſon profit les matériaux qui en proviendront, à l'exception des libages qui appartiendront au Roi, & que l'entrepreneur ſera obligé de tranſporter à ſes frais aux endroits qui lui feront indiqués, & d'employer en maçonneries. Ces libages appartenants au Roi, ne feront pas toiſés quand même on ſeroit obligé d'y retoucher, & leur cube ne ſera pas déduit de la maçonnerie où ils feront employés ; leur volume ſervant à indemniſer l'entrepreneur du tranſport & de la poſe.

V I.

Des Avaries.

204. Lorsque les parties d'ouvrages expoſées à la mer eſſuieront des avaries, l'entrepreneur ſera payé des réparations qu'il fera aux groſſes maçonneries, moyennant les quatre cinquièmes du prix qui lui aura été accordé pour les maçonneries ordinaires.

205. Il ſera payé des maçonneries en ciment au prix qui lui aura été accordé pour cette nature d'ouvrages aux clauſes & conditions ci-devant preſcrites, ſans pouvoir cependant prétendre autre choſe

en fus que le tiers du prix qui lui fera accordé par pied quarré de parement vu de pierre de taille.

206. Les réparations à faire au pavé en pierres de champ, feront payées les deux tiers du prix qui fera accordé pour cette efpece de maçonnerie.

207. Au moyen des payemens ci-deffus énoncés, l'entrepreneur fera tenu d'arracher à fes frais les crampes, crampons, & plomb de fcellement qui feront par lui tranfportés dans les magafins du Roi, pour être employés de nouveau, lorfque l'Officier du Génie en chef fur l'attellier l'exigera, & fera obligé de replacer les crampes & crampons qui ne feront point déformés. Il fera payé du prix convenu pour le quintal de fer qu'il fera néceffaire de reforger, ou du plomb à refondre pour les fcellemens.

208. Lorfque les Officiers du Génie trouveront plus économique de faire réparer les avaries par des journaliers au compte du Roi, l'entrepreneur n'aura aucune répétition à faire.

209. D'ailleurs les avaries feront au compte de l'entrpreneur, quand il fera reconnu par les Officiers du Génie que dans les parties avariées, il ne s'eft pas conformé exactement aux inftructions qui lui auront été données, ou qu'il n'a pas mis la célérité néceffaire à leur exécution.

V I I.

Citernemens.

210. Les maçonneries de briques pour les citernemens feront faites de pavé de briques de champ pofées les unes fur les autres ; ce travail exige beaucoup de foin, d'attention & de propreté.

Pour faire le citernement, on étendera une bonne couche de mortier de ciment fin, d'environ un pouce d'épaiffeur, fur l'air ou platée de maçonnerie deftinée à recevoir ledit citernement, qui aura été précédemment foigneufement jointoyée, ainfi que les murs du contour de la citerne ou magafin d'eau, fur lequel on pofera les briques à la main en les faifant couler fur ladite couche de mortier diagonalemeut, de manière que ce mouvement ou preffion de la brique qu'on aura eu foin de mouiller, faffe fouffler le mortier qui fera flottant dans les joints montans, contre lefquels il aura été précédemment relevé, le tout en forte qu'il en refte deffous & dans les joints un bon demi-pouce d'épaiffeur : cela fait & après les avoir légérement frappées avec le manche du marteau ou de la truelle , on recirera avec attention le mortier defdits joints de la pointe de la truelle , obfervant d'en fouetter dans les endroits qui n'en feront pas entièrement remplis.

On n'entreprendra de ce pavé de fond que fur environ cinq à fix briques de largeur feulement , afin de pouvoir travailler les pavés de redoublemenr fans monter fur le premier pavé , dont il faut éviter avec grand foin de caffer les mortiers & d'y faire au-deffus aucune ordure ni pouffière en caffant la brique ou autrement , ayant même foin d'étendre une planche fur le devant pour pofer le pied du maçon qui y fera employé : on appliquera de même une pareille couche de mortier contre les murs du fond & des côtés de la citerne , fur la largeur feulement dont on aura entrepris le pavé de l'aire , obfervant de le terminer en retraite d'une demi-brique pour la liaifon avec la continuité dudit ouvrage , & fur laquelle couche on pofera avec la même attention que le pavé de fond , des briques de champ qui feront un pavé vertical , feulement à la hauteur qu'on pourra facilement arteindre ; & les joints en étant enfuite pareillement recirés , on jettera fur lefdits pavés des côtés & de l'aire , un coulis fait avec le même mortier , qu'on aura foin d'étendre avec un linge ou chiffon attaché au bout d'un bâton pour en remplir exactement les gerçures à mefure qu'elles s'ouvriront , avec attention même , lorfqu'il fera chaud , de couvrir l'ouvrage avec des paillaffons. Le premier pavé pofé , & après que le coulis en fera un peu pris , on appliquera fur le pavé de champ du bout & des côtés un enduit en plein , poli , liffé & ferré à la truelle du plafonneur ; on en fera de même fur le pavé de la citerne ; & après avoir de nouveau lavé cet enduit avec même coulis , on y appliquera une nouvelle couche de mortier d'un pouce d'épaiffeur , pour recevoir à mefure qu'on le pofera le fecond pavé , pareillement pofé de champ fur le bout & les côtés de la citerne & de plat fur l'aire , avec attention qu'il recouvre exactement les joints du premier ; les joints en feront recirés à la pointe de la truelle & fucceffivement paffés au coulis , enduits & polis dans le même ordre qu'il a été dit pour le premier , obfervant que le feeond pavé laiffe pour la reprife une amorce de deux pouces tant fur le citernement de l'aire que fur ceux des murs des côtés : les mêmes pavés feront répétés fix fois , & élevés fur les cotés à la hauteur qui fera prefcrite par le Directeur du Corps Royal du Génie.

On pofera fur le dernier pavé un bon enduit en plein , d'environ un demi-pouce d'épaiffeur , reciré avec attention , comme il a été dit , arrofé & lavé plufieurs fois de coulis , jufqu'à ce que le tout

étant

étant parfaitement pris & fec, il ne s'y faffe plus de nouvelles gerçures.

On ne peut trop répéter que cet ouvrage exige les plus grandes attentions, & l'entrepreneur ou le commis principal qui en fera chargé ne doit pas le perdre de vue un inftant.

L'entrepreneur fera payé de cette nature d'ouvrage à la toife quarrée de dix-fept pouces ou de deux briques d'épaiffeur.

V I I I.

Pierres de taille.

211. Toutes les pierres de taille qui feront employées à la conftruction du Fort de Querqueville feront tirées des carrières de Fermanville, Coqueville, Gatteville, & Montfarville ; elles feront les plus faines, & non des premiers lits trop près de la fur-face de la terre, bien dégauchies fur leurs faces, lits & joints, alignées aux paremens, & affujetties à l'ouverture des angles & aux panneaux pris fur les épures.

212. Les pierres de taille auront communément de dix à vingt pieds cubes ; celles des angles de la fortification des fous-baffes & lignes d'eau, des efcarpes & contre-efcarpes, feront entremêlées de moitié de pannereffes & moitié boutiffes, pofées en liaifon les unes fur les autres ; leur hauteur d'affife ne pourra être moindre de quinze pouces ; les pannereffes doivent avoir de longueur de queue au moins une fois & demie leur hauteur ; leurs faces de parement feront proprement piquées ; les joints feront pleins & piqués fur un retour au beuveau au moins de fept à huit pouces ; les lits feront repiqués proprement fur huit pouces au moins, & affez grands pour que chaque pierre, préfentée en place avant d'être garnie de mortier, fe trouve folidement affife & alignée à fon parement : au moyen de cette attention, il y aura le moins de mortier poffible, & on ne fera point obligé de relever les pierres par des cales qui déterminent tout le poids fur les arrêtes horizontales du parement.

213. Les hauteurs de toutes les affifes feront toujours réglées par les Officiers du Génie.

214. Les pierres de taille feront pofées à fec, fur deux ou trois pouces de largeur à compter du parement ; les joints & les lits fe conviendront parfaitement au moins fur fept ou huit pouces, & le devant fera rejointoyé & coulé en ciment fin après que l'affife fera

(58)

pofée; le derrière de ces mêmes pierres fera garni en gros ciment
ou en mortier.

215. A l'égard des cordons, plinthes, tablettes de revêtemens,
feuils, marches de portes & d'efcaliers, vouffoirs, gargouilles,
angles, pieds-droits, bandeaux de portes & de fenêtres, plinthes
& corniches de bâtimens, & autres pierres qui doivent être affujetties
à des dimenfions particulières, les Officiers du Génie de l'attelier
en donneront les deffins, auxquels l'entrepreneur devra fe conformer. Aux voûtes qui feront faites en pierres de taille, ou feulement
les arrêtes ou lunettes, les vouffoirs feront affujettis aux épures &
panneaux, bien dégauchis fur leurs lits, & joints de tête & de
coupe, leur épaiffeur fera fixée en proportion de la grandeur des
voûtes, depuis un pied jufqu'à deux.

216. Les plattes-formes des cafemattes de l'enveloppe, ainfi que
de toutes celles qui doivent recevoir de l'artillerie, feront de la
même pierre de taille que celle ci-deffus, mais choifies parmi celles
qui auront le grain le plus dur; ces pierres auront au moins un pied
d'épaiffeur aux angles & dans leurs parties les plus minces, & pas
plus de dix-huit pouces dans leur plus grande épaiffeur.

217. Le parement fera taillé au fin, & les joints feront repiqués
proprement fur fept à huit pouces, comme ceux des autres pierres.
Ces pierres feront pofées de même à fec dans les joints, fur deux ou
trois pouces à compter du parement, & le refte de fept à huit
pouces garni en ciment; ces joints feront enfuite coulés en ciment
pour achever de les remplir.

218. Si, dans l'intervalle d'un an après que lefdits pavés auront
été faits, il arrivoit que par défaut de bonnes cales fous les pierres,
quelqu'une d'elles fe fût enfoncée de trois lignes ou plus au-deffous
de fes voifines, l'entrepreneur fera obligé de la replacer, ou de re-
piquer les voifines, pour effacer cette inégalité, de maniere que
l'eau ne puiffe s'y arrêter. Il fera fait un prix, à la toife quarrée,
pour ce pavé.

219. Les libages qui feront employés pour former des chaînes
dans les parties de maçonnerie où cela fera jugé néceffaire, feront
payés au pied cube, & ce cube fera déduit de la maçonnerie dont
il fera partie: ces libages porteront au moins fix pieds cubes, &
l'entrepreneur fera tenu d'en fournir de toutes grandeurs, jufqu'à
vingt-cinq pieds cubes, felon qu'il fera jugé néceffaire; ils feront
tirés des carrieres de Fermanville, Gatteville, Coqueville & Montfarville, fi l'entrepreneur ne peut en trouver de convenable à portée
du travail.

220. Les boutisses de rencontre, mises derriere les pierres de taille qui auront besoin d'être contre-posées, seront buchées de maniere à toucher ces pierres de taille sur un grand nombre de point, & dérasées, ensorte qu'elles ne soient pas plus élevées que les pieres de taille.

221. Le parement des pierres de taille sera toujours developpé exactement, & payé au pied cube, soit que ces pierres aient un seul parement vu, soit qu'elles en aient plusieurs.

222. Pour déterminer le cube à payer à l'entrepreneur pour les pierres à un seul parement vu, on mesurera les longueurs des queues & celles des joints, jusqu'au point où les pierres commenceront à être éloignées de plus de quatre lignes l'une de l'autre; on écrira ces mesures sur le régistre d'attachement, en indiquant, à côté, les parties de l'ouvrage où elles auront été prises; on prendra la réduite de toutes ces mesures, & l'on aura l'épaisseur moyenne, par laquelle il faudra multiplier les surfaces du parement de toutes les pierres, dont l'épaisseur aura été ainsi mesurée.

223. Pour que l'entrepreneur soit engagé à fournir des pierres qui aient beaucoup de joints & de queue, il est arrêté que, quand une pierre aura plus de deux pieds six pouces de queue, on ajoutera deux pouces à la longueur mesurée; lorsque la queue aura plus de trois pieds, on ajoutera quatre pouces à sa longueur; & lorsqu'elle aura plus de trois pieds six pouces, on y ajoutera six pouces.

224. Lorsqu'un joint aura moins de sept pouces, en cas qu'il s'en glisse de tels, si on juge que la pierre puisse rester, on écrira *zéro* pour la longueur de ce joint; lorsque ce joint aura plus de huit pouces, on ajoutera deux pouces à sa longueur réelle; au-dessus de dix pouces, on y ajoutera quatre pouces, ensorte que l'entrepreneur trouvera de l'avantage à recouper ses pierres sur les côtés pour avoir des joints plus grands, quoique cela diminue le cube de la pierre

225. L'épaisseur réduite de toutes les pierres posées dans le courant de chaque campagne, sera calculée d'après la moyenne de toutes les longueurs des joints & des queues ainsi réglées, pour connoître le cube total à employer pour le toisé définitif de ladite campagne, en appliquant cette épaisseur réduite aux surfaces de paremens qui auront été toisées.

226. Pour intéresser les tailleurs de pierres à fournir des pierres

ayant les plus grands joints & lits poffibles, l'entrepreneur fera tenu, outre le paiement qu'il leur fera du parement, de leur payer encore, à un prix particulier, la furface des lits & celle des joints; mais lefdits lits & joints ne feront point toifés à l'ouvrier, au cas où l'une des arrêtes de ces lits & joints auroit moins de fept pouces.

227. Le cube des pierres de taille fera déduit de celui des maçonneries, le prix du cube de la pierre de taille devant comprendre les frais de fa pofe même, pour le cas de maçonnerie en ciment fur trois pieds d'épaiffeur, qui eft prefque totalement en pierre de taille, & dont le prix particulier, qui lui fera attribué, ne comprendra que celui du moëllon & du ciment employê à garnir les queues.

228. Les pierres qui auront plus d'une face parem'entée, les clavaux d'embrafure & autres pierres d'une forme compliquée, feront affujetties aux dimenfions prefcrites par les fufdits Officiers; non-feulement leur cube effeétif & leur parement feront toifés, mais auffi le cube de la moindre pierre équarrie, dans laquelle chacune de ces pierres pourra être comprife, & ce pour tenir compte du déchet occafionné par leur diverfe forme, & des frais de pofe. Ce cube de la pierre équarrie, circonfcrite à chaque pierre, fera payé à l'entrepreneur au prix général, fixé pour le pied cube de la pierre de taille; les fujétions de la taille feront payées comme il fera expliqué ci-après.

229. Le cube effeétif fera déduit des maçonneries.

230. Les paremens vus de ces pierres feront exaétement développés & payés au pied quarré, fuivant le prix qui fera adjugé, en fuppofant toutefois que la taille defdites pierres ne préfente pas plus de fujétion que celle des pierres ordinaires à un feul parement.

231. Lorfque la taille de ces pierres devra être payée plus cher à l'ouvrier, les Officiers du Génie ordonneront la plus-value convenable pour chaque pied quarré, & il en fera tenu compte féparément à l'entrepreneur, en y ajoutant dix pour cent pour fes avances & fujétions, & les quatre deniers pour livre. Toutes ces pierres feront d'ailleurs affujetties aux regles générales pour les lits, les joints, & les dimenfions relatives au cube.

232. On mettra dans la claffe des pierres à deux paremens, celles dont le contour & les moulures développés augmenteront le parement unique d'un quart ou plus.

IX.

I X.

Moellon efmillé.

233. Le moellon efmillé qui fera employé aux revêtemens des efcarpes & contrefcarpes, aux voûtes & murs du Fort de mer & de celui de terre, & à tous les endroits où il fera jugé convenable, fera tiré de la carriere des Fourches, ou de toute autre de même qualité, s'il s'en trouvoit de plus à portée des ouvrages. On a traité ci-devant des fujétions de celui qui feroit employé aux voûtes des fouterreins.

234. Les moellons efmillés pour les murs, foit à plomb, foit en talud, auront de dix-huit à vingt pouces de queue, fur au moins douze pouces de parement, & de trois à fix pouces de hauteur & plus, les lits bien dégauchis, ainfi que les joints qui feront retaillés promptement, fur au moins fix pouces de longueur, & plus maigres que gras, les paremens d'équerre, ou fuivant les talus prefcrits.

235. L'entrepreneur fera payé dudit moellon efmillé à la toife quarrée du parement vu, quelque part qu'il foit employé ; ce parement fera toifé fur dix-huit pouces d'épailleur, & fon cube fera déduit de celui de la maçonnerie.

X.

Chapes en ciment.

236. Les chapes en ciment ne font autre chofe qu'un enduit appliqué fur l'extrados des voûtes des fouterreins, difpofé en pente comme un toît, & avec noues & gargouilles, qui, lorfqu'elles feront jugées néceffaires, feront tenues les plus roides qu'il aura été poffible pour l'écoulement des eaux.

237. Ces chapes feront compofées de deux couches de ciment fin, dont la premiere en coulis de la confiftance qui fera jugée convenable par l'Officier du Génie en chef fur l'attelier ; elle ne fera appliquée qu'après que les voûtes auront été déceintrées, pour n'avoir plus d'affaiffement à craindre. On commencera par en gratter & en fouiller les joints, le plus avant qu'il fera poffible avec un crochet de fer ; on les balayera & nettoiera bien, en jettant avec force beaucoup d'eau, & on commencera enfuite la coulée, qui

fera répétée jufqu'à ce que tous les joints fe trouvent fuffifamment remplis, & abreuvés de ciment.

Le ciment fin aura fa confiftance ordinaire pour la feconde couche, qui fera appliquée lorfque la premiere fera à-peu-près feche, en obfervant de n'y fouffrir aucune ordure ou pouffiere, & à cet effet on aura foin d'étendre une planche fur le devant, pour pofer le pied du maçon qui y fera employé.

Cette feconde couche aura un pouce & demi ou deux pouces d'épaiffeur du même ciment; on l'étendra bien également à la truelle, on la battra en tous fens avec des petites battes de deux ou trois pouces de large, pour la comprimer & ferrer dans les joints; on la liffera enfuite avec d'autres battes de fer poli, de trois à quatre pouces de largeur, obliquement emmanchées, jufqu'à ce qu'elle commence à s'affermir; alors on la mouillera & frottera tous les jours une fois, pendant trois femaines ou un mois, avec uu torchon de draperie mis au bout d'un bâton & trempé dans du ciment délayé, en faifant même de nouvelles coulées, s'il fubfiftoit des fentes ou gerçures qui l'exigeaffent.

On obfervera de couvrir foigneufement ces chapes avec des paillaffons, pour les préferver de l'effet du hâle ou des ardeurs du foleil, & on continuera de liffer & mouiller, jufqu'à ce qu'on reconnoiffe qu'il n'y aura plus de gerçures à craindre; après quoi on étendra fur cette chape un lit de galets très-propres, qui fera recouvert d'un lit de mouffe, d'un lit de terre glaife, & de la terre de remblais. Cet ouvrage fera payé pour la chape feulement, toutefois à la toife quarrée, dont il fera fait un prix à l'adjudication.

X I.

Chapes en ardoifes épaiffes.

238. Lorsqu'on préférera de couvrir en pierres ardoifes l'extrados de voûtes en forme de toît, elles feront des carrières de Rhédon, ou de celles dés environs de Cherbourg. Lefdites pierres devront avoir de deux pieds & demi à trois pieds de longueur, dix-huit à vingt pouces de largeur : leur épaiffeur ne pourra être moindre que fix lignes, ni plus forte qu'un pouce ; elles feront efmillées & équarries proprement de manière qu'elles s'appliquent bien les unes fur les autres.

139. Ces pierres feront pofées de manière que chaque rangée foit recouverte aux trois quarts par la rangée fupérieure, & que

toutes les ardoifes d'une même rangée foit à-peu-près de même longueur. La partie d'en-haut par laquelle chaque ardoife dépaffe le rang inférieur fera garnie par-deffous de ciment & menues pierres, & de plus fixée par un éclat de la même pierre, paffant dans un œil fait au haut de l'ardoife.

241. Il ne fera point mis de ciment entre les lits des ardoifes qui fe touchent, ni à leurs bords inférieurs ; mais les joints qui féparent les ardoifes d'une même rangée feront garnis d'un cordon de ciment.

241. Il fera fixé pour cette couverture, toifée à la toife quarrée, deux prix : l'un, pour le cas où elle fera faite en pierres de Rhédon ; l'autre, pour le cas où on la fera avec des pierres du pays.

242. Les garnitures de plomb pour les faîtes & les rencontres des toîts avec les murs verticaux qui les terminent, feront faites comme le prefcriront les Officiers du Génie, & payées à part ; il en fera de même des attentions qu'il faudra apporter pour la difpo-fition du remblai fupérieur.

243. Lorfque les Officiers du Génie le jugeront à propos, cet ouvrage fera exécuté par économie, attendu la fujétion & l'importance de ce travail.

X I I.

Jointoiemens, Crépis, Grifage & Blanchiffage.

244. Les maçonneries de toutes efpèces feront rejointoyées avec mortier de la feconde, troifieme ou quatrieme efpèce, ou avec ciment de pozolanne ou maftic, fuivant qu'il fera ordonné. Ce join-toiement fera bien ferré dans les joints avec la pointe d'une petite truelle étroite appellée par les maçons truellot, & fans bavure fur la pierre. Pour les maçonneries d'affifes réglées, les joints feront de plus tirés à la règle, liffés avec le ciroir, après que lefdits joints auront été bien grattés avec un crochet de fer, puis balayés & arrofés.

245. Les joints de maçonneries de briques feront pareillement jointoyés & recirés proprement, après avoir été grattés, balayés & lavés, comme il a été dit : fi les joints viennent à fe dégrader, ils feront rejointoyés aux dépens de l'entrepreneur.

246. A l'égard des maçonneries en moellon brut, on fe con-tentera de les jointoyer folidement avec le même mortier, égale-

(64)

ment ferré dans les joints & fans bavure fur la pierre ; ce que l'on appelle jointoiement à pierres vues.

247. L'entrepreneur fera payé à la toife quarrée du jointoiement en pozolanne ou en maftic, de la pierre de taille de l'enveloppe du Fort du côté de la mer, pour lefquelles efpèces de rejointoiemens il fera fait deux prix à l'adjudication : l'entrepreneur ne pourra prétendre aucun paiement pour ceux des autres natures de maçonneries.

248. Quant au crépis à l'extérieur fur les maçonneries en moellon brut, il fera fait avec mortier de la deuxième efpèce, fouetté en plein, tant dans les joints que fur la pierre, & fans ceffe recoupé uniquement du tranchant de la truelle, toujours en remontant & fans être reciré que fur les bords ; cet ouvrage fe commencera par le pied des murs, fera bien dreffé à-plomb, fans y laiffer aucun creux, ni faillie, en obfervant qu'il ait au moins un demi-pouce d'épaiffeur fur les parties les plus faillantes des paremens des pierres. On aura à obferver, en conftruifant les murs qui doivent être crépis, d'employer au parement des pierres de peu de hauteur : le crépis n'auroit pas autant de folidité, fi les paremens avoient beaucoup de face. L'entrepreneur en fera payé à la toife quarrée.

249. A l'égard du grifage fur les murs, on aura pareillement gratté, & en outre balayé précédemment les joints & arrofé les paremens ; la première couche fera dreffée, autant qu'il fera poffible, & enfuite recoupée du tranchant de la truelle, pour fervir d'amorce à la feconde couche, qui n'y fera appliquée que lorfque la première fera à-peu-près sèche. Cette feconde couche fera faite avec le même mortier, corroyé foigneufement à plufieurs reprifes, pendant plufieurs jours, avec de la bourre en fuffifante quantité, ladite couche bien étendue, & exactement dreffée & polie à la truelle à plufieurs reprifes, de manière qu'elle ne puiffe fe fendre ; cette deuxieme couche fera appliquée avant que la première foit entièrement sèche, afin qu'elles faffent corps & liaifon enfemble : l'entrepreneur en fera payé à la toife quarrée.

250. On paffera fur les grifages & tous autres endroits où il fera ordonné deux couches de blanchiffage en lait de chaux, à la broffe, la dernière avec les ingrédiens convenables, appliquée tiède ; ce blanchiffage fera payé à la toife quarrée.

XIII.

X I I I.

Pavé de pierres plates.

251. LE pavé de pierres plates, posé en mortier, pour les souterreins & tous autres endroits où il sera ordonné de l'employer, sera de pierres ou schiste dur de la meilleure qualité, tiré des meilleures carrières du pays, proprement épincé & équarri au marteau, sur 10 à 15 pouces en quarré au plus de superficie, & trois pouces au moins d'épaisseur aux angles, rangé par route réglée & en liaison, & à joints serrés & posés en mortier fin, sur un lit de maçonnerie de 8 pouces d'épaisseur, le tout en mortier & moellon exempt d'eau de mer, ensuite jointoyé & reciré à plusieurs reprises avec le fer recourbé. Il sera fait un prix à l'adjudication pour ce pavé, à la toise quarré.

X I V.

Pavé ordinaire.

252. LE pavé ordinaire de pierre dure & quartzeuse, pour chaussées, passages de portes, ponts-dormans & autres endroits semblables, sera tiré des carrières de la meilleure qualité & les plus voisines, analogues, pour l'espèce, à celle du Roule ; ce pavé sera équarri au marteau sur cinq faces principales de 5 à 7 pouces de tête, & de 8 à 9 pouces de queue ; le dessous de 3 à 4 pouces en quarré, & jamais en pointe, posé en liaison sur un lit de sable d'un pied de hauteur, suivant les pentes, nivaux & revers ordonnés, les joints bien serrés de toute part. Ce pavé sera ensuite battu à la demoiselle pesant trente-cinq à quarante livres, jusqu'à ce qu'il ne s'enfonce plus ; & à la fin il sera recouvert, sur toute sa superficie, d'une couche de sable d'un pouce d'épaisseur.

Il sera fixé un prix, à l'adjudication, pour la toise quarré de ce pavé.

X V.

Charpente.

253. TOUS les bois neufs qui seront fournis & employés par l'entrepreneur aux ouvrages de ce Fort, comme ponts, barrières,

R

bafcules, planchers, cloifons, ceintres de toutes efpèces, pour la conftruction des voûtes & tous autres ouvrages quelconques dépendans de la fortification, feront de bois de chêne ou de fapin, coupés en bonne faifon, fecs & mis à vive-arrête, fans aubier, ni mauvais nœuds. On n'emploiera jamais de chêne gras venant du Nord, & particulièrement celui venant de Hambourg. Ces bois feront proprement & folidement affemblés à tenons & mortoifes, embreuvemens & doubles tenons, s'il eft jugé néceffaire ; ou par entailles avec renfort & embreuvemens à queue d'hironde, & tous autres affemblages convenables aux endroits où ils feront employés : lefdits affemblages retenus même en cas de befoin, par des boulons, chevilles, étriers & autres ferrures, qui feront pofés & frappés par les charpentiers & ferruriers, ainfi que les cloux qui attacheront tous les madriers.

254. Tous les bois employés comme charpente, de quelque qualité qu'ils foient, ainfi que les madriers au-deffus de deux pouces d'épaiffeur, feront payés à la folive, mis en place, y compris les tenons ; mais toutes les ferrures qui y feront employées feront payées féparément.

255. Il fera fait trois prix pour les différentes efpèces de charpente, l'un pour celles dont la plus grande dimenfion d'équarriffage fera de quatre pouces ou au-deffous, un fecond pour celles dont la plus grande dimenfion fera de quatre à neuf pouces, & un troifième pour celles qui auront des dimenfions au-deffus de neuf pouces.

256. Il a été dit que l'entrepreneur fera tenu de mettre en place les ceintres des voûtes qu'il fournira, & qu'il les démontera, remontera, ou tranfportera en magafin, toutes & quantes fois qu'il lui fera ordonné, fans pouvoir prétendre à cet effet d'autre prix que celui qui lui fera accordé par cent de folives de charpente neuve, & répondra même de la maladreffe ou négligence de fes ouvriers, & fera obligé de remplacer à fes frais les pièces qui fe trouveront hors de fervice. Mais lorfque cette charpente appartenante au Roi, devra être retaillée & recoupée pour fervir à des ceintres d'une autre dimenfion, il fuivra à cet égard ce qui lui fera prefcrit, & fera payé à un prix particulier du cent de folive des pieces de charpente qui auront paffé par les mains de l'ouvrier, lequel prix fera fixé à l'adjudication ; & on lui tiendra compte, comme deffus, des nouvelles ferrures qui y feront employées, ladite charpente appartenante au Roi devant être retravaillée avec le même foin & les même fujétions que celle des bois neufs.

257. La plus grande partie des ceintres néceffaires à Querque-

ville pourra être faite avec les bois des anciens ceintres des Forts Royal & d'Artois, qui appartiennent au Roi ; ces bois feront tranf-portés à Querqueville aux frais du Roi ; l'entrepreneur fera payé du travail qu'il y fera, comme il vient d'être dit.

X V I.

Menuiferie.

258. Les planches de chêne ou de fapin qui ferviront aux planchers, portes, contre-vents, lits de camp & autres ouvrages de menuiferie, auront au moins un pouce d'épaiffeur, feront bien faines, fans fente ni mauvais nœud, proprement travaillées, rabotées, blanchies à la varloppe, & jointes à raînures & languettes, ou à joints recouverts, felon qu'il fera prefcrit ; & payées, mifes en œuvres, à la toife quarrée, clous compris.

259. Il ne fera employé aucune planche qui n'ait été approvifionnée au moins de deux ans d'avance.

260. Les portes de fouterreins ou de cafernes, feront faites de planches de chêne, bien feches, de feize lignes d'épaiffeur, rabotées des deux côtés, affemblées à languettes, avec doubles tenons de rapport en chef, emboitées haut & bas, fortifiées de trois barres de même épaiffeur bien clouées & régnant fur toute la largeur des portes, dont deux recevront les pentures, & la troifieme affez large pour recevoir la ferrure. Elles feront payées à la toife quarrée, non compris les ferrures ; le prix de cette toife quarrée fera fixé à l'adjudication.

261. On paiera de même les contre-vents qui feront en bois de fapin, d'un pouce d'épaiffeur, avec emboitures & traverfes en chêne, & dont le prix fera fixé à l'adjudication.

262. Les croifées en petit bois feront faites avec bois de chêne bien fec & débité de fix ans au moins, travaillées proprement & folidement avec les dimenfions fixées par les Officiers du Génie, affemblées avec pointes de diamant ou avec plinthes & légies, les dormans garnis de leur meneau montant & impofte ; les chaffis à verre feront à couliffe, ou à battans garnis de jets-d'eau à leur traverfe inférieure.

263. Ces croifées feront payées au pied quarré, dormans & chaffis compris, toifées tant plein que vuide, mais non-compris le verre & les ferrures.

264. Les rateliers aux armes feront compofés de deux ou trois montans de bois de chêne, de trois à quatre pouces de groffeur, entretenus par des barres de la même groffeur, bien affemblés & garnis, fur lefdits montans, de dix chevilles à crochet d'un pouce & demie d'épaiffeur ; ces rateliers feront fixés folidement aux murs par des cloux à pattes, & payés à la pièce, ferrures non-comprifes.

265. Les rateliers pour les havre-facs feront d'une pièce fuivant la longueur des murs ; ils auront trois pouces de largeur fur deux pouces d'épaiffeur, garnis également de chevilles de bois à crochets, efpacées de pied en pied. Ils feront fixés horizontalement aux murs par des clous à pattes, & payés à la toife courante, les clous au compte du Roi ; ces rateliers, de l'une & l'autre efpèce, feront de bois de chêne bien fec, travaillés proprement & folidement.

266. Les planches à pain auront un pouce & demie d'épaiffeur & un pied de large ; elles feront foutenues avec deux étriers en bois, en fer, ou en cuivre, arrêtées folidement aux planchers ou voûtes & fixées à la planche avec vis & écroux ; elles feront payées au pied courant, le fer ou cuivre non compris.

267. Les tables pour les cafernes & corps-de-garde, feront de bois de chêne bien fec ; elles auront deux pieds & demie de hauteur, y compris la feuille qui fera rabottée bien unie au-deffus, & de trois pouces d'épaiffeur ; portées fur quatre pieds de trois pouces de groffeur, avec barres & traverfes, proprement & folidement affemblées : elles feront payées au pied quarré de la feuille.

268. Les bancs pour les cafernes & corps - de - garde auront un pied de largeur, & deux pouces d'épaiffeur ; les pieds en feront affemblés de même que ceux des tables, à la réferve que les bois n'auront que deux pouces de groffeur : ces bancs feront payés au pied courant.

X V I I.

Couverture en ardoifes & en pierres ardoifines pour les Bâtimens.

269. LES planches pour la couverture des batimens feront de fapin d'un pouce d'épaiffeur, bien faines, point fendues, bien dreffées, & clouées de deux clous fur chaque chevron.

270.

270. Les ardoifes feront tirées des meilleures carrières du pays, telles que celles du Roule, du vallon de la riviere d'Yvette, ou autres qui feront indiquées par l'Officier chargé des approvifion-nemens; elles feront fortes, fans tache, point caffantes, entieres & bien taillées, attachées chacune de trois cloux, en leur donnant de pureau le tiers de leur longueur.

271. Cette couverture fera faite par de bons ouvriers, & bien dreffée fur les arrêtiers, faîtes & larmiers, & payée à la toife quarrée, dans le prix de laquelle feront comprifes les planches, la main-d'œuvre, ainfi que les cloux.

272. Quant aux couvertures en pierres ardoifines, elles feront affujetties aux mêmes conditions que celles en ardoifes & en mortier de chaux & fable, les joints exactement recouverts en bon ciment, toifées & payées à la toife quarrée.

273. On ajoutera, en les toifant, fix pouces à la largeur pour tenir compte des larmiers.

274. Si l'on juge néceffaire d'ajouter à ces couvertures des crochets de fer, ils feront pofés fans augmentation de prix de la couverture, mais feulement pefés & payés au prix du cent de gros fer.

275. Les enfaîtemens feront en plomb ou en tuiles faîtieres de bonne qualité, bien cuites, fans fentes ni écornures, pofées en bon mortier de chaux & fable de mer fin, avec les joints relevés en crête, bien liffés à mefure qu'ils fecheront & feront payés & mis en œuvre à la toife courante, toute fourniture comprife.

X V I I I.

Ferrures.

176. Le fer qui fervira pour les groffes & menues ferrures fera tiré de Suède, de la meilleure qualité, point aigre, mais liant, & travaillé proprement, avec les fujétions néceffaires, fuivant la nature des différens ouvrages pour lefquels il fera deftiné, tels que broches, chevilles, gros & petits boulons avec leurs clavettes & rondelles, crampes & crampons de toute efpèce, barres de rouage, tourillons, crapaudines, garde-foux de ponts, tirans, ancres de bâtimens, grapins, linteaux, barres de trémie & cré-maillères, crémaillons pour les cheminées, gonds à repos, pentures de portes & contre-vents, pattes de toute efpèce pour retenir les croifées & rateliers; porte-havrefacs, crochets de couverture,

corbeaux pour porter les chêneaux des gouttieres , gaches pour les tuyaux de plomb , pivots, colliers à charnieres, fléaux pour les barrieres, verroux, grilles, barreaux de fenêtres, & tous autres ouvrages qui ne font point travaillés à la lime , mais feulement forgés , ainfi que les cloux au-deffus de fept pouces de longueur ; lefdites ferrures feront payées au cent pefant poids de marc , à un prix qui fera fixé à l'adjudication.

277. Les crampes & crampons qui n'auront été pofés que pour prévenir les avaries, dans la partie de l'enveloppe expofée à la mer, feront arrachés, fi on le juge à propos, aux frais de l'entrepreneur.

278. A la reprife de l'ouvrage , le fer qui en proviendra appartiendra au Roi, & l'entrepreneur fera tenu de le travailler , ainfi qu'il a été fpécifié pour le fer neuf, & il fera payé au cent, poids de marc , au prix qu'il lui fera accordé , comme étant fer reforgé.

279. Les crampes & crampons, qui auront pu être enlevés , fans avoir été tourmentés , & qui feront fufceptibles d'être employés de nouveau fans paffer au feu, feront auffi payés à l'entrepreneur au cent pefant , mais à un prix différent comme fer remis en place.

280. Les menus ouvrages de ferrurerie pour les bâtimens, tels que loquets, verroux à reffort, targettes, petites pentures en S, clefs, &c., feront compris fous le nom de fer à la lime , & payés à la livre à un prix particulier.

281. Les ferrures d'une efpèce mitoyenne , entre le fer à la lime & le fer fimplement forgé , fe paieront à la livre au prix de cette dernière efpèce de fer , avec une plus - value , réglée par les Officiers du Génie , d'après les difficultés de la fabrication.

282. Les ferrures feront ou communes ou à deux tours , encloifonnées & noircies à la corne , & dans cette claffe feront compris les cadenats à clefs & les ferrures à boffes pour les verrouils ; ou lefdites ferrures feront à tour & demi , avec bouton au pêne pour les ouvrir en dedans , & quatre vis en bois pour les attacher , le tout blanchi à la lime : les unes & les autres, garnies de leur clef, entrée, gache & crampons , feront payées à la piéce ; il fera fait un prix à l'adjudication pour chaque nature de ces objets.

283. Les tuyaux ou conduits de fontaine , qu'on pourra employer pour la conduite des eaux, feront de fer coulé de la meilleure qualité ; on n'admettra que ceux qui, étant remplis d'eau,

puis fermés par les deux extrémités avec des tampons garnis de chanvre & de fuif, & placés verticalement, ne manifefteront aucune ouverture, lorfque le tampon fupérieur fera frappé à coups redoublés par un manœuvre armé d'une maffe de quinze livres de poids, pour les tuyaux de trois pouces de diamètre, & pour les tuyaux plus gros, d'une maffe augmentant de deux livres par chaque pouce quarré de fection au‑delà de celle de trois pouces de diamètre.

284. L'épaiffeur des tuyaux fera déterminée par les Officiers du Génie, ainfi que leur longueur.

285. Pourront les Officiers du Génie, lorfqu'ils le jugeront à propos, commander les tuyaux, de forte que les brides des deux extrémités faffent des plans un peu convergens, pour que dans le cas où l'on auroit un tuyau à remplacer, il puiffe être ferré entre fes voifins à la manière d'un coin.

286. Les mêmes Officiers prefcriront la grandeur & épaiffeur des brides, ainfi que la forme des vis, & tout ce qui eft relatif à l'affemblage des tuyaux ; ils pourront de même exclure les qualités de fontes qui feroient fufceptibles de fe détruire trop promptement : il fera fait, à l'adjudication, un prix pour le quintal de ces tuyaux portés à pied d'œuvre, & il fera tenu compte à l'entrepreneur des frais de leur pofe ; le même prix appartiendra au quintal de fer fondu qui fera employé pour tous autres ouvrages, comme poëles, plaques de cheminées, &c.

287. Les cloux feront faits avec le fer le plus liant, des longueurs qui feront prefcrites, & lefdits cloux de fept pouces de longueurs & au-deffous, feront payés à la livre à un prix particulier.

288. La tôle, que l'entrepreneur aura à fournir, lui fera payée à la livre, au prix fixé à l'adjudication quelle que foit fon épaiffeur, laquelle fera réglée, fuivant les cas par les Officiers du Génie.

X I X.

Cuivre.

289. L'ENTREPRENEUR fera tenu de fournir, en fonte de cuivre, tous les ouvrages qui ne pourroient être en fer fans fe détériorer avec le tems, tels que crochets, organeaux de rappel pour les batteries, crapaudines & gonds pour les portes & fenêtres, robinets des fontaines, &c. : toutes ces piéces feront de la fonte de la meil‑

leure qualité, travaillées proprement, & conformes aux modèles qui en feront donnés.

290. Les Officiers du Génie pourront, fuivant l'exigence des cas, défigner à l'entrepreneur les manufactures defquelles il devra tirer les ouvrages de cuivre, pour lefquels la perfection de la main-d'œuvre, ou l'excellente qualité de la matière, feront indifpenfables, comme, par exemple, la manufacture de Romilly fur Andelle près de Rouen.

Il fera fixé un prix unique pour tous les ouvrages de cuivre, au cent pefant.

X X.

Plomb & Soudure.

291. Tout le plomb qui fera employé, fera bien épuré, uni, ni graveleux, ni terreux, & payé à la livre, au prix qui fera fixé.

292. Le plomb laminé aura depuis un ligne jufqu'à une ligne & demie & deux lignes d'épaiffeur, fuivant que les Officiers du Génie le jugeront néceffaire, bien foudé aux endroits convenables, avec foudure tiercée de fin étain à l'ordinaire : il fera fait un prix pour la livre de plomb laminé, de quelque épaiffeur qu'il foit.

Le plomb en table non-laminé aura quatre lignes d'épaiffeur & au‑deffus, jufqu'à un pouce ; il fera fait un prix particulier pour cette efpèce de plomb.

293. Il a été dit précédemment que l'entrepreneur fera chargé de faire arracher les crampes jugées inutiles ; le plomb qui en proviendra, appartiendra au Roi, fera refondu & coulé, & cette main-d'œuvre payée à l'entrepreneur au prix fixé pour la livre de plomb ainfi refondu. La foudure que l'on emploiera féparement, fera payée à la livre : on tiendra compte à l'entrepreneur des journées de plombier qui la mettra en œuvre.

X X I.

Vitres.

294. Les vitres neuves feront du plus beau verre de Rouen, qu'on emploie dans le pays, fans nœud, ni bouillon ; les carreaux de vitres pour les croifées en petit bois feront pofés en maftic, &

retenues

retenus dans les feuillures avec trois ou quatre pointes de fer : les vitres feront payées au pied quarré de leur furface effective, & ce prix comprendra celui des attaches & maftic.

X X I I.

Peinture.

295. La peinture en rouge pour les grandes porte, garde-foux de ponts ; bafcules, barrières, &c., fera faite de trois couches : la premiere, d'ocre rouge, bien broyé avec de bonne huile de lin, qu'on aura rendue ficcative, en la faifant bouillir avec de la litarge d'or ; les deux autres couches, qui feront appliquées après que la précédente fera sèche, feront de la même compofition, à laquelle on ajoutera même quantité d'ocre rouge & le quart de mine de plomb, fans addition de litarge, le tout bien broyé fur le marbre avec fuffifante quantité d'huile de lin ; lefdites couches étendues avec foin, de manière qu'elles couvrent parfaitement le bois, pénètrant jufqu'au fond les gerçures & joints, & faffent un bon corps : cette peinture s'appliquera par un beau tems, fans vent, & non dans les chaleurs de l'été.

296. La peinture en couleur de bois, pour les portes, contrevents & croifées des bâtimens, & tous autres endroits où il fera ordonné, fera faite pareillement de trois couches : la première d'ocre jaune, avec le quart de blanc de cérufe, & addition d'une once de brun rouge, & de deux gros de noir de fumée calciné pour une livre de blanc, & avec fuffifante quantité d'huile de lin ficcative, comme il a été dit ci-deffus pour la peinture en rouge.

Les deux autres de même compofition, mais avec de l'huile de lin ordinaire.

297. La peinture en noir, pour les gros fers expofés aux injures de l'air, fera compofée de noir de fumée parfaitement broyé, & incorporé avec de l'huile de lin.

298. La peinture en blanc pour les croifées, fera faite pareillement de trois couches, avec cérufe pure & pareille huile de lin.

299. La peinture en verd pour les portes & croifées, fi l'on préfère cette couleur, fera appliquée de trois couches, dont la première en blanc & les deux autres en verd, compofée de verd de gris, de blanc de cérufe, incorporés avec de l'huile de lin.

300. Toutes lefquelles peintures feront payées à la toife quarrée, favoir : pour les croifées, en mefurant la hauteur & la largeur d'un

T

feul côté, fans aucun développement des moulures, feuillures, ni épaiffeur des bois, pas même des dormans, comme auffi fans déduction du vuide entre les bois de chaffis ; & pour les portes, les bois des ponts & autres charpentes, ainfi que les fers, le toifé fera fait à l'ordinaire par le développement de toute leur furface, qui fera peinte.

Le Préfent Devis conforme à l'original dreffé à Cherbourg le 7 Août 1788. *Signé*, de Caux, de Bizy, Meufnier, d'Obenheim & autres Officiers au Corps Royal du Génie, aux nouvelles rédactions contenues en l'extrait du projet de Devis fait à Cherbourg le 24 Septembre 1788, figné comme deffus, lefquelles deux pièces, étant dans les bureaux de la fortification, ont été communiquées par M. le Comte de Puyfegur à la commiffion nommée par le Roi pour l'examen du marché de Querqueville, & aux dernieres corrections portées en la nouvelle rédaction de quelques articles du Devis arrêtée à Verfailles le 13 Mars 1789, par nous fouffignés, membres de ladite commiffion.

Verfailles le 20 Mars 1789.

Signé, d'Obenheim, Meusnier, Laporte, le Chevalier de Borda, Fourcroy, le Duc de Harcourt.

Ordonné d'imprimer le prefent Dévis, à Verfailles, ce 30 Mars 1789.

Signé, PUYSEGUR.

ÉTAT GÉNÉRAL apperçu de tous les Matériaux, Approvifionnemens, Etabliffemens, Machines & Uftenfiles appartenans aux premiers Entrepreneurs des travaux de Querqueville, exiftans à l'époque du 1ᵉʳ Novembre, tant fur les chantiers de Querqueville, que fur les différentes carrières & dans les magafins; ainfi que des Engagemens contractés par lefdits anciens Entrepreneurs, lefquels ayant été reconnus fpécialement deftinés aux Ouvrages de Querqueville & relatifs auxdits travaux, doivent être repris par le nouvel Adjudicataire, & continués par lui.

ÉTAT COTTÉ A.

UMÉROS des RTICLES.	Quantités.	DÉSIGNATION DES OBJETS.
		Sur le Chantier de Querqueville.
Art. 1ᵉʳ.	32,234...	Pieds cubes de pierre de taille brute, en 2,118 blocs.

Toute pierre de taille brute au-deffous de quatre pieds cubes pourra être refufée par le nouvel Adjudicataire, comme ayant été approvifionnée contre les difpofitions du paragraphe 69 du Devis accepté par les Entrepreneurs, le 4 Juin 1787.

Les blocs énoncés ci-deffus font recevables.

En exécution du paragraphe 7 du nouveau Devis, l'on donnera les renfeignemens relatifs aux prix que les Entrepreneurs ont payé la pierre de taille brute, uniquement pour l'inftruction des Enchériffeurs, & fans que ces détails doivent déterminer le prix auquel le nouvel Adjudicataire fera tenu de payer lefdits approvifionnemens aux anciens Entrepreneurs ; ce prix dépendant encore de l'eftimation qui aura lieu après l'adjudication.

Le prix de la pierre de taille brute, tranfportée fur le chantier de Querqueville, eft compofé de celui de fon extraction aux carrières, du tranfport au bord de la mer, du chargement à bord des gabarres, du fret, du déchargement à Querqueville, & du tranfport du bord de la mer au chantier.

A

NUMÉROS des ARTICLES.	Quantités.	DÉSIGNATION DES OBJETS.

Suite des Objets sur le Chantier de Querqueville.

D'après les marchés des Entrepreneurs avec les fendeurs, l'extraction a été payée généralement à 5 sols par pied cube, à l'exception d'une petite quantité exploitée dans une partie du district de Cocqueville, au prix de 4 sols par pied cube; mais ces pierres étant en même tems plus éloignées des embarcadaires, leur transport a été plus cher : on comptera donc généralement l'extraction à 5 sols par pied cube.
ci. . . . . »¹ 5ᶜ »

Le transport aux embarcadaires a été payé, les années précédentes, à raison de 2 sols & 2 sols 6 den. par pied cube; les Entrepreneurs étant tenus de faire les grosses réparations & renouvellement de triqueballes & ustensiles nécessaires au transport. Pendant la présente année, le prix du transport a été de 2 sols 9 deniers dans le district de Gatteville, & de 3 sols dans ceux de Fermanville & Cocqueville, les voituriers étant chargés de tout entretien quelconque & renouvellement des triqueballes & ustensiles. On emploiera ces derniers prix comme tenant compte de l'entretien des voitures; & en supposant que les trois districts ont produit la même quantité de pierres, le prix moyen du transport par pied cube sera de 2 sols 11 den.
ci. » 2. 11

Le chargement à bord des gabarres est revenu à 10 deniers le pied cube de prix moyen; mais les Armateurs & Capitaines des gabarres en sont chargés, ainsi que du pilotage. . . . . Mémoire.

Le transport par mer a été payé à 5 sols 6 deniers par pieds cube, dans les districts de Fermanville & Cocqueville, & à 6 sols dans celui de Gatteville. Quelques gabarres ont même transporté des pierres de ce dernier district au prix de 6 sols 6 deniers; mais ces pierres ont été transportées au Fort Royal ou au Fort d'Artois, & non à Querqueville.

En supposant que les trois districts aient fourni éga-

». 7. 11.

NUMÉROS des ARTICLES.	*Quantités.*	DÉSIGNATION DES OBJETS..
SUITE *de l'*ART. I.		

(col. 1) SUITE *de l'*ART. Ier

Suite des Objets sur le Chantier de Querqueville.

Ci - contre.. . . . . . . »¹ 7ᶜ 11ᵈ

lement, le prix moyen du fret eſt de 5 ſols 8 deniers par pied cube, chargement & pilotage compris.
ci. . . . . » 5. 8.

D'après les marchés paſſés par les Entrepreneurs pour le déchargement des différentes gabarres à Querqueville, le prix du pied cube a été moyennement un peu moins de 5 deniers.
ci. . . . . » » 5.

Le marché des Entrepreneurs avec le ſeul voiturier chargé du tranſport de la pierre de taille de la grève au chantier de Querqueville, eſt ſur le pied de 18 ſols par bloc.

D'après le recenſement général de toutes les pierres tranſportées à Querqueville pendant la campagne de 1788, le cube moyen de tous les blocs eſt de 11 pieds cubes 7 pouces.

Le ſuſdit tranſport revient donc à 1 ſol 7 deniers de prix moyen par pied cube.
ci.. . . . . » 1. 7.

TOTAL pour un pied cube de pierre de taille brute, rendu dans le chantier de Querqueville. . . . . . . » 15. 7.

Le prix ci-deſſus ne comprend point les frais d'indemnité des dégâts aux carrières, pour l'exploitation & le tranſport des pierres de taille. Les Experts auront égard à cette obſervation, pour l'eſtimation du prix deſdites pierres ; on citera ici à ce ſujet, le ſous-marché paſſé aux Sᵗˢ Martin & d'Aumas le 14 Janvier dernier, lequel porte les frais de la pierre de taille, tranſportée & non chargée à bord des gabarres, à 9 ſols 7 deniers & demi de prix moyen, & le tranſport ſeulement à 4 ſols ; ce qui donne pour l'extraction, les indemnités de terreins, & tous frais quelconques d'adminiſtration relatifs à l'extraction ſeule, 5 ſols 7 deniers & demi par pied cube. Le prix de 4 ſols exprime également les frais de tranſport, des chemins & indemnités relatives.

NUMÉROS des ARTICLES.	Quantités.	DÉSIGNATION DES OBJETS.

A R T. 2.ᵉ

Suite des Objets sur le Chantier de Querqueville.

40,240... pieds cubes de pierre taillée au fin, en 6,335 blocs.
5,624... pieds cubes de pierre de taille esmillée, en 900 blocs.
5,127... pieds cubes de pavé de granit taillé au fin, en 702 blocs.
2,319... pieds cubes de pavé de granit esmillé, en 376 blocs.

Le nouvel Adjudicataire pourra refuser de reprendre toute pier taillée ou esmillée dont le cube sera au-dessous de quatre pieds cube Il pourra refuser pareillement toute pierre taillée qui ne seroit pas su ceptible d'être admise dans la maçonnerie : on évalue à 5,000 pie cubes la quantité de pierres taillées qui se trouvent dans ce dernie cas, & qui ne pourront être employées qu'après avoir été taillées nouveau ; le déchet qu'elles auront à supporter devra être apprécié p les Experts.

Le prix du cube de la pierre taillée, dans lequel n'est point com pris le prix de la taille, qui s'évalue au pied carré de parement, qui sera porté à l'article suivant, est composé du prix d'un pare volume de pierre brute, augmenté de celui du déchet occasionné par taille, que l'on évalue communément à un huitième du cube brut. faut donc augmenter d'un septième le prix du pied cube de pierr brute, pour avoir celui du pied cube de pierre taillée.

Prix du pied cube de pierre brute trouvé ci-dessus. »ˡ 15ᶜ 7ˡ
Un septième en sus. . . . . » 2. 3.
Prix du pied cube de pierre taillée, non compris
celui de la taille. . . . . » 17. 10.

Même observation qu'à l'article précédent pour les frais d'indem nités relatifs à l'extraction & au transport, auxquels les Expert devront avoir égard.

A R T. 3.ᵉ

34,100... pieds carrés de parement de la pierre taillée au fin, portée c dessus.

5,851... pieds carrés de parement de la pierre esmillée, portée ci-dessus.

On doit observer que les Entrepreneurs ont tenu compte aux tai leurs de pierre de la sujétion de certaines pierres, telles que celles de
tinée

NUMÉROS des ARTICLES.	Quantités.	DÉSIGNATION DES OBJETS.

SUITE
l'ART. 3.ᵉ

Suite des Objets sur le Chantier de Querqueville.

tinées au tracé des casemates, en leur payant une augmentation ou plus-value sur la surface réelle du parement : cette plus-value est comprise dans les 34,100 pieds carrés de parement portés ci-dessus, & montent séparément à 542 pieds carrés en sus de la surface du parement desdites pierres.

Le pied carré de parement de pierre taillée au fin, a été payé aux tailleurs de pierre à 16 sols.
ci . . . . »¹ 16ᶠ »ᵈ

Le pied carré de parement de pierre esmillée a été payé à 10 sols.
ci . . . . » 10. »

ART. 4.ᵉ

1,200... toises carrées de moellon esmillé de la carrière des Fourches.

UNE partie de ce moellon n'a pas les dimensions ou la forme prescrite, ou est taillée d'une manière défectueuse, & doit être retravaillée pour être admise dans les maçonneries : on peut évaluer à environ un sixième de perte le déchet qu'il doit éprouver, pour être rendu recevable. D'après des relevemens faits des sommes payées aux carreyeurs qui travaillent à la journée, l'extraction du susdit moellon revient à 7 livres la toise carrée. La taille se paye aux tailleurs de pierre 8 sols le pied carré, ou 14 livres 8 sols la toise carrée. Enfin le transport à Querqueville se paye aux voituriers 7 liv. 10 sols la toise carrée ; ce qui fait en tout 28 livres 18 sols par toise, non compris les frais de découverte de carrière, ceux des outils des carreyeurs, & ceux de l'entoisé à Querqueville.

D'après le marché passé par les Entrepreneurs aux sieurs BRUN, CRESPIN & CORDEBAR, le 6 Août 1787, pour la fourniture dudit moellon des Fourches, rendu & entoisé à Querqueville, la toise carrée est payée par les Entrepreneurs au prix de 39 livres, tous frais quelconques compris.

Prix d'une toise carrée de moellon esmillé des Fourches, rendu & entoisé sur le chantier de Querqueville, 39 liv.
ci . . . . 39¹ » »

B

NUMÉROS des ARTICLES.	Quantités.	DÉSIGNATION DES OBJETS.

Suite des Objets sur le Chantier de Querqueville.

ART. 5.ᵉ   438... toises cubes de moellon extrait sur le Cap de Querqueville.

Ces pierres extraites au compte du Roi, avant le marché du Juin 1787, ont été cédées aux Entrepreneurs au prix de 11 livr. 10 sols la toise cube, dont ils ont tenu compte.

Prix d'une toise cube de moellon extrait sur le Cap de Querqueville. . . . . 11ˡ 10ˢ ⟩

32... toises cubes de moellon de granit, entoisé, pro-venant des recoupes de la pierre de taille.

Ce moellon provenant du déchet de la pierre de taille, duquel o tenu compte précédemment, on manque de bases pour en apprécier valeur.

33... toises cubes de pavé de pierres dures, tiré des carrieres du Roul

On n'a point de détails sur le prix que les Entrepreneurs ont pa pour cet objet.

ART. 6.ᵉ   362... toises cubes de pierre à chaux, tirée des carrières de Valognes.

D'après les marchés des Entrepreneurs, savoir, celui passé JEAN PIÉDAGNEL, *le 28 Juillet 1787, pour l'extraction; celui passé à* CHARLES POIRIER, NICOLAS DANIEL & JE LE CHASSEUR, *le 29 Juillet 1787, pour le transport, ils o payé l'extraction de ladite pierre à chaux 13 liv. la toise cube, 72 liv. le transport à Querqueville; ce qui fait en tout 85 liv. D'ap un autre marché, passé au nommé* HUBERT, *le 10 Août 178 pour l'extraction & le transport réunis, la toise cube a été pa 86 livres.*

Prix moyen d'une toise cube de pierre à chaux de Valognes, rendue & entoisée à Querqueville. . . . . 85ˡ 10ˢ ⟩

ART. 7.ᵉ   116... toises cubes de pierre à chaux venant d'Isigny.

On manque de détails sur le prix auquel cette pierre calcaire a

UMÉROS des ARTICLES.	Quantités.	DÉSIGNATION DES OBJETS.

Suite des Objets sur le Chantier de Querqueville.

payée par les Entrepreneurs ; on sait seulement que le déchargement de cette pierre sur la grève a coûté trente sols la toise cube, & le transport, de la grève à l'endroit où cette pierre est approvisionnée, a coûté quatre sols par tombereau de dix pieds cubes ; ce qui revient à 4 livres 6 sols 5 deniers par toise cube.

　Déchargement sur la grève. . . . . 1ˡ 10ᶜ »ᵈ

　Transport de la grève au chantier d'approvisionnement. . . . . 4. 6. 5.

　TOTAL, non compris l'achat à Isigny & le transport par mer. . . . . 5. 16. 5.

ART. 8.ᵉ　6.000... boisseaux de charbon de terre venant d'Angleterre, pour les Ouvrages en fer.

Ledit charbon, que les Entrepreneurs font venir, exempt de droits, & qu'ils fournissent au nommé LE MORE, forgeron, engagé avec eux par marché passé le 7 Août 1787, pour leur faire la fourniture de tous les ouvrages en fer pour les travaux du Fort de Querqueville, est revenu audit LE MORE à 36 livres le tonneau de 30 boisseaux, rendu à la forge de Querqueville.

　Prix d'un boisseau dudit charbon, exempt des droits, 24 sols.
ci. 1. 4. »

2,000... Boisseaux de charbon de terre de Litry, pour cuire la chaux.

　Le boisseau coûte à Litry. . . . . ». 10. »

　Le transport de Litry à Isigny. . . . . » 7. »

　Le transport par eau d'Isigny à Cherbourg ou Querqueville, coûte 6 liv. par tonneau de 2,000 pesant ; le boisseau pèse 70 livres. Le transport par eau revient donc, pour un boisseau, à 4 sols 2 deniers & demi. . . » 4. 2½

　Le déchargement à Querqueville revient à 1 denier & demi par boisseau. . . . . » » 1½

　　　　　　　　　　　　　　　　　　1. 1. 4.

NUMÉROS des ARTICLES.	Quantités.	DÉSIGNATION DES OBJETS.

SUITE *de l'*ART. 8.ᵉ

Suite des Objets sur le Chantier de Querqueville.

De l'autre part. 1ˡ 1ᶠ

Le transport du bord de la mer jusqu'aux fours à chaux, revient à 6 deniers deux tiers par boisseau. . .   » »

TOTAL pour un boisseau de charbon de terre de Litry, rendu aux fours à chaux de Querqueville. 1. 1. 1

5,600 boisseaux de charbon de terre venant de Calais, pour cuire chaux.

On manque de détails sur le prix de ce charbon de terre : on seulement que le boisseau pèse 64 livres un quart ; que 106 bo seaux, mesure de Calais, pesant ensemble 281,536 livres, & fais 4,382 boisseaux, ont coûté 30 livres pour le debarquement, 130 livres pour le transport du bord de la mer aux fours à chau ce qui revient à 8 deniers trois quarts par boisseau.

Prix d'un boisseau, non compris l'achat à Calais, l'embarquement & le transport par mer de Calais à Querqueville. . . . .   » »

72... boisseaux de charbon de bois.

Le tonneau, contenant 30 boisseaux, coûte 18 livres rendu Querqueville.

Prix d'un boisseau de charbon de bois, 12 sols. . .   » 12.

ART. 9.ᵉ

300... toises cubes de sable non passé, approvisionné pour la fabricati des mortiers.

LA toise cube de sable, rendue sur le chantier, a été constamment payée par les Entrepreneurs, pendant la campagne de 1788, au prix de 6 livres. ci . . . .   6. » »

ART. 10

NUMÉROS des ARTICLES.	*Quantités.*	DÉSIGNATION DES OBJETS.

Suite des Objets fur le Chantier de Querqueville.

ART. 10.ᵉ — 8,415... pieds cubes de chaux éteinte, mefurés d'après la contenance des pleins à chaux.

D'APRÈS des marchés paffés par les Entrepreneurs avec des particuliers pour la fourniture de la chaux vive, le tonneau de 30 pieds cubes, rendu au bord des pleins à chaux, revient à 23 livres ; & ce prix fe trouve très-approchant de celui de la chaux cuite à Querqueville, d'après le compte détaillé qui en a été fait.

Prix du tonneau de chaux vive. . . . 23ˡ »ᶠ »ᵈ

Main-d'œuvre de l'extinction, d'après le relevé des journées payées par les Entrepreneurs, 18 fols par tonneau. . . . » 18. »

PRIX TOTAL de la chaux éteinte, provenante d'un tonneau de chaux vive. . 23. 18. »

Un tonneau de chaux vive fournit communément 40 pieds cubes de chaux éteinte, exactement mefurés fuivant leur volume effectif. Le prix ci-deffus, divifé par 40 donne donc, pour le pied cube de chaux éteinte, 12 fols environ.

Prix d'un pied cube de chaux éteinte. . . . . . »ˡ 12ᶠ »

La chaux coulée eft une fubftance très-variable, fuivant la plus ou moins grande quantité d'eau qu'elle retient, ce qui fait que l'on n'eft pas unanimement d'accord fur la quantité de chaux éteinte que produit un tonneau de chaux vive. Plufieurs auteurs l'eftiment beaucoup plus haut qu'on ne le fait ici, en portant le volume de la chaux éteinte au double de celui de la même chaux vive, ce qui tendroit à diminuer le prix ci-deffus.

ART. 11.ᵉ — 11,500... pieds cubes de pozzolane.

ON manque de détails fur le prix auquel les Entrepreneurs fe font procuré cette matière, tant pour l'achat à Civitta-Vecchia, que pour le fret jufqu'en rade de Cherbourg. On fait feulement qu'ils l'eftiment à 48 fols le pied cube, rendu à Querqueville ; mais comme ils l'ont achetée au quintal ; il conviendra que le nouvel Adjudicataire

C

NUMÉROS des ARTICLES.	Quantites.	DÉSIGNATION DES OBJETS.
SUITE de l'ART. 11.ᵉ		Suite des Objets fur le Chantier de Querqueville.

la reprenne de même, & que le prix en foit déterminé d'après le pièces authentiques que les Entrepreneurs produiront.

Le tranfport par mer à Querqueville s'eft fait par des gabarre employées au tranfport de la pierre de taille, dont l'équipage a été chargé du mouvement d'une embarcation dans l'autre. Chaque gabar rée a été d'environ cinq toifes cubes de poẓolane, & les voyages on été payés comme ceux de pierre de taille apportée des carrières, raifon de 500 pieds cubes de taille, au prix de 5 fols 6 deniers l'un faifant en tout 137 liv. 10 fols; ce qui revient, par pied cubé d poẓolane, à 2 fols 7 deniers.

Tranfport d'un pied cube à Querqueville. . . . . . »ˡ 2ᶠ 7ᵈ

Le déchargement a été payé 6 livres par gabarrée, ou pour 5 toifes cubes, ce qui revient, par pied cube, à 1 denier un tiers.

Déchargement d'un pied cube à Querqueville. . . . . » » 1⅓

Le tranfport, du bord de la mer au chantier, a été de 6 livres par toife cube; ce qui revient, par pied cube, à 6 deniers deux tiers.

Tranfport d'un pied cube, du bord de la mer au chantier. . . . . » » 6⅔

Prix d'un pied cube, non compris l'achat & le fret, rendu fur le chantier de Querqueville. . . . . . . » 3. 3.

Le pied cube pefant 84 livres, cette partie du prix revient, par quintal à. . . . . » 3. 10.

ART. 12.ᵉ   400... boiffeaux de mélange de tuileaux & de verre pilés pour les cimẹns.

Le tonneau de 30 boiffeaux de tuileaux pilés, eft payé par le Entrepreneurs, tous frais compris, à 27 livres.

Le tonneau de 30 boiffeaux de craffe de verre pilée, eft payé pa les Entrepreneurs à 30 livres.

Ce qui revient, par boiffeau du mélange de ces deux matières, à 19 fols.

Prix d'un boiffeau dudit mélange. . . . . . . »ˡ 19ᶠ »ᵈ

NUMÉROS des ARTICLES.	Quantités.	DÉSIGNATION DES OBJETS.
		Suite des Objets sur le Chantier de Querqueville.

ART. 13.ᵉ — 600... boisseaux de crasse de verre pilée.

D'APRÈS le renseignement ci-dessus, le boisseau de crasse de verre non mélangée, revient à 20 sols.

Prix d'un boisseau de crasse de verre pilée . . . . 1^l $»^f$ $»^d$

ART. 14.ᵉ — 300... boisseaux de débris de granit pilés pour le ciment.

LE boisseau a eté payé par les Entrepreneurs au prix de 6 sols, pour le pilage seulement.

ART. 15.ᵉ — *NÉANT.*   Mortiers & cimens faits

ART. 16.ᵉ — 3,000... livres pesant de fer en barre.

LE nommé LE MORE *a payé le fer, exempt de droits, au prix de 20 livres 10 sols le cent à Cherbourg.*

Prix d'une livre de fer en barres, à Cherbourg. . . . . $»$ 4. $1\frac{1}{5}$

Le transport de Cherbourg à Querqueville, est revenu audit LE MORE *à 6 livres par voyage de 2,000 à 2,400 pesant, ce qui revient par livre à environ trois cinquièmes de denier de prix moyen.*

Transport d'une livre de fer en barre à Querqueville. . . . . $»$ $»$ $»\frac{3}{5}$

Prix d'une livre de fer en barres, rendue à Querqueville. . . . . $»$ 4. $1\frac{4}{5}$

8,454... livres pesant de fer forgé, employé en crampes, bandages de roues, essieux, &c.

Par le marché passé au nommé NOEL LE MORE, *le 7 Août 1787, le fer forgé revient aux Entrepreneurs au prix de 7 sols la livre.*

Prix d'une livre de fer forgé. . . . . $»$ 7^f $»$

NUMÉROS des ARTICLES.	Quantités.	DÉSIGNATION DES OBJETS.

Suite des Objets fur le Chantier de Querqueville.

SUITE de l'ART. 16.ᵉ

4,018... livres pefant de clous de différens échantillons.

On manque de détails fur le prix de cet article.

ART. 17.ᵉ

48,140... livres de plomb en faumon.

On manque de détails fur le prix de cet objet.

84... livres de plomb laminé.

On manque de détails fur le prix de cet objet.

ART. 18.ᵉ

376... folives de bois de chêne neuf, en 254 pièces, depuis (6 & 8 d'équarriffage.

1,171... folives de bois de chêne neuf, en 254 pièces, depuis (9 & 10 pouces, jufqu'à (20 & 21) pouces d'équarriffage.

LESDITS bois n'étant pas tous à vives-arrêtes, ni exempt d'aubier fupporteront un déchet que l'on peut évaluer au quinzième.

Par marché paffé le 14 Août avec le fieur EUDES de Pontorfon pour 10 mille pieds cubes, les Entrepreneurs ont eu le bois de chên neuf au prix de 45 fols le pied, rendu & déchargé fur la grève d Querqueville.

Prix dudit bois par folives. . . . . 6ˡ 15ˢ »ᵈ

Le tranfport de la grève au chantier a coûté 10 fols par pièce, ou 222 livres 10 fols pour les 445 pièces ci-deffus, dont le folivage monte en tout à 1,547. folives ; ce qui revient à 2 fols 10 deniers & demi par folive.

Prix du tranfport de la grève au chantier, par folives. . . . . » 2 10½

TOTAL pour une folive de bois de chêne neuf, rendue fur le chantier de Querqueville. 6ˡ 17ˢ 10½ᵈ

313 fol.

NUMÉROS des ARTICLES.	*Quantités.*	DÉSIGNATION DES OBJETS.

Suite des Objets fur le Chantier de Querqueville.

SUITE *de l'ART.*18.e	313...	folives de madriers de chêne neuf neuf, en 194 pièces, larges depuis 10 jufqu'à 12 pouces, & épaiffes de 3 à 4 pouces.

On manque de détails fur le prix de ces madriers ; on fait feulement que le tranfport de Cherbourg à Querqueville s'eft fait au cent de pièces, & a coûté 4 livres par cent.

1,029... folives de bois de fapin, en 365 fparts, ayant de longueur enfemble 7,494 pieds, & depuis 4 & 5 pouces jufqu'à 9 & 9 de groffeur.

324... folives *idem*, en 143 fparts, ayant de longueur enfemble 3,349 pieds, & depuis 9 & 10 pouces jufqu'à 15 & 15 de groffeur.

39... folives *idem*, en 8 mâts, ayant de longueur enfemble 300 pieds, & depuis 5 & 5 jufqu'à 8 & 9 pouces de groffeur.

199... folives *idem*, en 198 pièces, tant foliveaux que chevrons, ayant de longueur enfemble 3,472 pieds.

On manque de détails fur le prix de ces bois de fapin ; ils ont été tranfportés de Cherbourg à Querqueville à 5 livres par voiture, chargée communément de cinq pièces de bois.

408... folives de bois de hêtre, en 55 pièces, depuis 10 & 11 pouces jufqu'à 15 & 15 de groffeur.

On manque de détails fur le prix de cet objet.

5,337... pieds courans de bordage de chêne, en 268 pièces, épaiffes de 2 pouces, & larges depuis 9 jufqu'à 12.

11,201... pieds courans de madriers de fapin, de 2 pouces à 2 pouces & demi d'épaiffeur, en 410 pièces, larges de 10 à 12 pouces.

67... pieds courans de madriers de fapin de même épaiffeur, en 5 pièces, larges de 13 à 14 pouces.

178... pieds courans de madriers de fapin, de même épaiffeur, en 8 pièces, larges de 7 pouces.

20,371... pieds courans de bordages de fapin, en 771 pièces, épaiffes depuis 18 jufqu'à 30 lignes, & larges de 9 à 12 pouces.

D

NUMÉROS des ARTICLES.	Quantités.	DÉSIGNATION DES OBJETS.

Suite des Objets fur le Chantier de Querqueville.

S U I T E *de l'*ART.18.ᵉ

445... pieds courans de planches de chêne, non travaillées, en 37 planches, épaiffes depuis 9 jufqu'à 18 lignes, & larges depuis 6 jufqu'à 12 pouces.

51,137... pieds courans de planches de fapin, non travaillées, en 3,645 planches, épaiffes depuis 12 jufqu'à 18 lignes, & larges depuis 8 jufqu'à 11 pouces.

128... lambris en fapin.

595... pieds courans de planches de bois de châtaignier, en 70 planches, épaiffes d'un pouce, & larges de 8 pouces.

On manque de détails fur le prix de tous ces articles : le tranfport de Cherbourg à Querqueville s'eft fait à 4 livres du cent de pièces.

ART. 19.ᵉ

LA maifon conftruite par les Entrepreneurs, avec une menuiferie, & un magafin, & ameublemens confiftans en une grande table à écrire, un pupitre, une grande table à tiroirs & une armoire.

La maifon a 37 pieds en carré hors-œuvre, & 19 pieds d'élévation : la maçonnerie eft en moellon avec mortier de terre ; la charpente, les planchers & fermetures font en bois de fapin : la couverture en pierres ardoifines fur lattes, & l'efcalier intérieur en bois de chêne. Ladite maifon contient, au rez-de-chauffée, une cuifine, une buanderie où eft un four, une falle & un bureau : au-deffus du rez-de-chauffée font quatre chambres.

La boutique de menuiferie joignant ladite maifon eft en forme d'appentis, de 8 pieds de hauteur fur 30 pieds de longueur & 26 pieds de largeur, de même conftruction & couverture que la fufdite maifon.

Le magafin a 26 toifes de long, fur 4 toifes de large & 7 pieds & demi d'élévation, bâti & couvert de la même manière. On y a pratiqué deux grands cabinets pour des Commis, dans l'un defquels eft la grande table fpécifiée ci-deffus, fervant aux appareilleurs.

NUMÉROS des ARTICLES.	Quantités.	DÉSIGNATION DES OBJETS.

Suite des Objets fur le Chantier de Querqueville.

ART. 20.ᵉ

81... toifes carrées de cloifons & planchers.

2.... armoires attenantes aux murs.

1... table.

2... efcaliers de 15 marches chacun.

Le tout en fapin, dans les bâtimens du Roi, dont les Entrepreneurs ont la jouiffance.

{ 52... pieds courans de rateliers.

{ 52... pieds courans de mangeoire.

Dans le hangard appartenant au Roi, dont les Entrepreneurs ont fait une écurie.

ART. 21.ᵉ

3... fours à chaux, avec quatre rampes & un logement pour le chaufournier.

Ces fours à chaux ont 3 pieds de diamètre en-bas, 10 pieds d'ouverture en-haut, & 14 pieds de hauteur; ils font conftruits en moellon, avec encoignures en pierre de taille, & revêtus intérieurement en briques: par-deffous eft une communication voûtée en moellon des Fourches. Les quatre rampes font en terre, & revêtues en maçonnerie d'argile. Le logement du chaufournier eft une fimple chambre en appentis, d'environ 8 pieds en carré, bâtie en mortier d'argile, & couverte en pierre ardoifines. Les fours à chaux ont coûté aux Entrepreneurs 3,076 livres 16 fols.

ART. 22.ᵉ

Une baraque en planches de fapin, ayant 48 pieds de long fur vingt pieds de large, conftruite aux frais du nommé LE MORE, forgeron, pour l'établiffement des forges néceffaires aux travaux.

Une baraque en maçonnerie d'argile & couverte en chaume, ayant 16 pieds de long fur 12 pieds de large, hors-œuvre, conftruite aux frais du nommé PRIVAT, principal voiturier.

Dans le cas où le nouvel Adjudicataire continueroit d'employer

NUMÉROS des ARTICLES.	*Quantités.*	DÉSIGNATION DES OBJETS.
SUITE de l'ART. 22.ᵉ		Suite des Objets fur le Chantier de Querqueville.
		les nommés LE MORE & PRIVAT, il ne feroit pas tenu de reprendre ces deux objets, qui n'intéreffent point les anciens Entrepreneurs.
ART. 23.ᵉ	4...	pleins-à-chaux, enfemble de la contenance de 25,830 pieds cubes, murés à leur pourtour d'une maçonnerie d'argile, ayant à-peu-près 5 pieds de hauteur & 20 pouces d'épaiffeur.
	4...	pleins-à-chaux non-murés, enfemble de la contenance de 2,829 pieds cubes.
ART. 24.ᵉ	8...	baffins armés de grilles de fer, pour éteindre & couler la chaux. *Ces baffins font garnis par le fond & par les côtés en planches de fapin, d'environ 34 toifes carrées de fuperficie en tout.*
ART. 25.ᵉ	5...	pompes en bois, ayant environ 60 pieds de longueur enfemble.
ART. 26.ᵉ		Un puits non-revêtu de maçonnerie, de 12 pieds de diamètre, fur environ 20 pieds de profondeur, creufé en partie dans le roc. Ce puits ne fournit que de l'eau falée.
		Une rigole de 120 toifes de développement, 3 pieds de largeur & 6 pieds de profondeur, fervant à conduire l'eau de la mer à portée des pleins-à-chaux.
ART. 27.ᵉ		Une baraque en planches de fapin, ayant 6 pieds en carré fur 6 pieds d'élévation, avec patins en bois de chêne, conftruite près l'ancien Fort, pour l'ufage des Commis.
ART. 28.ᵉ		Un chemin pour le tranfport de la pierre de taille de la grève au

NUMÉROS des ARTICLES.	*Quantités.*	DÉSIGNATION DES OBJETS.

Suite des Objets fur le Chantier de Querqueville.

SUITE
*del'*ART. 28.ᵉ

au chantier, ayant 30 toifes de longueur & 14 pieds de large, pavé en pierres des carrières du Roule, & maintenu, à fon extré-mité vers la mer, par des libages de granit.

N o t a. Les anciens Entrepreneurs étant obligés de faire place nette de tous les divers bâtimens & établiffemens énoncés ci-deffus, à l'epoque de la fin des travaux, le nouvel Adjudicataire y fera pareillement tenu.

ART. 29.ᵉ

Voitures & Objets en dépendans.

18... trique-bales montés.

2... petits haquets, avec effieux de fer.

1... grande charrette.

6... corps de tombereaux, fans roues, ni effieux.

366... rais de chêne de 40 pouces de longueur.

736... rais de chêne de 33 pouces de longueur.

2... timons de trique-bales en chêne.

48... jantes de bois d'orme, de 40 pouces de longueur chacune.

46... jantes auffi de bois d'orme, de 36 à 38 pouces chacune.

13... moyeux de bois d'orme.

96... bras de trique-bales.

249... bras de tombereaux.

2... paires de roues de haquets, ferrées.

45... chaines de trique-bales, pefant enfemble 2,362 livres.

7... paires de grandes roues non ferrées, pour trique-bales.

Par marché paffé avec JEAN DUCHEMIN *, de la paroiffe de Huberville, pour la fourniture de huit cents moyeux & deux cents jantes de bois d'orme, en date du 11 Août 1787, les Entrepreneurs ont payé chaque moyeu au prix de 4 livres, & chaque jante, grande ou petite, à 24 fols.*

E

NUMÉROS des ARTICLES.	Quantités.	DÉSIGNATION DES OBJETS.

Suite des Objets sur le Chantier de Querqueville.

ART. 30.^e

Outils & Uftenfiles en bon état.

Poids des fers.

350... brouettes montées.
117... corps de brouettes.
241... roues de brouettes.
23... boulons de brouettes, pefant enfemble. . . . . . 43 livres.
363... hottes.
144... mannes.
66... bards.
372... civières.
30... leviers de bois.
2... chèvres de 18 à 20 pieds de haut.
2... traîneaux de fapin, de 20 à 24 pieds de long.
2... crapauds garnis de leur treuil.
3... poulies.
2... caliornes.
5... échelles, dont une de 46 pieds, une de 36 pieds, deux de 16 pieds & une de 13 pieds.
1,305... maïls de bois d'orme ou de frêne.
5... règles de 10 à 14 pieds.
5... échantillons de diverfes grandeurs.
10... cherches de 15 à 20 pieds.
12... équerres en fer.
5... niveaux de maçons.
13... voyans de différentes grandeurs.
65... jalons.
7... toifes, tant fimples que doubles & triples.
73... torches.
48... feaux à mains.
15... feaux à long manche.
15... tines de diverfes grandeurs.
119... braffes de cables de 6 pouces de groffeur.
48... braffes de cables de 7 pouces de groffeur.
4... paquets de cordeaux.
1,120... pelles non emmanchées, pefant enfemble. . . . . . 2,185.
16... pioches, pefant enfemble. . . . . 263.

NUMÉROS des ARTICLES.	*Quantités.*	DÉSIGNATION DES OBJETS.

Suite des Objets fur le Chantier de Querqueville.

Suite des Outils & Uftenfiles en bon état.

SUITE *de l'ART.* 30.ᵉ

Poids des fers.

334... pics, pefant enfemble. . . . . 3,198 livres.
3... pinces, pefant enfemble. . . . . 19.
60... barres à carreyer, pefant enfemble. . . . . 1,920.
15... barres à mines, pefant enfemble. . . . . . 400.
7... burins à mines, pefant enfemble. . . . . . 115.
6... maffes de fer, pefant enfemble. . . . . . 108.
233... maffettes de fer, pefant enfemble. . . . . 1,098.
74... coins de fer à carreyer, pefant enfemble. . . 491.
302... poinçons de tailleurs de pierre, pefant enfemble. 501.
20... cifeaux de tailleurs de pierre, pefant enfemble. . 60.
9... marteau de tailleurs de pierre, pefant enfemble. . 90.
11... affiloirs, pefant enfemble. . . . . 115.
7... équerres en fer, pour garantir les angles des pierres
    taillées, pefant enfemble. . . . . . . 43.
20... piquets de fer, pefant enfemble . . . . . 101.
32... rabots non-emmanchés, pefant enfemble. . . 192.
9... fiches pour couler le ciment, pefant enfemble. . 56.
48... manches de rabots.
825... manches de pelles.
718... manches de maffes.
3... couliffes à l'eau de 27 à 32 pieds de long.
4... chaffis de paravent, pour le fervice des pleins-à-chaux.
8... établis de menuifier.
1... plomb de talus.
1... dame pour battre les terres.
2... jauges d'un pied cube.
9... tretaux.
1... niveau en cuivre, avec fon pied.
1... grande balance, avec chaîne & fléau de fer.
    Plufieurs poids en fer fervant à pefer, pefant enfemble 325. ¾.
18... outils de différentes efpèces, pour le charronnage,
    comme hache, plane, tarière, fcie, &c.

Outils à réparer.

121... brouettes.
8... bards.

NUMÉROS des ARTICLES.	Quantités.	DÉSIGNATION DES OBJETS.

Suite des Objets sur le Chantier de Querqueville.

Suite des Outils à réparer.

                                                            Poids des fers.

Suite de l'Art. 30.[e]

Quantités	Désignation	Poids
15...	beuveaux de fer, pesant ensemble.	90. livres
10...	à-plombs de talus, pesant ensemble.	77.
6...	niveaux de maçons, pesant ensemble. . . .	47.
35...	pioches, pesant ensemble.	453.
162...	pics, pesant ensemble.	1,248.
64...	pinces, pesant ensemble.	1,123.
92...	barres à carreyer, pesant ensemble.	2,595.
117...	coins à carreyer, pesant ensemble.	542.
84...	barres à mines, pesant ensemble.	339.
23...	burins à mines, pesant ensemble.	436.
8...	épinglettes & un fouloir, pesant ensemble. . .	27.
59...	affiloirs, pesant ensemble.	577.
50...	grosses masses, pesant ensemble.	1,117.
9...	petites masses, pesant ensemble.	46.
21...	ciseaux de tailleurs de pierres, pesant ensemble.	51.
31...	marteaux de tailleurs de pierres, pesant ensemble.	282.
7...	échantillons de fer pour les tailleurs de pierres, sant ensemble.	18.
6...	équerres, pour garantir les angles des pierres taillées, pesant ensemble.	36.
43...	rabots à mortiers, pesant ensemble.	129.
6...	fiches pour le ciment, pesant ensemble. . . .	36.
6...	vieilles bandes de roues, pesant ensemble. . .	67.
3...	rateaux de fer, pesant ensemble.	18.
206...	brasses de cordages de différentes grosseurs.	

D'après le marché passé au nommé LE MORE, la livre de fer, pour tous les outils où il est employé de l'acier, revient à 8 sols. La livre de fer sans acier revient à 7 sols, & la livre de fer resorgé se paye 2 sols. Ces détails peuvent servir à évaluer les diverses espèces d'outils en fer, tant neuf qu'à réparer.

D'après le marché passé au nommé FOLLIOT de Flottemanville, le 31 Octobre 1787, les différens bois d'outils reviennent aux prix suivans.

Le cent de manches de piquoirs. . . . . . . 7[l] »[f] »[d]

Le cent

NUMÉROS des ARTICLES.	Quantités.	DÉSIGNATION DES OBJETS.
		Suite des Objets sur le Chantier de Querqueville.

SUITE de l'ART. 30.e

Suite des Outils à réparer.

Le cent de manches de masses. . . . . . . 7^{l}　$\text{\guillemotright}^{\text{f}}$　$\text{\guillemotright}^{\text{d}}$

Le cent de manches de pelles. . . . . . 7.　$\text{\guillemotright}$　$\text{\guillemotright}$

Le cent de bras de tines. . . . . 15.　$\text{\guillemotright}$　$\text{\guillemotright}$

Le cent de barres pour chevrons. . . . . 15.　$\text{\guillemotright}$　$\text{\guillemotright}$

Par marché passé à JEAN ROUMY de Tamerville, le 8 Janvier 1788, chaque mail, en bois d'orme ou de frêne, d'environ un pied en tout sens, revient tout emmanché à 20 sols.

ART. 31.e

EFFETS dans les Magasins du sieur MIGNIOT à Cherbourg, suivant la visite faite par M. DE L'ESPINASSE, les 7 & 8 Novembre 1788.

Cordages noirs ou goudronnés.

NOTA. L'Entrepreneur n'ayant point justifié que la totalité des cordages contenus dans son magasin soit uniquement destinée au gréement & entretien des six gabarres que le nouvel Adjudicataire sera tenu de reprendre ; & ledit Entrepreneur ayant en outre déclaré, par sa lettre à M. DE L'ESPINASSE du 21 Novembre 1788, que les objets qui regardent l'entreprise de Querqueville sont mêlés avec ce qui concerne les Forts Royal & d'Artois, on n'assignera ici, comme devant être repris par le nouvel Adjudicataire, que la quantité de cordages nécessaires à l'entretien desdites six gabarres, pendant une année seulement, à cause du dépérissement des cordages laissés en magasin.

Six cables de 6 pouces de grosseur, & de 120 brasses de longueur chacun, pesant l'un 480 livres : article à reprendre en totalité.

2,880... livres de cordages en six cables de 6 pouces.

Ligne & luzin, pesant ensemble 156 liv. $\frac{1}{2}$: article à reprendre en totalité.

156.$\frac{1}{2}$... livres de ligne & luzin.

F

NUMÉROS des ARTICLES.	Quantités.	DÉSIGNATION DES OBJETS.

Suite des Effets dans les Magasins du sieur M I G N I O T, à Cherbourg.

SUITE
*de l'*ART.31.ᵉ

Bitord pesant 200 livres : article à reprendre en totalité.

200... livres de bitord.

30 grelins de 4 à 5 pouces de grosseur & 120 brasses de lo gueur, pesant chacun 480 livres. Cet article ne sauroit être repris e totalité ; il n'y a que deux grelins de cette espèce dans le gréeme d'une gabarre, & ils durent un an : ce sont donc douze grelin seulement à reprendre.

5,760... livres de cordages en 12 grelins de 4 à 5 pouces de grosseur, 120 brasses de longueur.

30 haussières de 3 pouces à 3 pouces & demi de grosseur, & 120 brasses, pesant chacune 288 livres : 12 seulement à reprend par le nouvel Adjudicataire.

3,456... livres de cordages, en 12 haussières.

2 pièces de manœuvres, de deux pouces & demi de grosseur 120 brasses de longueur chacune, pesant l'une 144 livres. Article reprendre en totalité.

288... livres de cordages, en 2 pièces de manœuvres.

2 pièces de 12 fils, pesant ensemble 80 livres : article à reprend en totalité.

80... livres de cordages en 2 pièces de 12 fils.

98 brasses de 3 pouces de grosseur, en 4 bouts, pesant enviro 176 livres : article à reprendre en totalité.

176... livres de cordages, de 3 pouces de grosseur.

100 brasses d'itaque de 5 pouces de grosseur, pesant enviro 500 livres : article à reprendre en totalité.

500... livres d'itaque, de 5 pouces de grosseur.

A R T I C L E S D I V E R S.

130... bottes de paille ou glui, pour chauffer les bâtimens.
25... livres de saindoux, pour graisser les itaques.
100... livres d'étoupes.

NUMÉROS des ARTICLES.	*Quantités.*	DÉSIGNATION DES OBJETS.

SUITE *de l'*ART. 31°

Suite des Effets dans les Magasins du sieur MIGNIOT, à Cherbourg.

9,600 *livres de clous :* cet article est à réduire, comme beaucoup trop considérable pour l'entretien de six gabarres, dont chacune doit consommer au plus 300 livres de clous par an. On ne peut assigner pour cet objet que la quantité nécessaire à l'entretien pendant deux années au plus, un plus long laps de tems exposant l'espèce de marchandise dont il s'agit à se perdre totalement par la rouille ; ce qui exige pour les six gabarres 3600 livres de clous.

La grande quantité qui en a été trouvée dans les magasins de Querqueville, empêche d'ailleurs que l'on ne regarde partie de ceux en magasin à Cherbourg comme approvisionnement pour le travail du Fort ; & les Entrepreneurs, en se procurant une aussi grosse fourniture de clous, n'ont pu avoir en vue que les besoins de leurs autres bâtimens. On ne portera donc à reprendre par le nouvel Adjudicataire, dans les Magasins du sieur MIGNIOT à Cherbourg, que 3,600 liv. de clous.

3,600... livres de clous.

565 saumons de plomb, dans la maison habitée par le sieur MI-GNIOT à Cherbourg, pesant à peu-près 150 livres l'un ; ce qui fait un total de 84,750 livres.

Cet article ne sauroit être repris en entier, comme ne pouvant être consommé dans la totalité des ouvrages du Fort de Querqueville. L'Entrepreneur n'a dû s'approvisionner que de la quantité qui lui a été ordonnée par les Officiers du Corps Royal du Génie chargés de la conduite du travail ; &, au commencement de la campage 1788, ces Officiers ont prévenu les Entrepreneurs qu'il étoit nécessaire qu'ils fissent venir 142,800 livres de plomb.

TOTALITÉ du plomb demandé. . . . . 142,800 *livres.*

Pendant ladite campagne on a employé dans l'ouvrage 57,315 livres de plomb, ci.. . 57,315 *l.*

Il s'en trouve dans les magasins de Querqueville 48,140 livres, employées à l'art. 17 du présent Etat, ci. . . . . . 48,140 *l.*

TOTAL à déduire de la demande. . 105,455 *l.* 105,455 *liv.*

37,345.

NUMÉROS des ARTICLES.	*Quantités.*	DÉSIGNATION DES OBJETS.

Suite des Effets dans les Magaſins du ſieur MIGNIOT, à Cherbourg.

S U I T E *de l'*A R T. 31.^e		*Reſte à reprendre dans les magaſins du ſieur* MIGNIOT. . . . . 37,345 liv. 37,345… liv. de plomb à reprendre dans les magaſins du ſieur MIGNIOT, à Cherbourg.
A R T. 32.^e		*Objets relatifs à la carrière de Barbençon.* 43… toiſes cubes de moellon entoiſé ſur ladite carrière.

Par marché paſſé le 17 Avril 1788, aux nommés B R U N & CRESPIN, ils ſe ſont engagés à fournir ladite pierre aux Entrepreneurs au prix de 15 livres dix ſols la toiſe cube, rendue & voiturée ſur le Chantier de Querqueville, tous frais de découverte & extraction compris. Leſdits ſous-traitans ſe ſont engagés de plus à fournir ladite pierre dans la carrière même, & à la charger dans les tombereaux pour la conſtruction du chemin conduiſant de ladite carrière au Fort de Querqueville, au prix de 5 liv. la toiſe cube; ce qui peut ſervir à évaluer les 43 toiſes ci-deſſus encore ſur la carrière, au prix de 5 liv. l'une. De plus, les nommés B R U N & CRESPIN ont payé l'extraction de ladite pierre au prix de 5 livres aux nommés SEGAUT, MONT-PELLIER & NOYON, carriers.

Prix d'une toiſe cube de ladite pierre, entoiſée ſur la carrière de Barbençon. . . . . 5^l » »

Une baraque pour dépôts d'outils, ayant 15 pieds en carré, maçonnée en mortier d'argile & couverte en pierre ardoiſine, que l'Adjudicataire ſera tenu de reprendre.

Cette baraque a été conſtruite aux frais des Entrepreneurs, à l'exception du moellon, qui a été fourni par les ſous-traitans ci-deſſus dénommés.

Un chemin conduiſant de la carrière de Barbençon au chantier de Querqueville, dont l'Adjudicataire doit payer la dépenſe ſuivant l'eſtimation.

Ce chemin a 350 toiſes de longueur, avec empierrement de 13
pieds

NUMÉROS des ARTICLES.	*Quantités.*	DÉSIGNATION DES OBJETS.

Suite des Objets relatifs à la carrière de Barbençon.

SUITE
*de l'*ART.32.ᵉ

pieds environ de largeur moyenne, & aussi 13 pieds de largeur moyenne pour les bermes & fossés ensemble. On y a construit deux ponts en bois, ayant l'un & l'autre 10 pieds & demi d'ouverture ; & l'un 3 pieds 5 pouces, l'autre 15 pieds 6 pouces de longueur.

Par le marché passé aux nommés BRUN & CRESPIN, le 17 Avril 1788, cité précédemment, chaque toise cube de pierre ou d'écalins, pour la confection dudit chemin, a été payée au prix de 5 livres, non-compris les frais de transport au-delà de 15 toises de distance de la carrière. Dans un extrait des registres de l'Entrepreneur, en date du 14 Novembre 1788, on trouve d'autres dépenses relatives à la construction dudit chemin, montant à la somme de 790 livres 7 sols 6 deniers. La dépense pour la main-d'œuvre des maçons & pour la couverture de la baraque citée ci-dessus, est portée audit extrait pour la somme de 171 livres 9 deniers : les nommés BRUN & CRESPIN se sont obligés, par le susdit marché, de fournir eux-mêmes le moellon.

FRAIS de découverte de la carriète, que le nouvel Adjudicataire sera tenu de payer suivant l'estimation.

Par un compte produit par le sieur BOULABERT, les dépenses de cette espèce, faites jusqu'à l'époque du 16 Juin 1787, ont monté à la somme de 1,648 livres 7 sols 8 deniers. Cette somme est conforme à celle portée pour le même objet dans l'extrait des registres de l'Entrepreneur, en date du 14 Novembre dernier.

INDEMNITÉS payées par les Entrepreneurs, que le nouvel Adjudicataire sera tenu de leur rembourser, d'après les pièces justificatives qu'ils produiront.

D'après l'extrait des registres des Entrepreneurs, qui vient d'être cité précédemment, les paiemens faits aux propriétaires du terrein de ladite carrière, & de ceux où passe le chemin, montent à la somme de 4,926 livres 15 sols 6 deniers.

INDEMNITÉ annuelle, que le nouvel Adjudicataire sera tenu de payer.

D'après l'extrait des registres du sieur MIGNIOT, cité ci-dessus, il est dû au nommé BARBENÇON, propriétaire du terrein de la carrière, une rente annuelle de 100 livres.

IL ne reste aucuns outils sur la carrière de Barbençon.

G

NUMÉROS des ARTICLES.	Quantités.	DÉSIGNATION DES OBJETS.

Objets relatifs à la Carrière des Fourches.

ART. 33.ᵉ

ÉTAT des Outils exiſtant à la carrière des Fourches, à la fin du mois d'Octobre 1788, ſur leſquels le nouvel Adjudicataire devra reprendre la moitié de ceux en état de ſervice, pour l'exploitation de la moitié environ de ladite carrière, qui ſera délivrée audit Adjudicataire, ſuivant la démarcation qui ſera faite après l'adjudication.

État des Outils à reprendre par le nouvel Adjudicataire.	*État total des Outils ſur la Carrière.*
	Poids des fers.
17... piquoirs neufs.	35... piquoirs neufs, peſant. 245 l.
42... piquoirs à réparer.	85... piquoirs à réparer. . . 595.
36... barres ou pinces à réparer.	73... barres ou pinces, dont le plus grand nombre eſt à réparer 2,250.
3... maſſes neuves.	6... maſſes neuves. . . . . . 258.
5... maſſes en mauvais état.	10... maſſes en très-mauvais état.
2... barres à mine.	5... barres à mine.
	1... porte-feu.
	1... bourroir.
	1... curette.
2... tranches neuves.	5... tranches-neuves.
42... affiloirs.	84... affiloirs. . . . . . 578.
5... pelles neuves.	11... pelles neuves en fer.
5... pelles qui ont ſervi.	10... pelles en fer, & qui ont ſervi.
5... boulons de brouettes.	11... boulons de fer pour brouettes. 34
15... bards neufs.	31... bards neufs.
50... manches de maſſes à choiſir.	200... manches de maſſes, la plupart de rebut.
40... pieds courans de planches de chêne ou de hêtre, pour raccommoder les brouettes.	80... pieds courans de planches de chêne ou de hêtre, pour raccommoder les brouettes.
1... grande échelle.	2... grandes échelles.
	1... petite échelle.

NUMÉROS des ARTICLES.	*Quantités.*	DÉSIGNATION DES OBJETS.

Suite des Objets relatifs à la Carrière des Fourches.

SUITE de l'ART. 33.ᵉ	*Suite de l'État des Outils à reprendre par le nouvel Adjudicataire.*	*Suite de l'État total des Outils sur la Carrière.*

Poids des fers.

	2... feaux.
	2... cribles de fer-blanc.
1... corde en jonc d'environ 12 braffes.	1... corde en jonc, d'environ 12 braffes de longueur, & 2 pouces de diamètre.
	1... autre corde en jonc, très-ufée.
3... planches de fapin.	6... planches de fapin.
	60... coins hors de fervice. . 250l.
	Férailles, pefant. . . . 550.
20... brouettes à réparer.	60... brouettes, partie hors de fer- vice, le refte à réparer.
	1... banc de menuifier, avec fon valet.

L'une des deux baraques conftruites fur ladite carrière, doit être reprife par le nouvel Adjudicataire.

Cette baraque a 31 pieds 9 pouces de longueur, 17 pieds de largeur, & 7 pieds 4 pouces de hauteur, avec maçonnerie de moellon & mortier d'argile, & couverte en chaume. Il fe trouve 2 chambres : l'une pour fervir de dépôt d'outils ; l'autre, pour loger les commis. Il y a dans cette dernière :

Un bureau à écrire.

Deux tables.

Une caiffe pour la poudre que l'on emploie aux mines de ladite carrière.

INDEMNITÉ annuelle à payer par le nouvel Adjudicataire, à compter de l'époque de la nouvelle adjudication.

49 liv. 10 fols de rente au nommé JEAN AGNÉS, propriétaire du terrein fur lequel font établies les 6 baraques en paille les plus élevées, ainfi que la cuifine conftruite aux frais du Roi ; ladite rente payable à l'échéance du 1ᵉʳ Juin, jufqu'à ce que le terrein foit remis au propriétaire.

Les anciens Entrepreneurs feront rembourfés en outre des paie- mens d'indemnités & frais de découvertes qu'ils prouveroient avoir

NUMÉROS des ARTICLES.	*Quantités.*	DÉSIGNATION DES OBJETS.

OBJETS relatifs aux carrières de Fermanville, Cocqueville & Gatteville, pour l'extraction de la pierre.

ART. 32.ᵉ

fait à ladite carrière des Fourches, seulement depuis le commencement du travail de Querqueville jusqu'au 6 Août 1787, date de leu souftraité passé avec les sieurs BRUN, CRESPIN & CORDEBAR pour l fourniture de la pierre de ladite carrière, dont le prix, fixé audi marché, comprend tous faux frais & dépenses accessoires.

AUX termes de l'art. 34 du Programme du présent ETAT *cotté* A porté au paragraphe 3 des Conditions générales du Devis pour la nou velle adjudication, l'on a réglé la quantité de pierres que le nouve Adjudicataire devra reprendre sur lesdites carrières, ainsi qu'il suit.*

	NOMBRE des blocs.	NOMBRE de pieds cube
Les pierres extraites depuis le commencement des travaux de Querqueville, c'est-à-dire pendant les années 1787 & 1788, sur lesquelles seules peut être pris l'approvisionnement desdits travaux, montent, d'après le relevé des registres des carrières,		
En 1787.	39,524..	391,12
En 1788.	15,001..	226,72
	54,525..	617,85

Il en faut déduire les pierres de sujétion, extraites pendant les deux susdites années pour les Forts Royal & d'Artois :

S A V O I R.

Pierres de sujétion extraites pour les Forts Royal & d'Artois, pendant les deux susdites années.
Pour l'assise de la genouillere de la 2ᵉ batterie du Fort Royal, ci. 139. bl. cub. 3,0002. p... 0
Pour les voûtes des embrasures de la même batterie, ci. . . . . . 300. . . . . 7,003 . . . 0
Pour les voûtes des cornes de vaches de la même batterie, ci. . . . 264. . . . . 4,525 . . . 0
Pour les têtes des casemates de ladite batterie, pour les gargouilles, les genouillières de la 3ᵉ batbatterie du Fort Royal, & autres objets portés dans

703 blocs... 14,530. p... 0

l'ordre

NUMÉROS des ARTICLES.	Quantités.	DÉSIGNATION DES OBJETS.	NOMBRE de Blocs.	NOMBRE de pieds cubes.

SUITE *de l'*ART.34.ᵉ

Suite des Objets relatifs aux Carrières, pour l'extraction de la pierre de taille.

Totalité des pierres extraites en 1787 & 1788, comme ci-contre. . . . . · **54,525.** | **627,851.**

Ci-contre en ligne... 703 bl... 14,530. p... 0.

l'ordre de M. DE BIZY, du 10 Avril 1788, ci. . . . . 825. . . 13,336. . . 0.

Pour partie de l'assise de la genouillière de la 2ᵉ *batterie du Fort d'Artois, pierres fournies en 1787, ci.* . . . 52. . . 1,085. . . 0.

Pour le reste de l'assise de ladite genouillière, pour les joues des embrasures & autres objets de sujétion, portés dans la demande des Officiers du Fort d'Artois, du 4 Mars 1788, non-compris les voûtes des embrasures & cornes-de-vache, ci. . . . 1,398. . . . 20,219. . . 0.

Pour les voûtes des embrasures de la seconde batterie du Fort d'Artois. ci. . . . . 360. . . 8,404. . . 0.

Pour les voûtes des cornes-de-vache de ladite batterie, ci. . . . . 228. . . 5,915. . . 0.

Pour les voûtes des petits passages percés dans la queue des piédroits des casemates de la seconde batterie du Fort d'Artois, & autres objets de sujétion compris dans la demande des Officiers dudit Fort, en date du 30 Juin 1788. ci. . . . . 144. . . 3,810. . . 0.

TOTAL des pierres de sujétion extraites en 1787 & 1788, pour les Forts Royal & d'Artois. . . . . 3,710 bl. 67,299. p. c. 0.   **3,710.** | **67,299.**

H

NUMÉROS des ARTICLES.	*Quantités.*	DÉSIGNATION DES OBJETS.	NOMBRE de blocs.	NOMBRE de pieds cubes.

SUITE
de l'ART. 34.ᵉ

Suite des Objets relatifs aux Carrières, pour la pierre de taille.

RESTE à imputer à l'approviſionnement pour les travaux de Querqueville. . . . . . . **50,815.** | **550,552.**

A déduire les pierres déjà tranſportées à Querqueville.

S A V O I R.

1.° *Les pierres employées en 1787 à la digue du Port, 2,418 blocs eſmillés cubans, 25,072 pieds 5 pouces; auquel cube il convient d'ajouter le ſeptième, pour connoître le cube des mêmes blocs bruts ſur les carrières: ce qui donne pour leſdites pierres employées à la digue, ci.* . . . 2,418. bl. c. 28,654. p. 0.

2.° *Les pierres employées en 1788 aux ouvrages de l'enveloppe, 173,289 pieds cubes 6 pouces; auquel cube ajoutant le ſeptième, pour le déchet de la taille, & les blocs dont il s'agit étant de 12 pieds, cube moyen en brut, on aura pour leſdites pierres employées dans l'enveloppe. ci.* . . . . 16,504. . . . 198,045... 0.

3.° *Les blocs bruts préſentement ſur les chantiers de Querqueville, conformément à l'article premier du préſent Etat. ci.* . . . . 2,118. . . . . 33,234... 0.

4.° *Les pierres taillées, préſentement ſur les chantiers de Querqueville, ainſi que celles eſmillées, & les pavés, tant eſmillés que taillés au fin, montant d'après l'article 2° du préſent Etat, à 55,350 pieds cubes en 4096 blocs: ajoutant le ſeptième, pour le déchet de la taille, cet article formera en brut. ci.* . . . . 4,096. . . . 60,971... 0.

TOTAL des pierres tranſportées à Querqueville. . . 25,136. bl. 320,904. . . . 25,136. | 320,904.

NUMÉROS des ARTICLES.	Quantités.	DÉSIGNATION DES OBJETS.
SUITE *de l'*ART. 34ᵉ		

Suite des Objets relatifs aux Carrières, pour la pierre de taille.

	NOMBRE de blocs.	NOMBRE de pieds cubes.
Pierres qui restent à reprendre sur les carriè-res, pour l'aprovisionnement de Querqueville...	25,679.	229,648.

229,648... pieds cubes de pierre de taille, en
25,679... blocs, à reprendre par le nouvel Adjudica-
    taire, sur les carrières de Fermanville,
    Cocqueville & Gatteville.

Les susdites pierres, de bonne qualité & propres à l'emploi pour les travaux de Querqueville, cuberont au moins six pieds cubes, conformément aux conditions exigées des fendeurs pendant les deux susdites années 1787 & 1788 ; & l'Officier du Corps Royal du Génie, chargé des approvisionnemens, réglera les cantons des carrières où ces pierres devront être prises, avec la quantité à reprendre sur chaque point, ainsi qu'il est dit au paragraphe 3ᵉ du Devis pour la nouvelle adjudication.

Conformément aux renseignemens portés à l'article premier du présent Etat, le prix desdites pierres étant sur les carrières, lequel ne comprend que les frais de la fente, doit être de cinq sols par pied cube.

Prix d'un pied cube de pierre brute prise sur les carrières. . . . . »ˡ 5ˢ »ᵈ

Les Experts devront tenir compte, dans l'estimation de ce prix, des frais d'administration & indemnités relatifs à l'extraction seule, lesquels ont fait monter le prix de la pierre extraite seulement, à 5 sols 7 deniers & demi, dans le marché passé aux sieurs MARTIN & D'AUMAS, le 14 Janvier 1788.

Voitures existantes sur les Carrières.

LES voituriers engagés par les Entrepreneurs pour le transport de la pierre de taille, ont ces voitures entièrement à leur charge, par les marchés qu'ils ont contractés au commencement de l'année 1788.

Le nouvel Adjudicataire ne sera conséquemment tenu de reprendre.

NUMÉROS des ARTICLES.	*Quantités.*	DÉSIGNATION DES OBJETS.

Suite des Objets relatifs aux Carrières, pour la pierre de taille.

S U I T E de l'Art. 34[e]

aucunes voitures des anciens Entrepreneurs, qu'autant que ceux-ci feront obligés eux-mêmes à les reprendre des voituriers, dont les marchés cefferont d'avoir lieu; & au cas où le nouvel Adjudicataire ne continueroit pas lui-même lefdits marchés, la reprife des voitures dont il s'agit fera faite, fi elle a lieu, fur l'eftimation de leur valeur actuelle, au moment de ladite reprife.

La totalité defdites voitures cédées aux voituriers par les Entrepreneurs, au commencement de la préfente année 1788, montoit, d'après l'eftimation qui en a été faite le 16 Janvier dernier, & dont le procès-verbal fera communiqué, fi befoin eft, par l'Officier chargé des approvifionnemens, à la fomme de 7,557 livres 11 fols.

Art. 35.[e]

G A B A R R E S employées au tranfport de la pierre de taille.

6... gabarres achetées par les anciens Entrepreneurs, depuis le commencement des travaux de Querqueville, pour le tranfport de la pierre de taille.

S A V O I R.

1.° La gabarre *le Fort Royal*, capitaine JEAN LANCHON, du port de 51 tonneaux, fuivant le certificat de jauge du 22 Novembre dernier. Sloop conftruit à St-Malo en 1786, & ayant navigué deux campagnes.

2.° La gabarre *le Fort d'Artois*, capitaine THOMAS FÉRON, du port de 49 tonneaux, fuivant le certificat de jauge dudit jour. Sloop conftruit à St-Malo en 1786, & ayant navigué deux campagnes.

3.° La gabarre *le Fort de Querqueville*, capitaine PIERRE LE NEVEU, du port de 49 tonneaux, fuivant le certificat de jauge dudit jour. Sloop conftruit à St-Malo en 1786, & ayant navigué deux campagnes.

4.° La gabarre *la Prudence*, capitaine VALOGNES, du port

de 48

NUMÉROS des ARTICLES.	*Quantités.*	DÉSIGNATION DES OBJETS.

SUITE de *l'ART.* 33.ᵉ

Suite des Gabarres, pour le transport de la pierre de taille.

de 48 tonneaux, suivant le certificat de jauge dudit jour. Sloop construit à Granville en 1786, & ayant navigué deux campagnes.

5.° La gabarre *la Sûreté*, capitaine JEAN LE NEVEU, du port de 53 tonneaux, suivant le certificat de jauge dudit jour. Sloop construit à Granville en 1786, & ayant navigué deux campagnes.

6.° La gabarre *la Méfiance*, capitaine BONNISSENT, du port de 51 tonneaux, suivant le certificat de jauge dudit jour. Sloop construit à Granville en 1786, & ayant navigué deux campagnes.

Ces six bâtimens ont leur gréement complet, & en outre chacun cinq chaînes, deux léviers, & plusieurs rouleaux en bois pour le chargement des pierres & leur arrimage.

Chacune de ces gabarres porte de 500 à 600 pieds cubes de pierre de taille ; l'équipage est communément en société par moitié avec le propriétaire, tant pour le prix du fret que pour les frais de chargement & de pilotage: de sorte que les pierres transportées par des gabarres appartenantes à l'Entrepreneur, lui coûtent de fret la moitié seulement de ce qu'il paye celles portées par les bâtimens appartenant à des particuliers.

On manque de détails sur le prix que les Entrepreneurs ont payé l'achat des six gabarres ci-dessus. On sait seulement que les trois dernières, bâties à Granville, ont essuyé, lors de leur réception, une forte réduction, dont le nommé REGNIER, Entrepreneur qui les a fait construire, pourra rendre compte.

Le prix à payer aux anciens Entrepreneurs, pour lesdites gabarres, ne sera point sujet à estimation ; mais il sera fixé comme il est prescrit au Devis.

ART. 36.ᵉ & dernier.

NÉANT. INDEMNITÉS ou Engagemens non-compris dans les précédens articles, lesquels seroient à acquitter par le nouvel Adjudicataire.

On a traité aux articles 32ᵉ & 33ᵉ des indemnités à payer par le nouvel Adjudicataire, pour la carrière de Barbençon & celles des Fourches ; il n'en aura aucune à acquitter pour les carrieres de pierre

I

NUMÉROS des ARTICLES.	*Quantités.*	DÉSIGNATION DES OBJETS.

SUITE
*de l'*ART. 36ᵉ
& dernier.

de taille, tous les dégâts faits par les précédentes exploitations deva
entrer dans le prix de la pierre qui sera reprise par ledit nouv
Adjudicataire.

Quant aux engagemens contractés par les anciens Entrepreneur
relativement aux travaux de Querqueville, avec les divers voituriers
ouvriers ou fournisseurs, & pour tous marchés ou sous-traités que
conques, passés pour tout autre objet, que pour les indemnités due
aux propriétaires des terreins dont les Entrepreneurs ont disposé
le nouvel Adjudicataire n'est point tenu de les continuer, autreme
que de son gré, Sa Majesté se chargeant de faire droit aux réclam
tions des sous-traitans, s'il y a lieu.

Le présent ÉTAT de matériaux & approvisionnemens sur le
Chantiers de Querqueville, aux Carrières & dans les Magasins d
l'Entrepreneur, a été dressé par nous Officiers au Corps Royal d
Génie, chargés de la conduite des travaux de Querqueville,
par nous Capitaine audit Corps, chargé de la partie des appro
visionnemens, d'après les recensemens que nous en avons fait o
fait faire sous nos yeux, pour l'époque du 1ᵉʳ Novembre de l
présente année 1788.

Signés DE L'ESPINASSE, DE LA GASTINE, D'OBENHEIM
CATOIRE, DE LANCHAL.

Eᴛᴀᴛ GÉNÉRAL apperçu de tous les Matériaux, Approvifionnemens & Uftenfiles confommés pour l'avancement des travaux de Querqueville, depuis le 1ᵉʳ Novembre, époque de la clôture de l'Eᴛᴀᴛ cotté *A*, jufqu'au 30 dudit mois.

ÉTAT COTTÉ B.

DÉSIGNATION DES OBJETS.

450... pieds cubes de pierre de taille brute, en 80 blocs.

2,634... pieds cubes de pierre de taille brute, en 219 blocs, taillés depuis le 1ᵉʳ Novembre.

1,508... pieds cubes de pierre de taille, taillée au fin, en 318 blocs.

1,639... pieds carrés de parement vu , de la pierre ci-deffus, taillée au fin.

30... boiffeaux de charbon de terre, d'Angleterre.

25... boiffeaux de charbon de bois.

2,247... pieds cubes de chaux éteinte.

295... boiffeaux de mélange de tuileau & de verre pilé pour les cimens.

295... boiffeaux de craffe de verre pilé.

295... boiffeaux de débris de granit pilé.

937... livres pefant de fer en barre.

17... livres pefant de clous.

1,581... livres pefant de plomb, en 30 faumons.

16... folives de bois de chêne neuf en 6 pièces de 7. à 8 pouces de groffeur moyenne.

2½... folives de madriers de chêne neuf en 4 pièces de 11 à 12 pouces de large, & de 3 pouces d'épaiffeur.

10... pieds de planches de fapin non-travaillés, en 1 planche épaiffe de 18 lignes & large de 8 pouces.

A

Les outils fournis aux terraffiers & rocteurs étant à leur charge, le déchet tombe fur leur compte.

La rigueur de la faifon ayant obligé de fufpendre toute bâtiffe,
la confommation des matériaux pendant les deux mois fuivans fera
prefque nulle.

Le préfent État des matériaux confommés fur les atteliers de
Querqueville, pendant le mois de Novembre de la préfente année
1788, a été dreffé par nous Officiers au Corps Royal du Génie,
chargés de la conduite des travaux de Querqueville.

Signés D'OBENHEIM, DE LA GASTINE, CATOIRE,
DE LANCHAL.

ÉTAT GÉNÉRAL apperçu des Matériaux apportés pour l'avancement des travaux de Querqueville, depuis le 1ᵉʳ Novembre, époque de la clôture de l'ETAT cotté *A*, jufqu'au 30 dudit mois.

ÉTAT COTTÉ C.

DÉSIGNATION DES OBJETS.

1,737... pieds cubes de pierre de taille, en 207 blocs taillés au fin, fur le chantier depuis le 1ᵉʳ Novembre.

2,498... pieds carrés de parement vu, de la pierre ci-deffus.

15... toifes cubes de fable, tranfportées du bord de la mer fur le chantier.

39... picquets de fer, pefant enfemble. . . . . . . 161 livres.

39... piquets d'acier, pefant enfemble. . . . . . . 16 liv.¼.

Le préfent ETAT des approvifionnement faits pour les travaux de Querqueville, pendant le mois de Novembre de la préfente année 1788, a été dreffé par nous Officiers au Corps Royal du Génie, chargés de la conduite defdits travaux.

Signés D'OBENHEIM, DE LA GASTINE, CATOIRE, DE LANCHAL.

ÉTAT contenant tous les Articles, principaux & acceſſoires, dont les prix doivent être débattus à l'Adjudication, avec la quantité apperçue de chacun deſdits Objets qui doit être conſommée pour les travaux de la fortification de Querqueville.

ÉTAT COTTÉ D.

OBJETS PRINCIPAUX.

NUMÉROS des ARTICLES.	DÉSIGNATION DES OBJETS.	COLONNE préparée pour inſcrire le prix de chaque Objet qui paſſera à l'Adjudication.	QUANTITÉ deſdits Objets à employer dans la totalité des travaux.	DÉPENSE de chaque nature d'Objet, ſur la totalité des travaux.	OBSERVATIONS & renvoi aux Paragraphes du Devis, qui concernent chaque ARTICLE.
	Déblais.				
1.er	Toiſe cube de terre non encore remuée, pour la fouille & charge ſeulement..........	2# 2ſ 0d	Toiſes. 9,897.	29,783#-14-0d	Paragraphe 118.—156.
2.e	Toiſe cube de terre miſe en dépôt & à reprendre, pour la fouille & charge ſeulement de ladite repriſe..........	1#-8ſ-0	5,850.	8,190#-0ſ-0	Paragraphe 118.—156.
3.e	Toiſe cube de roc feuilleté, ou ſchiſte tendre, pour la fouille & charge ſeulement........	6#-0-0	33,332.	199,992-0-0	Paragraphe 118.—156.
4.e	Toiſe cube de roc vif ou ſchiſte compacte, pour la fouille & charge ſeulement..........	10#-0-0	4,636.	46,360#-0-0	Paragraphe 118.—156.
5.e	Relais pour le tranſport des terres, dont le prix eſt celui du tranſport d'une toiſe cube à un relais de diſtance..........	0#-10ſ-0	55,115.	27,557#-10ſ-0	Paragraphe 118.—156.
6.e	Relais pour le tranſport du roc, dont le prix eſt celui du tranſport d'une toiſe cube à un relais de diſtance..........	0#-12ſ-0	129,828.	77,896#-16ſ-0	Paragraphe 118.—156. Le nombre de relais feroit de 152,272, ſi l'on n'avoit pas égard au moellon provenant des excavations, lequel ſervant aux maçonneries, n'eſt pas tranſporté avec le reſte des déblais, & exige une déduction de 22444 relais.

380,780#-0-0

B

Suite de L'ÉTAT cotté D.
Suite des Objets principaux.

NUMÉROS des ARTICLES.	DÉSIGNATION DES OBJETS.	COLONNE préparée pour inscrire le prix de chaque Objet qui passera à l'Adjudication.	QUANTITÉ desdits Objets à employer dans la totalité des travaux.	DÉPENSE de chaque nature d'Objet, sur la totalité des travaux.	OBSERVATIONS & renvoi aux Paragraphes du Devis qui concernent chaque ARTICLE
	Maçonneries.	*De l'autre part - - -*		*380,780-0-0*	
7.e	Toise cube de grosse maçonnerie, faite avec le moellon tiré des excavations, parement non-compris...............	70#-0-0	11,444.	801,080-0-0	Parag.e { 135.—141. 162.—167. 176.—177. 178.—180. 182.—183.
8.e	Toise cube de grosse maçonnerie, faite avec du moellon non tiré des excavations, un dix-huitième en sus, parement non-compris..............	»—»—»	0	0-0-0	Parag.e 179.
9.e	Toise carrée de parement vu de moellon esmillé des Fourches, toisé sur dix-huit pouces d'épaisseur, & dont le cube sera déduit de celui des maçonneries; ledit moellon maçonné avec mortier fait, soit à l'eau douce, soit à l'eau de mer..............	»—»—»	0	0-0-0	Parag. { 163.—165. 168.—176.—177. 233.—235. Cet article, dont on ne prévoit pas l'emploi, ne sera point débattu; mais s'il étoit besoin d'en connoître le prix, on le déduiroit facilement de celui des articles 7, 12, 13 & 17.
10.e	Toise carrée de maçonnerie en pierre de Barbançon, sur dix-huit pouces d'épaisseur, maçonnés avec mortier fait, soit à l'eau douce, soit à l'eau de mer; la sujétion du parement non-comprise, & le cube de cette maçonnerie étant déduit de celui de la maçonnerie ordinaire dont il fait partie..............	22-0-0	700.	15,400-0-0	Parag.e { 163.—165. 168.—181. 176.—177. Le moellon que l'on a tiré du fond de quelques excavations, pendant le mois de Novembre, étant de très-bonne qualité, & paroissant même meilleur pour les paremens que celui de Barbançon, il y a lieu de croire que l'on emploiera moins de ce dernier, qu'il n'est indiqué ici.
11.e	Toise carrée de maçonnerie de briques sur huit pouces d'épaisseur, au-dessus & au-dessous en proportion, en mortier fin & à l'eau douce; le cube de ladite brique déduit des maçonneries.	30#-0-0	685.	20,550#-0-0	Parag.e { 163.—165. 176.—177. 201.—202.

1,217,810#-0-0

NUMÉROS des ARTICLES.	DÉSIGNATION DES OBÈETS.	COLONNE préparée pour inscrire le prix de chaque Objet qui passera à l'Adjudication.	QUANTITÉ desdits Objets, à employer dans la totalité des travaux.	DÉPENSE de chaque nature d'Objet, sur la totalité des travaux.	OBSERVATIONS & renvoi aux Paragraphes du Devis, qui concernent chaque ARTICLE.
			cy contre — 1,217,810-0-0		
12.ᵉ	Toise carrée de maçonnerie de moellon plat, portant douelle esmillée pour les premières routes des voûtes, sur dix-huit pouces d'épaisseur, avec mortier tant à l'eau douce qu'à l'eau de mer, & de quelque part que provienne ledit moellon.....	30ᵗ-0-0	500.	— 15,000-0-0	Parag.ᵉ { 163.—165. 176.—177. 189.—198.
13.ᵉ	Toise carrée de maçonnerie de moellon esmillé des Fourches, pour première route des voûtes, sur dix-huit pouces d'épaisseur, avec mortier fait, tant à l'eau douce, qu'à l'eau de mer.....	54ᵗ-0-0	2,300.	124,200-0-0	Parag.ʳ { 163.—165. 176.—177. 189.—198. 233.—235.
14.ᵉ	Toise carrée de maçonnerie de briques, pour première route des voûtes, sur une brique boutisse d'épaisseur, toujours avec mortier fait à l'eau douce.....	" — " — "	0	-0-0-0	Parag.ᵉ { 163.—175.—189. 198.—201.—202. Cet article dont on ne prévoit pas l'emploi, ne sera point débattu : mais s'il étoit besoin d'en connoître le prix, on le déduiroit facilement de celui des articles 7, 11, 12 & 17.
15.ᵉ	Toise cube de maçonnerie pour les routes supérieures des voûtes de souterrains........	72ᵗ-0-0	831.	— 59,832-0-0	Parag.ʳ 189.—198.
16.ᵉ	Toise carrée de maçonnerie en moellon ordinaire, & en mortier fin fait à l'eau douce, sur deux pieds d'épaisseur, & audessous en proportion, sujétion du parement non-comprise...	27ᵗ-0-0	150.	— 4,050-0-0	Parag.ᵉ { 163.—165. 176.—177. 200.
17.ᵉ	Toise carrée de chacun des deux paremens des susd. maçonneries, & généralement de toutes celles parmentées en moellon ordinaire & en mortier fin, de quelque part que provienne le moellon	1ᵗ-18ˢ-0	9,224.	— 17,528-12-0	Parag.ᵉ { 163.—165. 176.—177. 185.
				1,438,417-12-0	

Suite de L'ETAT *cotté* D.

Suite des Objets principaux.

NUMÉROS des ARTICLES	DÉSIGNATION DES OBJETS.	COLONNE préparée pour inscrire le prix de chaque Objet qui passera à l'Adjudication.	QUANTITÉ desdits Objets à employer dans la totalité des travaux.	DÉPENSE de chaque nature d'Objet, sur la totalité des travaux.	OBSERVATIONS & renvoi aux Paragraphes du Devis, qui concernent chaque ARTICLE.
		de l'autre part --- 1,438,417#-12-0ſ			
18.ᵉ	Toise carrée de pavé de champ, sur dix-huit pouces d'épaisseur, au-dessus & au-dessous en proportion, déduction faite de la surface vue des libages compris dans ledit pavé de champ, & sous les conditions qu'en cas de démolition de ce pavé de champ, le moellon appartiendra à l'Entrepreneur, qui fera cette démolition à ses frais..........	13#-0-0	575.	7,475#-0-0	Parag.ᵉ 203.
19.ᵉ	Toise carrée de citernement de dix-sept pouces d'épaisseur, fait avec les sujétions imposées au Devis..............	100#-0-0	26.	2,600#-0-0	Parag.ᵉ 210.
20.ᵉ	Toise carrée de maçonnerie de briques en ciment, sur huit pouces d'épaisseur, au-dessus & au-dessous en proportion.....	42#-0-0	10.	420#-0-0	Parag.ᵉ {163.—165. 170.—176.—177. 101.—202.
21.ᵉ	Toise carrée d'enduit en ciment, sur au moins deux pouces d'épaisseur, au-dessus & au-dessous en proportion.	15#-0-0	400.	6,000#-0-0	Parag.ᵉ 236.—237. Cet article & le précédent pourront servir à former le toisé des citernemens de diverses épaisseurs, quand il s'en rencontrera.
	Pierre de taille.				
22.ᵉ	Le pied cube de libages & boutisses de rencontre mis en place, desquels le volume sera déduit de celui des maçonneries.....	1#-5ſ-0	44,754.	55,942#-10-0ſ	Parag.ᵉ 182.—219.—220.
23.ᵉ	Le pied cube de pierres taillées, mises en place, & dont le volume sera déduit de celui des çonneries................	1#-7ſ-0	436,943.	589,873#-1-0ſ	Parag.ᵉ {183.—184.—188. 211.—215. 222.—229. Pour les pierres à plusieurs paremens, le cube de la pierre écarrie où elles étoient censées
				2,100,728#-3ſ-0	Le pied

NUMÉROS des ARTICLES.	DÉSIGNATION DES OBJETS.	COLONNE préparée pour inscrire le prix de chaque Objet qui passera à l'Adjudication.	QUANTITÉ desdits Objets à employer dans la totalité des travaux.	DÉPENSE de chaque nature d'Objet, sur la totalité des travaux.	OBSERVATIONS & renvoi aux Paragraphes du Devis, qui concernent chaque ARTICLE.
24.e	Le pied cube de pierres taillées, employées dans les voûtes, & dont le cube est déduit des maçonneries..............	1#.7.0	*a-contre* — 74,204.	2,100,728-3-0 — 100,175-8-0	comprises, est payé à l'Entrepreneur, & l'on ne déduit de la maçonnerie que le cube effectif. Ces deux articles seront au même prix, conformément au Paragraphe 228.
25.e	Le pied carré de parement vu de pierres taillées........	1#.2.0	237,178.	370,895-16-0	Parag. { 211.—215. / 222.—232.
26.e	La toise cube de maçonnerie de pierre de taille en ciment sur trois pieds d'épaisseur, déduction faite du cube de la pierre de taille.............	150#-0-0	125.	18,750#-0-0	Parag. { 170.—171. / 176.—177. / 185.—214.—227.
27.e	La toise carrée de pavé de pierre de taille, posé sur maçonnerie ordinaire, jointoyé & coulé en ciment fin............	90#-0-0	2,136.	192,240-0-0	Paragraphes 216.—218.
	Nota. Il entrera dans les travaux de Querqueville environ huit cents blocs de trente à quarante pieds cubes, dont le cube total est compris dans l'art. 24.e				
28.e	*Chapes & Jointoiemens.* TOISE carrée de chapes en ciment, sur six pouces d'épaisseur, construites avec les sujétions prescrites au Devis.....	"—"—"	"	0-0-0	Parag. 170.—236.—237. Cet article, dont on ne prévoit pas l'emploi, ne sera point débattu; s'il étoit besoin d'en connoître le prix, on le déduiroit facilement.
29.e	Toise carrée de chapes en ardoises de Redon, construites suivant qu'il est prescrit........	70#-0-0	557.	38,990-0-0	Parag. { 170.—176.—177. / 238.—243.
30.e	Toise carrée de chapes en ardoises du pays, construites de même..............	40#-0-0	558.	22,320-0-0	Parag. { 170—176.—177 / 238.—243.
				2,844,099-7-0	

C

Suite de L'ETAT cotté D.

Suite des Objets principaux.

NUMÉROS des ARTICLES.	DÉSIGNATION DES OBJETS.	COLONNE préparée pour inscrire le prix de chaque Objet qui passera à l'Adjudication.	QUANTITÉ desdits Objets à employer dans la totalité des travaux.	DÉPENSE de chaque nature d'Objet, sur la totalité des travaux.	OBSERVATIONS & renvoi aux Paragraphes du Devis qui concernent chaque ARTICLE
		De l'autre Part - - -		2,844,099#-7-0	
31.e	Toise carrée de jointoiement de la maçonnerie de pierre de taille en ciment de pozzolane..	" — " — — "	"	0 — 0 — 0	Parag.e 247. Ces deux articles ne seront pas débattus, comme n'étant pas susceptibles d'être coifés; s'il étoit besoin, par la suite, de cette réparation, on ne pourroit la faire que par économie.
32.e	Toise carrée de jointoiement de la maçonnerie de pierre de taille en ciment fin.........	" — " — "	"	0 — 0 — 0	
33.e	*Pavé.* TOISE carrée de pavé de pierres plates pour les souterrains, &c. compris le massif de maçonnerie de dessous, de huit pouces d'épaisseur, avec mortier à l'eau douce pour les logemens seulement,...............	30# — 0 — 0	1,260.	37,800#-0-0	Parag.e { 163.—165. 176.—177. 251.
34.e	*Charpente.* LA solive de bois de chêne en grume, au dessous de douze pouces de diamètre.........	" — " — "	"	— — 0 — 0 — 0	Paragraphe 253.—255. Ces deux articles ne seront point débattus, parce qu'on n'en prévoit pas l'emploi; mais s'il étoit besoin d'en connoître le prix, on le déduiroit facilement de celui des articles 38, 39 & 40.
35.e	La solive du même bois, au-dessus de douze pouces de diamètre...	" — " — "	"	— — 0 — 0 — 0	
36.°	La solive de bois de chêne neuf à vives-arrêtes & mise en place, pour la première classe de charpente, dont la plus grande dimension d'équarrissage est de quatre pouces & au-dessous...	13# — 0 — 0	100.	1,300#-0-0	Parag.e 253.—255.
37.e	La solive du même bois, mise en place, pour la seconde classe, dont la plus grande dimension d'équarrissage est plus grande que quatre pouces & plus petite que neuf...............	12" — 0 — 0	313.	4,069#-0-0	Parag.e 253. 255.
				2,887,268#-7-0	

Suite des Objets principaux.

NUMÉROS des ARTICLES.	DÉSIGNATION DES OBJETS.	COLONNE préparée pour inserire le prix de chaque Objet qui passera à l'Adjudication.	QUANTITÉ desdits Objets, à employer dans la totalité des travaux.	DÉPENSE de chaque nature d'Objet, sur la totalité des travaux.	OBSERVATIONS & renvoi aux Paragraphes du Devis, qui concernent chaque ARTICLE.
			ci contre − −	2,887,268#-7s-0	
38.e	La solive du même bois, mise en place, dont la plus grande dimension d'équarrissage est de neuf pouces & au-dessus.....	12#-10s-0	3,346.	41,825#-0-0	Paragraphe 253.—255.
39.e	La solive de bois de sapin du Nord en grume...........	8#-0-0	100.	8800#-0-0	Paragraphe 253.—255.
40.e	La solive de bois de sapin rouge du Nord, à vives-arrêtes & mise en place...........	9#-10s-0	1,780,	16,910#-0-0	
	Menuiserie.				
41.e	LA toise carrée de madriers de bois de chêne de deux pouces d'épaisseur, clous non-compris.	36#-0-0	187.	6,732#-0-0	Parag.e 258.—259.
42.e	La toise carrée de planchers de chêne neuf, de quinze lignes d'épaisseur, en-dessus & en-dessous en proportion, même pour le cas des planchers doubles pris ensemble, clous compris...	28#-0-0	901.	25,228#-0-0	
43.e	La toise carrée de planchers de bois de sapin rouge du Nord, de quinze lignes d'épaisseur, en-dessus & en-dessous en propor-tion, même pour le cas des plan-chers doubles pris ensemble, clous compris.............	22#-0-0	1,424.	31,328#-0-0	Parag.e 258.—259.
	Couverture.				
44.e	LA toise carrée de couverture d'ardoises fines du pays sur plan-chers, fourniture de clous com-prise....................	26#-0-0	100.	2,600#-0-0	Parag.e 269.—275.
				3,012,691-7-0	

Suite de L'ETAT *cotté* **D.**

Suite des Objets principaux.

NUMÉROS des ARTICLES.	DÉSIGNATION DES OBJETS.	COLONNE préparée pour inscrire le prix de chaque Objet qui passera à l'Adjudication.	QUANTITÉ desdits Objets à employer dans la totalité des travaux.	DÉPENSE de chaque nature d'Objet, sur la totalité des travaux.	OBSERVATIONS & renvoi aux Paragraph du Devis, qui concernent chaque ARTICLE.
		De L'autre Part - - - -		3,012,691#-7-0	
45.e	La toise carrée de couverture de pierres ardoisines, posées sur maçonnerie avec mortier, & au même pureau que les précédentes.	12#-0-0	342.	4,104#-0-0	Cet article n'a pas été pré dans le Devis, mais il fer nécessaire de le débattre.
	Ferrures.				
46.e	La livre pesant de gros fer neuf travaillé.	0-8s-0	91,844.	36,737#-12s-0	Parag.e 276.
47.e	La livre pesant de fer à la lime.	1#-4s-0	2,113.	2,535#-12s-0	Parag.e 280.
48.e	La livre pesant de fer coulé, pour tuyaux de fontaines, plaques, &c.	0#-6s-0	3,348.	104,004#-8s-0	Parag.e 283.—286.
	Cuivres.				
49.e	La livre pesant de fonte de cuivre.	2#-1s-0	16510.	33,845#-10s-0	Parag.e 289.—290.
50.e	La livre pesant de cuivre laminé.	2#-4s-0	300.	660#-0-0	Parag.e 289.—290.
	Plomb.				
51.e	La livre pesant de plomb en saumon. . . . . ,	0-7-0	75,500.	26,425#-0-0	Parag.e 291.
52.e	La livre de plomb en table, de quatre lignes & au-dessus. . .	"-"-"	"	0-0-0	Parag.e 291.
53.e	La livre de plomb laminé, de quatre lignes & au-dessous. . . .	0-9s-0	96,554.	43,449#-6-0	Ces deux articles feront adjugés au même prix; il y aura d'autant moins d'inconvénient, qu'on ne prévoit pas avoir besoin du premier.

Total des objets debattus au rabais en detail - - 3,161,452#-15s-0

OBJETS

OBJETS ACCESSOIRES,

Qui feront débattus au rabais, en bloc.

NUMÉROS des ARTICLES.	DÉSIGNATION DES OBJETS.	PRIX, fuivant le marché du 4 Juin 175, & quelques-uns par eftimation.	QUANTITÉ de chaque Objet à employer dans la totalité des travaux.	SOMMES totales auxdits Prix.	PRIX réduits, conformément aux Paragraphes du Devis.	RENVOI aux Paragraphes du Devis, qui concernent chaque ARTICLE.
	N.ª Vis-à-vis des articles dont on ne croit pas faire ufage, on a écrit zéro dans la colonne des quantités, cependant on a, fur la même ligne & dans la colonne des prix, écrit le prix de l'unité defdits articles, fuivant l'ancien bordereau, ou par eftimation, afin que ce prix puiffe être diminué proportionnellement, conformément aux paragraphes 97, 104, 105, 111 du Devis.					
	Remblais.					
1.ᵉʳ	LA toife cube de remblais en fable & Pierrailles tirés du bord de la mer, à la diftance de 300 toifes du centre du Fort......	1ol. 5f. d.	0.	10 L. 5f. d.		Parag.ᵉ 157.
2.ᵉ	Le 10ᵉ de cette fomme pour chaque relais de 50 toifes au-delà de cette diftance.					
	Gazons à queue.					
3.ᵉ	LA toife carrée de gazon à queue	11. 14. 0	0.	11. 14. 0		Parag.ᵉ 158.—161.
	Chaux & Mortiers, *lorfque l'Entrepreneur les fournira à l'économie.*					
4.ᵉ	LE pied cube de chaux vive, d'après le bordereau détaillé...	0. 19. 4	150.	145. 0. 10		Parag.ᵉ { 162.—165. { 175.—177.
5.ᵉ	Le pied cube de chaux coulée à l'eau de mer, fuivant le bordereau détaillé,...........	0. 16. 0	0.	0. 16. 0		Parag.ᵉ { 164. { 175.—177.
				167l.15f.10d.		

D

Suite de L'ÉTAT cotté D.
Suite des Objets accessoires.

NUMÉROS des ARTICLES.	DÉSIGNATION DES OBJETS.	PRIX, suivant le marché du 4 Juin 1787, & quelques-uns par estimation.	QUANTITÉ de chaque Objet à employer dans la totalité des travaux.	SOMMES totales. auxdits Prix.	PRIX réduits conformément aux Paragraphes du Devis.	RENVOI aux Paragraphes du Devis, qui concernent chaque ARTICL
				l. f. d.		
			De l'autre part...	167.15.10		
		l. f. d				
6.e	Le pied cube de chaux coulée à l'eau douce, par estimation, neuf deniers de plus.........	0. 16. 9	1,680.	1,407. 0. 0		Parag.e { 164. / 175.—177.
7.e	Le pied cube de gros mortier transporté à pied-d'œuvre....	0. 14. 0	0	0. 14. 0		Parag.e { 167.—169. / 175.—177.
8.e	Le pied cube de mortier fin, ou de la seconde espèce, transporté à pied-d'œuvre........	0. 15. 0	0	0. 15. 0		Parag.e { 168.—169. / 175.—177.
9.e	Le même, fait à l'eau douce, & avec du sable de terre ou dessalé, par estimation, 12 deniers de plus.................	0. 16. 0	0	0. 16. 0		Parag.e { 165. / 168.—169. / 175.—177.
10.e	Le pied cube de ciment à poser, & transporté à pied-d'œuvre.	3. 0. 0	0	3. 0. 0		Parag.e { 170. / 175.—177.
11.e	Le pied cube de gros ciment, transporté *idem*............	2. 12. 0	0	2. 12. 0		Parag.e { 171. / 175.—177.
12.e	Le pied cube de ciment de pozzolane, par estimation....	3. 0. 0	11,500.	34,500. 0 0		Parag.e 174.—175.

Maçonneries.

NUMÉROS des ARTICLES.	DÉSIGNATION DES OBJETS.	PRIX	QUANTITÉ	SOMMES	PRIX réduits	RENVOI
13.e	LE cent de briques, rendu à pied-d'œuvre..............	4. 10. 0	1,760 cents de briques.	7,920. 0. 0		Parag.e 101.

Rejointoiemens, Crépis, &c.

NUMÉROS des ARTICLES.	DÉSIGNATION DES OBJETS.	PRIX	QUANTITÉ	SOMMES	PRIX réduits	RENVOI
14.e	LA toise carrée de rejointoiement de la maçonnerie de pierre de taille en mastic..........	2. 8. 0	0	2. 8. 0		Parag.e { 173. / 247.
15.e	La toise carrée de crépis, sur l'extérieur des murs........	2. 6. 0	2,936.	6,752.16. 0		Parag.e { 185.—244. / 245.—248.
16.e	La toise carrée de grisage sur les murs intérieurs des bâtimens, avec mortier à l'eau douce....	4. 5. 0	1,281.	5,444. 5. 0		Parag.e { 185. / 249. / 250.
17.e	La toise carrée de blanchissage, de deux couches au lait de chaux & à la colle..............	0. 7. 0	1,281.	448. 7. 0		Parag.e { 185. / 250.
				l. f. d.		
				56,650.8.10		

Suite des Objets accessoires.

NUMÉROS des ARTICLES.	DÉSIGNATION DES OBJETS.	PRIX, suivant le marché u 4 Juin 1787, & quelques uns ar estimation.	QUANTITÉ e chaque Obj. a empl. y.. ans la totalu des travaux	SOMMES totales auxdits Prix.	PRIX réduit conformément aux Paragraphes du Devis.	RENVOI aux Paragraphes du Devis, qui concernent chaque ARTICLE.
	Pavé.	Ci-contre.......		l. f. d. 56,650. 8. 10		
18.ᵉ	LA toise carrée de pavé ordinaire, la forme de sable comprise..................	l. f. d. 21. 0. 0	435.	9,135. 0. 5		Parag.ᵉ 252.
	Charpente.					
19.ᵉ	LE cent de solives de charpente de toute espèce, retravailléc.	60. 0. 0	6.	360. 0. 0		Parag.ᵉ 256.
	Menuiserie.					
20.ᵉ	LA toise carrée de planchers relevés, clous compris, par estimation..................	3. 0. 0	108.	324. 0. 0		Pareg.ᵉ {258. 260.
21.ᵉ	La toise carrée de portes de souterrains, corps-de-garde, &c. en bois de chêne neuf de seize lignes d'épaisseur, avec emboitures haut & bas, fortifiées de trois traverses.............	46. 5. 0	78.	3,607. 10. 0		Parag.ᵉ {258. 260.
22.ᵉ	La toise carrée de portes & contrevens de sapin, d'un pouce d'épaisseur, avec emboitures & traverses en chêne.........	30. 15. 0	58.	1,783. 10. 0		Parag.ᵉ {258. 261.
23.ᵉ	Le pied carré de croisées en petit bois de chêne neuf......	1. 16. 0	4,445.	8,019. 0. 0		Parag.ᵉ {262. 263.
24.ᵉ	Chaque ratelier aux armes, à deux montans de chêne neuf...	11. 17. 0	628.	7,441. 16. 0		Parag.ᵉ {258. 264.
25.ᵉ	Chaque ratelier aux armes, à trois montans de chêne neuf...	17. 5. 0	10.	172. 10. 0		
26.ᵉ	La toise courante de rateliers de havresacs.............	3. 3. 0	1,100.	3,465. 0. 0		Parag.ᵉ {258. 265.
27.ᵉ	Chaque pied courant de planches à pain.............	0. 9. 0	3,768.	1,695. 12. 0		Parag.ᵉ {258. 259. 266.
				l. f. d. 91,654. 6. 10		

Suite de L'ETAT cotté D.

Suite des Objets accessoires.

NUMÉROS des ARTICLES.	DÉSIGNATION DES OBJETS.	PRIX, suivant le marché du 4 Juin 1787, & quelques-uns par estimation.	QUANTITÉ de chaque Objet à employer dans la totalité des travaux.	SOMMES totales auxdits Prix.	PRIX réduits conformément aux Paragraphes du Devis.	RENVOI aux Paragraphes du Devis, qui concernent chaque ARTICLE.
				l. f. d.		
			De l'autre part...	91,654. 6.10		
		l. f. d.				
28.ᵉ	Les tables de Cazernes, au pied carré de feuille, par pied carré.................	2. 2. 6	3,768.	8,007. 0. 0		Parag.ᵉ { 258. 259. 267.
29.ᵉ	Le pied courant de bancs...	2. 6. 0	3,140.	7,222. 0. 0		Parag.ᵉ { 258. 259. 268.
	Couvertures.					
30.ᵉ	LA toise carrée de couverture d'ardoises fines neuves d'Angers, sur planches, fourniture de clous comprise.................	31. 8. 0	0.	31. 8. 0		Parag.ᵉ { 269. 270. 271. 274.
31.ᵉ	La toise courante de tuiles faîtieres neuves...........	3. 12. 0	60.	216. 0. 0		Parag.ᵉ 275.
	Ferrures.					
32.ᵉ	LE cent pesant de fer reforgé & mis en place, ayant été fourni par le Roi..............	17. 6. 0	0.	17. 6. 0		Parag.ᵉ 278.
33.ᵉ	Le cent pesant de fer, simplement remis en place........	2. 10. 0	0.	2.10. 0		Parag.ᵉ 279.
34.ᵉ	Chaque serrure commune...	4. 10. 0	157.	706.10. 0		Parag.ᵉ 282.
35.ᵉ	Chaque serrure plate, carrée ou autrement, avec ses ferremens.................	4. 0. 0	12.	48. 0. 0		Parag.ᵉ 282.
36.ᵉ	Chaque serrure à tour & demi, & blanchie..........	13. 10. 0	24.	324. 0. 0		Parag.ᵉ 282.
37.ᵉ	La livre pesant de clous, de sept pouces de long & au-dessous.	0. 10. 0	560.	280. 0. 0		Parag.ᵉ 287.
38.ᵉ	La livre de tôle, mise en place, clous compris.............	1. 0. 3	4,752.	4,811. 8. 0		Parag.ᵉ 288.
	Plomb.					
39.ᵉ	LE cent pesant de plomb refondu,.................	5. 0. 0	0.	5. 0. 0		Parag.ᵉ 293.

l. f. d.

113,125.8.10

Suite des Objets accessoires.

NUMÉROS des ARTICLES.	DÉSIGNATION DES OBJETS.	PRIX, suivant le marché du 4 Juin 1787, & quelques-uns par estimation.	QUANTITÉ de chaque Objet à employer dans la totalité des travaux.	SOMMES totales auxdits Prix.	PRIX réduits conformément aux Paragraphes du Devis.	RENVOI aux Paragraphes du Devis, qui concernent chaque ARTICLE.
		l. s. d.		l. s. d.		
		Ci-contre		113,125. 8. 10		
39.e bis.	La livre pesant de soudure.	1. 3. 0	400.	460. 0. 0		Parag.e 293.
	Vitres					
40.e	LE pied carré de vitres neuves.	1. 2. 0	2,673.	2,940. 6. 0		Parag.e 294.
	Peintures.					
41.e	LA toise carrée de peinture de trois couches, rouge, noire ou couleur de bois, par estimation.	4. 0. 0	725.	2,900. 0. 0		Parag.e { 295. 297. 300.
42.e	La toise carrée de pareille peinture en blanc, par estimation..	4. 16. 0	290.	1,392. 0. 0		Parag.e { 298. 300.
43.e	La toise carrée de pareille peinture en verd, par estimation...	5. 10. 0	0	5. 10. 0		Parag.e { 299. 300.
	Journées d'Ouvriers.					
44.e	LA journée de manœuvres ou terrassiers.	1. 7. 0	3,700.	4,995. 0. 0		
45.e	La journée de goujat.	0. 18. 0	0	0. 18. 0		
46.e	La journée de maçon poseur.	2. 0. 0	0	2. 0. 0		
47.e	La journée de maçon ordinaire.	1. 15. 0	0	1. 15. 0		
48.e	La journée de tailleur de pierre.	2. 14. 0	0	2. 14. 0		
49.e	La journée de maître charpentier.	2. 10. 0	0	2. 10. 0		
50.e	La journée de compagnon charpentier.	2. 0. 0	0	2. 0. 0		Parag.e 48.—74.
51.e	La journée de menuisier. . . .	2. 0. 0	0	2. 0. 0		
52.e	La journée de couvreur. . . .	2. 10. 0	0	2. 10. 0		
53.e	La journée de plombier. . . .	3. 5. 0	0	3. 5. 0		
54.e	La journée de serrurier.	2. 0. 0	0	2. 0. 0		
55.e	La journée d'une voiture du du pays, attelée de trois chevaux, & au-dessus en proportion.	10. 0. 0	0	10. 0. 0		

l. s. d.

Montant des accessoires, d'après le marché du 4 Juin 1787. 127,049. 16. 10.

Montant des accessoires, d'après la nouvelle Adjudication . . . . 110,000# 0-0

Total des objets Principaux debattus au Rabais en detail, comme cidevant. 3,161,452# 15-0

Total des objets debattus au Rabais - - - - - - 3,271,452# 15-0

OBJETS à reprendre & payer par le nouvel Adjudicataire, lesquels doivent être débattus à l'Adjudication à l'enchère.

NUMÉROS des ARTICLES.	DÉSIGNATION DES OBJETS.	COLONNE préparée pour inscrire le prix de chaque Objet qui paſſera à l'Adjudication.	QUANTITÉ de chaque Objet à reprendre dans la totalité des travaux.	SOMMES totales auxdits Prix.	OBSERVATIONS & renvoi aux Paragraphes du Devis, qui concernent chaque ARTICLE.
I.er	TOISE cube de moellon tiré des excavations, & employé dans les maçonneries, ſans avoir été entoiſé ailleurs que dans les ex-cavations, à reprendre & payer par le nouvel Adjudicataire...	14ᴴ-0-0	13,093.	183,302-0-0	Paragraphe 135.—141. D'après le Bordereau dé-taillé, qui a ſervi à fixer les prix du marché de 1787, les anciens Entrepreneurs au-roient pu reprendre le moel-lon des excavations dans les deux cas dont il s'agit ;
2.e	Toiſe cube de moellon tiré des excavations, & mis dans des dépôts (a) particuliers, avant d'être employé dans les maçon-neries, à reprendre & payer par le nouvel Adjudicataire......	12ᴴ-0-0	6,546.	78,552-0-0	SAVOIR: Dans le 1.er à 10 l. 3 ſ. 9 d. & dans le 2.e à 5. 10. 9.
	(a) Si le bord de ces dépôts n'étoit pas à plus de trois toiſes, meſurés horizontalement, du pied de la maçonnerie où ils devroient être employés, ils ſeroient cenſés à pied-d'œuvre, & le moellon ſeroit alors payé comme celui de l'article précé-dent.	Total des objets debattus à l'Enchère, à Souſtraire — Rapport des articles debattus au Rabais ——— Reſultat final, ou Depenſe Totale des Ouvrages		261,854-0-0 3,271,452-15-0 3,009,598-15-0	

LE préſent ÉTAT, contenant les quantités de chaque nature d'Ouvrages qui doi entrer dans la totalité des travaux du Fort de Querqueville, a été dreſſé par nous Offi au Corps Royal du Génie, chargés de la conduite deſdits travaux.

A Querqueville, le premier Décembre 1788.

Signés D'OBENHEIM, DE LA GASTINE.

L'adjudication des ouvrages de Querqueville aux prix ci deſſus, a été paſſée aux Sr Buſnel et hubert le 26 Juillet 1789, en vertu des Rabais qui ont eu lieu les 20, 21, 25 et 26 Juillet, aux quels les adjudicataires denommés ont par leurs offres fait la condition du Roi la Meilleure, comme il ſeroit au Procès verbal ſigné du Sr de Parſeval commiſſaire des Guerres et autres perſonnes preſentes à la Dite Adjudication.

A PARIS, de l'Imprimerie de QUILLAU, Imprimeur de S. A. S. Mgr. le Prince DE CONTY, rue du Fouare, N.º 3. 1789.

Comparaison de la Depense des ouvrages restans à faire au fort de Querqueville Suivant les Prix de l'ancien marché et Suivant Ceux de la Nouvelle adjudication.

—————

Depense des ouvrages aux prix de l'ancien Marché, Suivant L'Etat Joint à L'examen des articles du Bordereau, Pag. 84 — — — — — 4,484,515 # 19 ͡

à quoi il faut Ajouter les articles de l'Etat Cotté **D** qui n'étant point prevus par l'ancien marché n'ont pû être portés en l'état cité ci dessus, comme il y est Expliqué, et que l'on portera ici Suivant les Prix de la nouvelle adjudication. Savoir:

L'article 10 Pour les Maconneries en Pierre de Barbencon — — — — — 15,400 # 0 ͨ 0 ͩ

L'article 30 Pour les chappes en ardoises du Pays — — — — — 22,320 # 0 — 0

L'article 39 Pour les bois de Sapin du nord en Grume — — — — 800 # 0 — 0

L'article 50 Pour les cuivres laminés — 660 # 0 — 0

\} 39,180 # 0 —

Total de la Depense Suivant les Prix de L'ancien Marché — — — — — 4,523,695 # 19 ͡

Total de la Depense Suivant les Prix de la Nouvelle Adjudication — — — — 3,009,598 # 15 —

Difference, ou œconomie en faveur de la Nouvelle Adjudication — — — 1,514,097 # 4 ͡

380,780 - 0 - 0
837,030 - 0 - 0
217,810 - 0 - 0 --- 1,217,810 - 0 - 0 †
220,607 - 12 - 0
438,417 - 12 - 0 -- 1,438,417 - 12 - 0 †
602,310 - 11 - 0
100,728 - 3 - 0 --- 2,100,728 - 3 - 0 †
343,371 - 4 - 0
844,099 - 7 - 0 -- 2,844,099 - 7 - 0 †
43,169 - 0 - 0
887,268 - 7 - 0 -- 2,887,268 - 7 - 0 †
25,423 - 0 - 0
12,691 - 7 - 0 -- 3,012,691 - 7 - 0 †
48,761 - 8 - 0
61,452 - 15 - 0 --- 3,161,452 - 15 - 0

ticle. X ________ 15,400 † . ᐧ ᐧ ᐧ ᐧ
  XXX ________ 22,320 -- ᐧ -- "
  XXXIX ________ 800 -- ᐧ -- "
  L ________ 660 -- ᐧ -- "
            ____
            39,180
        4,484,515 - 19 - 3
        4,523,695 - 19 - 3
        3,009,598 - 15 - 0
        1,514,097 - 4 - 3